Christian Reiland

So geht

KLARTRÄUMEN

Wie du träumst, was du willst

Haftungsausschluss:
Die in diesem Buch vorgestellten Methoden sind kein Ersatz für eine medizinische oder psychotherapeutische Behandlung. Der Autor kann nicht für eventuelle negative Folgen der Anwendung haftbar gemacht werden.

Max Magic Media
Eisenbahnstrasse 26, 66862 Kindsbach
Email: info@christianreiland.de Tel.: 06371-9792462
Covergestaltung: Christian Reiland
Hintergrundgrafik: Ute Junghans, www.junghans-design.de
Cover Schriftart (*Caviar Dreans*): Dank an Lauren Thompson, www.nymfont.com
Autorenfoto © Arthur Bente
Druck: Amazon KDP

ISBN: 978-3-9817656-2-5

Inhaltsverzeichnis

Einleitung

Ich befinde mich in einem Dschungel, zusammen mit einem Bekannten, den ich erst am gleichen Abend in meiner Stammkneipe kennengelernt habe. Wir beide springen wie Tarzan mithilfe von Lianen von Baum zu Baum und mir kommt der Gedanke: »Hey! Das kannst du doch gar nicht! Das muss ein Traum sein!«

Um dies zu testen, nehme ich mir vor zu fliegen. Ich stoße mich von einem Baum ab und es funktioniert. Ich fliege! Mann, ist das geil! Mit klaren Anweisungen wie: »Höher, tiefer, nach rechts, usw.« lenke ich meinen Flug. Ich lande schließlich vor einer Höhle, die ich gleich darauf betrete. In dieser ist es dunkel, kühl und feucht. Ich geh ein paar Schritte weiter und bemerke plötzlich, dass ich mich nicht alleine in der Höhle befinde. Ein riesiges Krokodil sieht mir, wenn auch eher gelangweilt, aus einigen Metern Entfernung direkt in die Augen. »Oh mein Gott!«

Mein erster Impuls ist wegzulaufen, doch ich erinnere mich an Paul Tholeys Ratschlag, in einem solchen Falle in Konfrontation und Kommunikation mit der Traumgestalt zu gehen.

Ich gehe also so selbstbewusst wie nur möglich langsam auf das Ungetüm zu und frage es wiederholt: »Was willst du von mir? Wer bist du?«

Auch wenn ich keine Antwort bekomme, so schrumpft es doch mit jedem kleinen Schritt, den ich näherkomme, mehr und mehr. Schlussendlich habe ich zwar kein Quiet-

scheentchen vor mir, jedoch ein kleines grünes Quietschekrokodilchen.
Ich verlasse die Höhle und folge gut gelaunt einem schmalen Weg, bis ich eine Mauer erreiche, an der ich ein weiteres Experiment durchführen will, nämlich durch diese hindurchzugehen. Ich lege die Fingerspitzen der rechten Hand auf den kühlen Beton und geh langsam vorwärts. Die Hand verschwindet in der Mauer, dann Unter- und Oberarm. Da ich mich im 90 Grad-Winkel zur Wand befinde, ist nun der Kopf dran. Jetzt wird mir doch ein wenig mulmig, auch wenn ich genau weiß, dass ich mich in einem Traum befinde und mir nichts passieren kann. Ich weiß jedoch ja nicht mal, wie dick diese Wand ist. Ich geh das Wagnis ein und schon umgibt mich nur noch tiefste Dunkelheit. Die »Mulmigkeit« verwandelt sich schlagartig in Angst, die mir fast den Atem nimmt, und ich verlasse fluchtartig wieder die Mauer, auf dem gleichen Weg, wie ich sie betreten habe. Endlich wieder zurück im Licht!
Ich atme einmal tief durch und überlege mir, was ich jetzt anstellen könnte. Fliegen war doch klasse, warum nicht noch mal?
Ich steige also auf in den fast wolkenlosen blauen Himmel, spüre den Wind auf meinem Körper und in den Haaren und genieße dieses fantastische Gefühl von grenzenloser Freiheit. In einigen Hundert Metern Entfernung bemerke ich drei kleine Wolken, aus denen jeweils ein gut gelaunter Männerkopf ragt. Interessant, wie weit und klar man sehen kann in einem Klartraum. Ich beschließe, die Jungs mal was zu fragen, fliege zu ihnen und sage: »Wer seid ihr?« Alles, was ich jedoch als Antwort erhalte, ist ein »Schubidu«. Jetzt bin ich doch ein wenig enttäuscht, dass meine Traumgestalten

scheinbar nicht nur sehr maulfaul, sondern zudem nicht mit Intelligenz gesegnet sind.
Ich fliege weiter und lande, mittlerweile ist es dunkel geworden, auf dem Bordstein an einer Straßenecke eines kleinen Dorfes.
Ich entschließe mich, noch etwas mehr Spaß zu haben und stell mir vor, dass eine wunderschöne Frau um die Ecke kommt. Sie erscheint, ich frag sie: »Hättest du Lust ...?«, und sie antwortet: »Nein«, was mich doch für einen Augenblick irritiert. Na wenigstens ist sie intelligenter als das Krokodil und die drei Jungs.
Ich sag daraufhin: »Hey, das ist doch nur ein Traum!« Dieser »Grund« ändert ihre Meinung. Sie ist einverstanden und ... leider wach ich ein paar Sekunden zu früh auf.

Dies war mein erster Klartraum. Das Fliegen, das Krokodil, die Wand, das erneute Fliegen und die Jungs. All das habe ich Mitte der Achtzigerjahre des letzten Jahrhunderts mit allen Sinnen in einem einzigen Klartraum erlebt, wenn auch vielleicht die Reihenfolge eine andere war. Der letzte Teil, mit der jungen Frau, kann aus einem meiner folgenden Klarträume stammen, da bin ich mir nicht ganz sicher. Ich denke jedoch, ein klein wenig zusätzliche Motivation kann nicht schaden.

»Ein Klartraum ist ein Traum, in dem der Träumer weiß, dass er träumt.«

Nach dieser kurzen Definition, was das Thema dieses Buches betrifft, nämlich Klarträume, bzw. Luzide Träume, begrüße ich dich ganz herzlich, liebe Leserin, lieber Leser.
Egal wie, wo und warum dir dieses Buch zugefallen ist, geh davon aus, dass es in irgendeiner Art und Weise dein Leben bereichern wird.
Vertraue ebenfalls darauf, dass du dich, was dieses interessante Thema betrifft, bei mir in guten Händen befindest.

Es war Mitte der Achtzigerjahre des letzten Jahrhunderts, als mir das Buch *Bewusst Träumen* von Harald Meder in die Hände fiel. Ich war sofort fasziniert von der Idee, nicht nur bewusst meine Träume zu erleben, sondern diese nach meinem Willen steuern und gestalten zu können.
Meine Neugierde verlangte noch mehr »Input« und diesen fand ich in *Schöpferisch träumen* von Paul Tholey, einem der wohl bekanntesten deutschen Klartraum-Pioniere.
Ich befolgte seine Anweisung, mehrmals täglich die Wirklichkeit zu testen (Realitäts-Check) und hatte im Laufe eines Jahres ca. ein Dutzend, mal kürzere, mal längere Klarträume.
An die meisten von ihnen kann ich mich heute noch erinnern, wenn auch nicht mehr im Detail. In der Regel ging es dabei ums Fliegen, Sex und ab und an um die Kommunikation mit Traumgestalten.
Interessanterweise fallen mir gerade, während ich dies schreibe, so einige Einzelheiten aus diesen Träumen wieder ein.

Beispielsweise endete mein erster Flug schon in der Höhe von etwa drei Metern, da auf dieser Höhe Stahlseile gespannt waren. Erwähnen möchte ich diesbezüglich, dass ich damals unter Höhenängsten litt.
Bei meinem ersten Sex im Klartraum fand ich mich plötzlich, mit meiner Traumpartnerin im Garten meines Elternhauses wieder. Damit nicht genug, meine Eltern waren anwesend. Da kam Freude auf.
Eines der schönsten Erlebnisse, neben dem Fliegen und dem Sex, war, als ich einmal durch einen Pool mit flüssiger Energie schwamm. Ein tolles Gefühl, das noch nach dem Traum tagelang anhielt.
Gerade das Hochgefühl nach dem Aufwachen nach einem Klartraum, das meist noch stundenlang anhält, ist wohl einer der Gründe dafür, dass man an dem Thema dran bleibt oder zum Klarträumen wieder zurückfindet.
Gerade Letzteres gilt auch für mich. In den folgenden Jahren gab es immer wieder Pausen, was die Beschäftigung damit betrifft und auch wenn es einmal gut ein Jahrzehnt war, so war es immer mal wieder für einige Monate aktuell. Manchmal geschah dies nach einem »zufälligen« Klartraum, einem Film, der dieses Thema behandelte, einer diesbezügliche Bemerkung in einem Gespräch, oder weil ich im Internet durch meine Lesezeichen ging.
Mittlerweile habe ich Dutzende Klartraumbücher studiert, wenn man es zusammenzählt, sicher monatelange Internetrecherche hinter mir, viele Techniken und Hilfsmittel, wie Klartraum-Masken, Nahrungsergänzungsmittel, Hypnose-, Brainwave- und Subliminal-CDs usw. getestet und mich intensiv in Klartraumforen und -Gruppen herumgetrieben.

Den »Heiligen Gral« zum Klarträumen habe ich *noch* nicht gefunden. Ich bin jedoch weiter auf der Suche.
Es gibt jedoch einige »Königswege«, die es jedem ermöglichen, kurzfristig (mit einer der Techniken hatte ich schon in der ersten Nacht Erfolg) oder mittelfristig (nach wenigen Wochen), seinen ersten Klartraum zu haben.
Denn, und davon bin ich felsenfest überzeugt, JEDER kann klarträumen.
In einer Klartraumgruppe traf ich mal eine Frau, um die fünfzig, die jede Nacht klarträumt. Sie tat dies schon seit Kindesalter. Für sie war es ganz normal.
Wir werden also mit dieser Fähigkeit geboren und müssen vielleicht nur den Schalter umlegen, um dieses »Gen« (wieder) zu aktivieren.

Wie wäre es mit einem kleinen Experiment?
Lies dir einfach die folgende kleine einfache Übung einmal durch, bevor du dich darauf einlässt.

Mach es dir bequem und spann daraufhin einmal alle Muskeln deines Körpers auf einmal für einige Sekunden an, lass los, schließ die Augen und mach drei tiefe Atemzüge.

Stell dir vor, du befindest dich auf der obersten Stufe einer wunderschönen Treppe, die du nun Schritt für Schritt langsam hinuntergehst. Stufe für Stufe entspannst du dich mehr und mehr und mehr und mehr.
Das Ende der Treppe ist gleichsam der Beginn eines kurzen Ganges, der wiederum an einer prachtvollen Tür endet. Es ist die Tür zur Schaltzentrale deines Unterbewusstseins.
Du schreitest auf diese zu, öffnest sie langsam und erblickst einen riesigen Raum mit Dutzenden von Monitoren und rie-

sigen Rechnern an den Wänden, die alle miteinander verbunden, vernetzt sind. Wie auch der kleine Bildschirm, der sich auf einem futuristischen Schreibtisch in der Mitte des Raumes befindet. Die Kommandozentrale.
Vor dem Schreibtisch befindet sich ein bequemer Stuhl, auf dem du jetzt Platz nimmst.
Dein Unterbewusstsein ist nun bereit deine Befehle anzunehmen. Dieses funktioniert überwiegend per Sprachsteuerung.
Du sagst laut: »Traumsteuerung«, und wie durch Zauberhand erscheint auf dem Tisch vor dir ein Mischpult mit vielen Reglern und Schaltern. Du kümmerst dich jedoch einzig und alleine um den Schalter, mit den drei Einstellmöglichkeiten »Träumen«, »Träumen und Klarträumen« und »Klarträumen«.
Auf welcher Einstellung steht dieser?
Wenn es wie im Regelfall »Träumen« ist, dann teste doch einmal die beiden anderen. Was fühlt sich besser an? Wenn du den Schalter auf »Träumen und Klarträumen« klickst oder auf »Klarträumen«.
Was immer du wählst, schließe die Programmierung ab, indem du laut: »Programm speichern!«, sagst. Das Mischpult verschwindet und du machst dich auf den Weg zurück. Durch die Tür (vergiss nicht sie zu schließen), den Gang entlang und dann die Treppe nach oben, wobei du Stufe für Stufe mehr und mehr und mehr und mehr in die Wirklichkeit zurückkehrst, klar und erfrischt.
Auf der obersten Stufe öffnest du die Augen und dehnst abschließend den ganzen Körper.
Ich glaube, du hast die Idee verstanden. Natürlich kannst du diese für dich passend machen. Ist dir ein Schalter zu

altmodisch, dann nimm einen Regler, mit dem du noch feiner variieren kannst. Oder mach die Einstellungen über ein Touchpad.
Diese Art der Steuerung ist nicht nur hilfreich, wenn es ums Träumen bzw. Klarträumen geht. Sei kreativ. Sicherlich gibt es noch andere Bereiche in deinem Leben, die eine Justierung gebrauchen könnten.
Die grundlegende Inspiration für diese Art der Programmierung des Unterbewusstseins kam mir übrigens nicht in einem Klartraum, sondern schon in den Achtzigern des letzten Jahrhunderts während eines Autogenen Trainings.

»Ein Klartraum ist ein Traum, in dem der Träumer weiß, dass er träumt.«
Bist du im Traum an diesem Punkt, steht dir eine virtuelle Realität zur Verfügung, die du nach deinen Wünschen gestalten kannst. Hier gibt es keine Beschränkungen, keine physikalischen Gesetze sind hier gültig, alle Wünsche erfüllen sich hier auf der Stelle. Die einzige Grenze liegt in deiner Vorstellungskraft.

Meine Aufgabe ist es, dich auf deinem Weg zum Klarträumer zu begleiten, dir Möglichkeiten aufzuzeigen, wie du dieses Ziel über kurz oder lang erreichen kannst.
Denke auf dieser Reise immer daran, dass jede Nacht, in der du nicht klarträumst, dich deinem ersten oder nächsten Klartraum eine Nacht näher bringt.

Ich wünsche dir viele fantastische Klarträume.

Christian

Überblick

Bevor es losgeht, ein kurzer Überblick über das, was dich in diesem Buch erwartet.
Insgesamt gibt es zwölf Kapitel mit folgenden Inhalten:

Kapitel 1: Der theoretische Teil des Buches, dessen Ziel es ist, die Hintergründe des Träumens und Klarträumens aufzuzeigen. Auch auf wissenschaftliche Untersuchungen werde ich hier kurz eingehen.

Kapitel 2: Hier geht es um das Phänomen der natürlichen (nativen) Klarträumer. Dieser Abschnitt beruht auf eigenen »Forschungen« und ist, was das Klarträumen betrifft, ein neuer Ansatz.

Kapitel 3: Klartraum-Glaubenssystem. Dieses Kapitel ist höchst hilfreich für alle, die den »Kapitel-2-Weg« gehen wollen, wie für diejenigen, die lieber den bewährten Techniken vertrauen. Gibt es einschränkende Glaubenssätze bezüglich des Klarträumens? Wenn ja, dann hat man hier die Möglichkeit, diese zu korrigieren.

Kapitel 4: Stress auflösen. Ein Faktor, der sich indirekt negativ auf das Klarträumen auswirken kann, ist Stress. In diesem Kapitel geh ich auf zwei einfache Techniken ein, die helfen können, diesen »Störfaktor« zu minimieren.

Kapitel 5: Traumerinnerung steigern. Hier geht es um das »Wie führe ich ein Traumtagebuch?«, und die Vorteile, die dies in Bezug auf das Klarträumen bringt.

Kapitel 6: Realitäts-Checks. Die Wirklichkeit im Wachzustand zu testen ist eine wichtige Voraussetzung zum Erlangen von Klarträumen. Hierzu gibt es viele Möglichkeiten. Die Populärsten werde ich hier aufzeigen.
Einen Absatz werde ich hier der Steigerung der allgemeinen Achtsamkeit im Alltag widmen. Wird diese im täglichen Leben zur Gewohnheit, so profitiert man davon auch im Traum und erkennt umso leichter, dass man sich in einem solchen befindet.

Kapitel 7: Klartraum-Techniken. Es gibt unzählige Techniken einen Klartraum herbeizuführen. Dabei gibt es nicht DEN Weg. In diesem Kapitel werde ich die gängigsten Methoden beschreiben, insbesondere diejenigen mit dem größten Erfolgspotenzial. Ein paar eher ungewöhnliche sind auch dabei, wie z. B. die »Traum-Programmierung«.

Kapitel 8: Hilfsmittel. Es gibt einige Hilfsmittel, die die Wahrscheinlichkeit eines Klartraums erhöhen können. Angefangen mit Filmen, Bildern, Klartraummasken, Hypnose-CDs, Subliminal-CDs bis hin zu Nahrungsergänzungsmitteln, Getränken und Nahrungsmitteln. Auf die Populärsten geh ich in diesem Kapitel ein.

Kapitel 9: Die Vorbereitung. Mit einem Plan von dem, was man in seinem ersten oder nächsten Klartraum tun will, gewinnt man nicht nur Klartraum-Zeit. Ein solcher kann zudem die Klarheit erhalten und vor einem unnötigen Aufwachen schützen.

Kapitel 10: Im Klartraum. Ist man sich bewusst, dass man träumt, kann man tun, was man will. In diesem Kapitel beschreibe ich einige Möglichkeiten, wie z. B. fliegen, Sex haben, Zeitreisen, parallele Welten besuchen, mit den Traumgestalten kommunizieren, die Umgebung verändern usw. Auch der Stabilisierung eines Klartraums ist hier ein Abschnitt gewidmet.

Kapitel 11: Wie fang ich an?
Hier geht es um einfache Anfangsstrategien für den Klartraum-Neuling.

Kapitel 12: Klarträumen als Lebenshilfe. Klarträumen wird schon heute im Bereich des Sports (Bewegungsabläufe im Traum trainieren) und bei der Behandlung von Albträumen eingesetzt. Auf diese und weitere Einsatzmöglichkeiten werde ich in diesem Kapitel genauer eingehen.

Bedienungsanleitung

Nicht nur der Klartraum-Neuling wird von diesem Buch profitieren. Auch der fortgeschrittene Klarträumer findet sicherlich darin viele neue hilfreiche Anregungen. Während er wahrscheinlich zu den Kapiteln springen wird, die das meiste Interesse bei ihm wecken, empfehle ich dem Neuling, dies nicht zu tun. Zwar wird für den »Springer« Wichtiges immer mal wiederholt, jedoch bauen prinzipiell die Kapitel aufeinander auf.
Einen kurzen Abstecher jetzt gleich in Kapitel 6 (Reality-Checks) würde ich dir, solltest du ein Klartraum-Neuling sein, dann doch empfehlen. Schon während des Lesens der ersten 5 Kapitel und ebenfalls danach könntest du bei jedem gefundenen Rechtschreib- oder Grammatikfehler einen RC machen. Den einen oder anderen habe ich extra für diesen Zweck eingebaut ;). Selbst wenn du schon lange mit RCs vertraut bist, wäre dies nicht ein nettes Spielchen?

Der Kauf dieses Buches wird dir wahrscheinlich keinen Klartraum oder Klarträume bescheren. Legst du es unters Kopfkissen, möglicherweise. Wenn du es nur liest, dann ist die Chance schon größer und solltest du noch etwas Zeit für die Techniken investieren, dann ist dir der Erfolg so gut wie gewiss.
Was die Methoden betrifft, so werden sie dich, in ihrer Vielzahl, beim Lesen des Inhaltsverzeichnisses oder Durchblättern des Buches zuerst vielleicht »erschlagen«.
Bleib ganz ruhig. Es sind nur Möglichkeiten.

Wie in einem Supermarkt kannst du sie ansehen und in die Hand nehmen, aber du musst sie nicht kaufen.

Diese Bedienungsanleitung schreibe ich, damit du dir für die nächsten Wochen einen eigenen Plan, was das Klarträumen betrifft, anfertigen kannst. Dieser sollte dich weder überlasten noch unterfordern und genau auf deine Lebensumstände angepasst sein. Bleib im Rahmen dessen, was du dir, insbesondere zeitlich, vorstellen kannst. Kein Stress. Besser du beschäftigst dich nur wenige Minuten pro Tag mit dem Thema für Monate, als viele Stunden für nur wenige Tage.

Nach ein wenig Theorie (Kapitel 1) folgen drei, ich würd mal sagen, optionale Kapitel. Ähnliche wirst du in keinem anderen Klartraumbuch finden. Lies sie und absolviere die Übungen, die dich ansprechen. Vielleicht brauchst du gar nicht mehr zum häufigen und regelmäßigen Klarträumen. Unter Umständen ist ja der »natürliche« Weg (Kapitel 2), genau der richtige für dich.
Gerade in Kapitel drei und vier findest du Techniken, die auch in anderen Lebensbereichen hilfreich sein können.

Traumtagebuch (Kapitel 5): Aus eigener Erfahrung weiß ich, dass es *kein* Traumtagebuch braucht, um Klarträume zu haben. Jetzt kommt das Aber. Das Führen eines Traumtagebuchs kann dir *mehr* Klarträume bescheren.
Lies dir das Kapitel durch und entscheid dich dann, dafür oder dagegen, oder später »dafür«, sollte »dagegen« nicht den gewünschten Erfolg bringen.

Realitäts-Checks (Kapitel 6): Hier biete ich dir einige Möglichkeiten, von denen du drei oder mehr für dich auswählst. Keine Angst. Wählst du beispielsweise drei von ihnen, bist du insgesamt damit zeitlich locker unter einer Minute pro Anwendung.

Klartraum-Techniken (Kapitel 7): Auch wenn ich dir hier so einige Methoden offeriere, so entscheidest du dich hier erst einmal für die Technik oder Kombination von Techniken, die dir am besten »schmeckt«.

Hilfsmittel (Kapitel 8): Wenn ja, dann höchstens zwei zur selben Zeit. Im Erfolgsfall kannst du so einfacher feststellen, was dir letztendlich geholfen hat.

Vorbereitung und Willkommen im Klartraum (Kapitel 9 und 10): Nimm dir auch hier nur eine Sache vor. Zu Beginn nichts Kompliziertes, wie Zeitreisen oder parallele Welten aufsuchen. Fliegen wäre doch ganz schön.
Studiere die Stabilisierungstechniken und wähl zwei davon, die du dann im Klartraum parat hast.

Auch wenn es DEN Klartraum-Weg noch nicht gibt, so gebe ich dir zwei einfache Strategien an die Hand, mit denen du schon mal starten kannst (Kapitel 11). Ich habe mir überlegt, wie ich als Neuling mit dem Wissen von heute anfangen würde. Welcher Plan hätte wohl die meiste Aussicht auf Erfolg? Welchen würde ich wählen, wenn ich konservativ ticken würde?

Lebenshilfe Klartraum (Kapitel 12): Solltest du Probleme welcher Art auch immer haben, so kann Klarträumen ein Weg sein, diese zu meistern. Für einen Coach oder Therapeuten bietet dieses Kapitel sicherlich ebenfalls einige interessante Ansätze.

In diesem Buch findest du immer mal wieder die ein oder andere Fantasiereise. Diese musst du natürlich nicht wortwörtlich ausführen. Wichtig ist, dass du die Idee dahinter verstehst und dann eine Version bastelst, die für dich passend ist.

Gleich hier zu Beginn möchte ich dich beruhigen, was den zeitlichen Einsatz deinerseits betrifft. Ja, dieser ist, neben dem Lesen, notwendig, um ein Klarträumer zu werden. Doch trifft dies nicht auf alle unsere Ziele zu, die wir erreichen wollen?
Stell dir einmal vor, es gäbe, hier auf der Erde einen Meister, der dir beibringen könnte zu fliegen. Wie viel Zeit und Geld würdest du wohl dafür investieren?
Und fliegen ist nur eine der fantastischen Sachen im Klartraum-Universum.
Mit dem Klarträumen erlernst du *eine* Fertigkeit um *Alles* tun zu können und das fast zum Nulltarif.

Ich möchte noch erwähnen, dass man viele der Informationen und Techniken in diesem Buch natürlich auch frei zugänglich im Internet findet. Dafür in erster Linie ein Dank an Stephen LaBerge und dem Lucidity Institut[1].

---

[1] http://www.lucidity.com

Worauf ich hinaus will? Hast du schon einmal intensiv zu einem Thema im Internet recherchiert?
Wie viel Zeit hat dich dies gekostet? Und was ist dir eine Stunde deiner Zeit wert?
Mit diesem Buch kannst du viel Recherche und damit Zeit einsparen. Diese Arbeit habe ich bereits für dich erledigt.

Abschließend noch ein Tipp: Geh mit Spaß an das Thema ran. Freu dich schon vor dem Einschlafen auf deinen ersten oder nächsten Klartraum. Tu so, als hättest du ihn schon.

Warum sollte ich klarträumen lernen?

Diese und die Frage nach dem Nutzen vom Klarträumen wurden mir während des Schreibens dieses Buches nicht selten gestellt und vielleicht stellst du dir sie ebenfalls.
Auch wenn du die Antworten im Laufe des Lesens erhalten wirst, so lass mich dich diesbezüglich mit ein paar vorweggenommenen Gedanken schon vorab ein wenig »ködern« und motivieren.
Dass das Klarträumen das Leben bereichert, ist zwar ein richtiger, aber wohl nicht unbedingt verlockender Anreiz.
Lass mich dir einmal ein paar Fragen stellen:
Warum gehst du ins Kino, tanzen, auf die Piste, zum Fußball, liest Romane, fährst in Urlaub, hörst Musik, triffst dich mit Freunden?
Aus welchem Grund hast du ursprünglich einmal Auto fahren gelernt?
Hast du irgendein Hobby? Gibt es für dieses irgendwelche Beweggründe?

Wenn ich mich nicht irre, sind Spaß, Freude und Abenteuer die wesentlichen Antriebe für unsere Aktivitäten jenseits von Arbeit und Schlafen.
Mit dem Klarträumen hast du eine zusätzliche Möglichkeit auf Spaß, Freude und Abenteuer, und das wach und bewusst, während du schläfst.
Für sicherlich mehr als 90 % der Klarträumer sind dies die drei vorrangigen Motivatoren.

Kein Film, nicht einmal in 3D, kommt auch nur in geringster Weise an das Erlebnis Klartraum heran. In einem solchen bist DU der Hauptdarsteller und Regisseur, bist live und bewusst im Film, den du von Anfang bis Ende nach deinen Wünschen gestalten kannst.

Sicherlich hattest du schon einmal einen schönen Traum oder Tagtraum. Selbst wenn du diese Erfahrung um den Faktor 100 intensivierst, reicht sie noch lange nicht an das Erlebnis Klartraum heran. Ähnliches gilt für Erfahrungen bei einer Meditation, Trance, Hypnose oder beim Visualisieren.
Zu Letzterem ein kleines Beispiel, welches dir zusätzlich noch einen möglichen Nutzen des Klarträumens verdeutlicht.
Ich nehme mal eine einfache Visualisierungsübung für Heilung und Verjüngung – der Jungbrunnen:
Du stellst dir eine Wiese vor, auf der sich ein Brunnen befindet mit heilendem und verjüngendem Wasser. Eine kleine Treppe führt ins Wasser und eine weitere auf der anderen Seite wieder aus dem Wasser heraus. Du gehst die Stufen hinunter, das Wasser reicht gerade bis an die Schultern. Du tauchst den Kopf einige Sekunden unter Wasser, durchquerst langsam den Brunnen und gelangst letztlich wieder über die andere Treppe auf die Wiese.

Im Klartraum würde sich das Ganze in etwa so darstellen:
Du manifestierst eine Wiese mit einem Brunnen, der mit heilendem und verjüngendem Wasser gefüllt ist. Du legst deine Kleidung ab, spürst die Wärme und Bewegung der Luft, die dich umgibt, das Gras unter deinen Füßen und hörst leise

deine Schritte. Du gehst die Treppe hinunter ins Wasser und fühlst, wie dieses so langsam an deinem Körper emporsteigt. Wahrscheinlich fühlt es sich auch nicht an wie Wasser, sondern vielmehr wie Energie, die nach und nach in jede Zelle deines Körpers eindringt. Ein belebendes, leicht elektrisierendes und sehr angenehmes Gefühl breitet sich in deinem Körper aus. Bei jedem Schritt durch den Brunnen fühlst du dich gesunder, vitaler, kräftiger und jünger. Das Wasser ist so tief, dass es bis über deinen Kopf reicht, doch das ist OK, da du schnell feststellst, dass du auch unter Wasser perfekt atmen kannst. Deine Atmung wird sogar von Schritt zu Schritt tiefer, da alles, was diese blockierte, in Sekundenschnelle heilt. Nach kurzer Zeit schon nimmst du die Treppenstufen, die aus dem Brunnen führen unter Wasser wahr. Während du diese hinaufgehst und du die Stufen unter deinen Füßen fühlst, bemerkst du die Leichtigkeit, mit der du den Brunnen verlässt. Vollkommen trocken betrittst du wieder die Wiese und legst dich auf dieser noch eine Weile in die Sonne, die dir zusätzlich noch Energie spendet.

Ich hoffe, ich konnte dir den Unterschied zwischen Visualisieren und Klarträumen ein wenig klar machen. Beim Klarträumen ist alles live, alle Sinne sind involviert. Es ist im Prinzip genauso real für dich und dein Unterbewusstsein, als ob du in der Wirklichkeit einen solchen Jungbrunnen durchschreiten würdest, wenn es einen gäbe.

Was glaubst du? Welche Variante ist wohl in diesem Falle effektiver, wenn es um Heilung und Verjüngung geht? Das Visualisieren oder das Klarträumen?

Natürlich könntest du dich, was ein spezifisches Leiden betrifft, zu einer Heilquelle teleportieren und aus dieser trinken. Oder genau den Heiler aufsuchen, der diese Beschwerde heilen kann. Warum nicht eine Behandlung von Jesus »persönlich«.

Im Traum sowie im Klartraum haben wir direkten und vollständigen Zugang zu unserem Unterbewusstsein. Es gibt da keine kritische Schicht, die wir erst mit Hypnose, Meditation oder ständigem Wiederholen von Affirmationen durchbrechen müssen. Im Klartraum können wir bewusst und ohne irgendwelche Umwege, Veränderungen auf dieser unbewussten Ebene einleiten.
Wenn das mal nicht nützlich ist – oder?

Im Klartraum kannst du dich auch bewusst deinen Ängsten stellen, sozusagen eine Klartraum-Verhaltenstherapie machen.
Du leidest an Albträumen? Klarträumen ist diesbezüglich wohl das effektivste und schnellste Mittel.
Wie wäre es, sich eine Fähigkeit zu eigen machen, die ein Doppelgänger von dir in einer alternativen Realität besitzt. Wäre das nützlich?
Und wäre es nicht hilfreich, sich unter fast realen Bedingungen auf ein Vorstellungsgespräch oder einen Auftritt vorbereiten zu können?
Bewegungsabläufe beim Tanzen, Karate, Turnen, Skifahren, Schwimmen usw. effektiv im Klartraum zu trainieren, ohne die geringste Gefahr sich zu verletzten?
Wäre es nützlich für jemanden, der, aus welchen Gründen auch immer, keinen Sex mehr haben kann, diesen mithilfe seines Traumkörpers, wieder bewusst erleben zu können?

Was ist mit den Menschen mit schweren oder schwersten Behinderungen und Lähmungen? Gehen, laufen, rennen, sich vergnügen, wäre für sie wieder möglich, wenn auch möglicherweise nur für wenige Minuten pro Nacht.
Würde dies ihre Lebensqualität erhöhen?

Was die Einsatzmöglichkeiten des Klarträumens betrifft, insbesondere wenn es um die nützlichen und therapeutischen geht, kratzen wir erst an der Oberfläche.
Es braucht noch viele Pioniere, die das Potenzial dieses Phänomens erforschen.
Möchtest du einer von ihnen sein?

1. Der kurze theoretische Teil

Ich werde in diesem Kapitel nur auf das Wesentliche in Bezug auf das Thema Klarträumen eingehen. Im Prinzip gibt es gar nicht so viel, was du wissen solltest.

Schlaf

Als Erwachsener schlafen wir durchschnittlich etwa sieben Stunden pro Tag. Bei 90 Minuten pro Schlafzyklus wären dies durchschnittlich ca. 5 Zyklen, von denen jede wiederum fünf Schlafphasen beinhalten:

Der leichte Schlaf. Hier geht das Gehirn von Alphawellen (8-13 Hz) in Thetawellen (4-7 Hz) über. Alphawellen werden übrigens auch bei Entspannung mit geschlossenen Augen gemessen.

Ich nenne es mal mittlerer Schlaf mit überwiegend Thetawellen. In dieser Schlafphase befinden wir uns am längsten.

Übergang zum Tiefschlaf und damit von Thetawellen zu Deltawellen (0,1->4 Hz).

Tiefschlaf mit mehr als 50 % Deltawellen.

Der REM-Schlaf (**R**apid **E**ye **M**ovement – schnelle Augenbewegungen) trägt auch die Bezeichnungen Paradoxer Schlaf oder Traumschlaf. Dies ist die interessanteste Phase, was das Klarträumen betrifft. Die Gehirnfrequenz ähnelt der im Leichten Schlaf.

REM-Schlaf

Der REM-Schlaf ist, wie der Name schon sagt, gekennzeichnet durch die schnellen Augenbewegungen. Der Rest des Körpers befindet sich in der sogenannten Schlafparalyse. Dies ist gut so, andernfalls würden wir unsere Träume körperlich ausleben. Pro Nacht verbringen wir, als Erwachsener, insgesamt gut 100 Minuten im REM-Schlaf. Föten und Neugeborene fast ausschließlich.
Die Dauer der REM-Phase nimmt während der Nacht zu. Von fünf bis zehn Minuten zu Beginn, bis zu dreißig oder mehr Minuten am Morgen.

Traum

Jeder Mensch träumt. Auch wenn du vielleicht, so wie ich, Menschen kennst, die sagen »Ich träume nicht.«, so liegt dies lediglich daran, dass sie ihre all ihre Träume vergessen.
Ursprünglich wurde angenommen, dass man nur in der REM-Phase träumt (REM-Traum). Die Forschung zeigt jedoch, dass auch in den anderen Schlafphasen Träume vorkommen (NREM-Traum, das N steht für NON).
Wie lange träumt man eigentlich pro Nacht?
Wenn man davon ausgeht, dass zu 90 % in den REM-Phasen geträumt wird, so kommt man auf eine Gesamttraumzeit beim Erwachsenen von knapp zwei Stunden.
Warum träumt man?
Dem REM-Schlaf bzw. dem Träumen werden viele Funktionen zugeschrieben.

Die Wichtigste davon liegt meiner Meinung nach in der Verarbeitung der Alltagsprobleme mithilfe der schnellen Augenbewegungen.
Das EMDR (Eye Movement Desensitization and Reprocessing), eine Technik zur Auflösung traumatischer Erfahrungen, verwendet beispielsweise sehr erfolgreich diesen Mechanismus im Wachzustand.

Das Thema Träumen wird in der westlichen Welt sehr stiefmütterlich behandelt, obwohl Sigmund Freud oder Carl Gustav Jung, die Väter der Traumdeutung, die Wichtigkeit von Träumen in ihren Werken immer wieder betonten.
»Träume sind Schäume« ist beispielsweise keine hilfreiche Einstellung für einen (zukünftigen) Klarträumer.
Nehmen wir uns doch lieber ein Beispiel an den Senoi, einem Volk aus Malaysia, das eine Jahrhunderte alte Traumkultur hat. Bei diesem wird am Frühstückstisch über die Träume der vergangenen Nacht berichtet und diskutiert, es gibt einen Traum-»Frühschoppen« für die Familienoberhäupter und auch das Programmieren von Träumen wird reichlich praktiziert.

Mein Tipp: Schau, dass das Träumen im Allgemeinen an Wichtigkeit in deinem Leben gewinnt. Frag andere nach ihren Träumen, berichte ihnen von deinen.

Klartraum

Klartraum-Geschichte in der westlichen Welt

Der Traumforscher Marie Jean León le Coq veröffentlichte 1867 die erste seriöse Arbeit über Träume und Traumkontrolle.

Sigmund Freud kannte diese Arbeit, erwähnte die »Traumlenkung« aber nur kurz in seinem Buch *Die Traumdeutung*.

Erst mit einem Artikel von Frederik Willems van Eeden, im Jahre 1913, fand die Klartraumforschung erste Anerkennung. Von ihm stammt der Begriff »Luzides Träumen«.

Im Laufe der Zeit wurde das Klarträumen jedoch von konventionellen Wissenschaftlern in die esoterische Ecke geschoben.

So spielten beispielsweise die Bücher *Reise nach Ixtlan* und *Die Kunst des Träumens* (in beiden wird auf das Klarträumen eingegangen) von Carlos Castaneda eine große Rolle in der New Age-Bewegung der siebziger und achtziger Jahre des letzten Jahrhunderts.

Ebenfalls in den Achtzigern waren es Stephen LaBerge und Keith Hearne, die die wissenschaftliche Forschung bezüglich des Luziden Träumens wieder aufnahmen, mithilfe neuer Technologien, wie dem EEG und der EOG (Elektrookulografie). Beide konnten unabhängig voneinander nachweisen, dass das Luzide Träumen keine Einbildung ist, sondern tatsächlich existiert.

Im deutschsprachigen Raum war es Paul Tholey, der das Thema erforschte. Primär ging es ihm dabei um das moto-

rische Lernen ohne körperliches Training. Er übersetzte das »Lucid Dreaming« mit »Klarträumen« und prägte damit diese Bezeichnung.
Das Klarträumen wird natürlich nicht nur in der westlichen Welt praktiziert, sondern weltweit in vielen Kulturkreisen. Im Buddhismus z. B. nennt man es »Traumyoga«.
Ob die schon angesprochenen Senoi es betreiben, ist nicht belegt. Ich persönlich kann es mir jedoch gut vorstellen.

Klartraum-Forschung

Wie bereits erwähnt, ist die Existenz von Klarträumen zweifelsfrei nachgewiesen, und zwar mithilfe von EEG und EOG und den willkürlichen Augenbewegungen von Klarträumern. Diese wurden in den Experimenten angewiesen, eine bestimmte Augenbewegung durchzuführen, sobald ihnen im Traum bewusst wurde, dass sie träumen. So entstand praktisch eine Kommunikation von Träumer zu Forscher.
Ich finde das faszinierend.
Weiterhin wurde festgestellt, dass während eines Klartraums die Aktivität im präfrontalen Cortex zunimmt, dem Teil des Gehirns (befindet sich direkt hinter der Stirn, auch Stirnlappen genannt), der für die kritische Bewertung zuständig ist und normalerweise während des Schlafens ruht. Mit dem EEG wurden hier Werte im Betawellenbereich (13-30 Hz), was dem Wachzustand entspricht, bis hoch in den Gammawellenbereich (30-100 Hz), volle Konzentration z. B. beim Lernen, gemessen.
Das Stirnhirn ist also beim Klarträumen hellwach.

»Ein Klartraum ist ein Traum, in dem der Träumer weiß, dass er träumt.«

Nach dieser Definition, hattest du schon einmal einen Klartraum?

Ich bin mir sicher, dass jeder schon einmal einen Traum hatte, in dem er *glaubte*, dass er träumt.

Nach einer Studie von Michael Schredl und Daniel Erlacher von 2004, sind sich etwa 82 % dessen *gewiss*, jedenfalls, was die befragte Gruppe von 444 PsychologiestudentInnen im Alter um die zwanzig angeht.

7,5 % von diesen hatten Klarträume weniger als einmal im Jahr, 10,9 % einmal im Jahr, 26,7 % zwei- bis viermal im Jahr, 16,2 % einmal im Monat, 10,3 % dreimal im Monat, 8 % einmal in der Woche und 2,5 % mehrmals in der Woche[2].

Wo würdest du dich momentan einreihen?

Erlacher und Schredl stellten zudem fest, dass die Zeitwahrnehmung beim Zählen (z. B. von 1 bis 10) im Klartraum kaum von der im Wachzustand abweicht. Motorische Bewegungen, z. B. Kniebeugen, benötigen im Klartraum jedoch mehr Zeit (ca. 40 %) als im Wachleben[3]. Eine weitere Studie zeigte, dass die Herz- und Atmungsfrequenz bei einer sportlichen Betätigung (Kniebeugen) im Klartraum zunimmt[4].

---

[2] M. Schredl, D. Erlacher (2004) Lucid dreaming frequency and personality

[3] D. Erlacher, M. Schredl (2004) Time required for motor activity in lucid dreams, 1239–1242.

[4] Daniel Erlacher, Michael Schredl (2008) Cardiovascular responses to dreamed physical exercise during REM lucid dreaming.

Daniel Erlachers Doktorarbeit trägt übrigens den Titel: *Motorisches Lernen im Luziden Traum: Phänomenologische und experimentelle Betrachtungen*.

Vom Traum zum Klartraum

Es gibt meines Wissens keine verbindliche Einteilung der Traumtypen, also bastele ich mal eine eigene.
Trübtraum: Ein ganz normaler Traum
Lebendiger Traum: Ein Traum sehr klar, lebendig und wesentlich intensiver als ein normaler Traum und du wirst dich eher an ihn erinnern.
Präluzider Traum: Du hast im Traum das Gefühl, dass du träumst, bist dir dessen jedoch nicht sicher. Ich hatte beispielsweise schon Träume, in denen ich träumte, ich hätte einen Klartraum.
Klartraum: Du weißt, dass du träumst.
Hyper-Klartraum: Du weißt nicht nur, dass du träumst, sondern du bist hellwach und erinnerst dich, was du jetzt alles tun kannst und tust es auch.
Außerkörperliche Erfahrung (AKE): Du verlässt deinen physischen Körper und schaust mal, was so los ist. Ob man dieses Phänomen den Traumtypen zurechnen kann, ist eine gute Frage. Ob es eine AKE überhaupt definitiv gibt oder diese nur eine andere Form des Klartraums darstellt, eine andere. Ich kenne mich diesbezüglich zu wenig aus und kann mir deshalb kein Urteil erlauben.
Einmal war ich jedoch bei einer AKE-Schilderung in Hypnose zugegen und dies war schon beeindruckend.

Letztlich bring ich das Thema AKE hier nur zur Sprache, da ich später auch Methoden beschreibe, die sowohl einen Klartraum, wie auch eine AKE einleiten können.

Klartraumbericht – AKE?:

Während eines Nachmittagsschläfchens wache ich zum zweiten Mal auf und bleibe ganz ruhig mit geschlossenen Augen liegen. Ich frage mich, ob ich mich vielleicht noch in einer Schlafparalyse befinde. Das hätte ich wohl lieber nicht denken sollen, auch wenn es der Fall ist.

Mein Körper fängt sofort an, sich gegen die Paralyse zu wehren. Mein Kopf ist diesbezüglich, zu Beginn jedenfalls, eher entspannt. »ER« will die Paralyse nutzen.

Als es dann doch zu unangenehm wird, beschließe ich mich aus der Paralyse zu befreien.

Ich erinnere mich daran, dass dies mit Luft anhalten möglich sein soll. Ich probiere es aus, doch es funktioniert nicht (vielleicht habe ich zu kurz die Luft angehalten). Im Nachhinein war es das Beste, was mir passieren konnte.

Plötzlich wird es stockdunkel. Ich stelle mir vor, dass aus dieser Dunkelheit eine wunderschöne Frau auf mich zukommt. Scheinbar lässt mich diese Vorstellung wieder aufwachen. Dass dies nicht der Fall ist, sondern ein falsches Erwachen, erkenne ich daran, dass ich über meinem Bett schwebe.

Ich mache drei, vier Mal den Finger-durch-Hand-RC, der zwar nicht wie gewohnt, jedoch für mich ausreichend, funktioniert. Endlich, nach dreieinhalb Wochen, befinde ich mich wieder in einem Klartraum. Oder ist es gar eine Außerkörperliche Erfahrung? Immerhin bin ich über die Schlafparalyse hineingerutscht und über dem Bett schweben ist mir auch

neu. Egal, ich erkunde erst einmal weiter schwebend das Terrain - ist besser als Laufen.
Das Zimmer, in dem ich mich befinde, kommt mir irgendwie vertraut vor, auch wenn es darin sehr dunkel ist. Ich schwebe durch die offene Tür in den Flur und höre wie ein »Freund« (keine Ahnung, wer das ist) mir zuruft, dass seine Freundin gleich zu Besuch kommt.
Okaaay, ist ja schon mal schön zu wissen. Im Flur treffe ich auf seine Mutter, mit der ich dann Richtung Wohn-/Esszimmer schwebe. Sie schwebt natürlich nicht, macht aber auch keine Äußerung über mein Schweben. Der Flur und auch das Wohn-/Esszimmer machen auf mich den Eindruck, als stammen sie aus den frühen Siebzigern. Auch die Mutter ist dementsprechend gekleidet. Hab wohl eine kleine Zeitreise gemacht. Alles erinnert mich an das Ohnsorg-Theater aus den Siebzigern.
Es klingelt. Die Mutter öffnet die Tür und die Freundin meines Freundes kommt herein.
Ca. 25 Jahre, blond, groß, Mini und karierte Bluse. Kleidung und Frisur (Jackie Kennedy-Style) auch im Siebziger-Stil.
Ich schwebe auf sie zu, mit der Absicht sie anzumachen. Ich versuche ihr erst einmal zu zeigen, dass dies alles nur ein Traum ist, doch als ich mit der rechten Hand durch eine Wand des Wohn-/Esszimmers gehen will, blockt die Wand mich ab. Ich versuche es ganz sachte mit dem Zeigefinger der rechten Hand. Ich komme etwa 1 cm hinein und sehe wie Staub und kleine Steine nicht nur aus diesem Loch rieseln, sondern auch noch aus einem ähnlichen, ca. 20 cm links davon. Als Demonstration reicht ihr und mir dies zwar, doch bin ich etwas überrascht über die Eingeschränktheit meiner Fähigkeiten. Ist es vielleicht doch eine AKE?

Langsam spüre ich auch wie meine Klarheit schwindet und kann diese gerade noch mit einem FdH-RC stabilisieren.
Ich sage zu der jungen Frau, dass ich nicht mehr viel Zeit habe und wenn wir noch etwas Spaß haben wollen, schnell damit beginnen sollten. Sie ist einverstanden und ...
Sicherlich war es moralisch fragwürdig, die Freundin eines Freundes (ich weiß bis heute nicht, wer das war) anzumachen. Gelohnt hat es sich jedoch auf jeden Fall.

Nebenwirkungen

Zum Abschluss möchte ich noch auf mögliche Nebenwirkungen der Klartraumarbeit zu sprechen kommen.
Dass sich oft eine große Euphorie am Morgen nach einem Klartraum einstellt, weißt du ja bereits.
Des Weiteren sind mir meinerseits keine Fälle bekannt, in denen das Klarträumen, oder die Beschäftigung damit, jemals negative Auswirkungen auf das Leben eines Menschen hatte.
Ich persönlich würde jedoch die Finger davon lassen, bei einer Persönlichkeitsstörung, einer psychotischen Erkrankung oder wenn die Beschäftigung mit dem Klarträumen so überhandnimmt, dass diese sich negativ auf das soziale oder berufliche Leben auswirkt. Als Hobby oder Lebenshilfe ist das Bewusste Träumen eine tolle Sache. Bestimmt es jedoch das Leben, dann wird es problematisch.

So, das war er schon der theoretische Teil. War doch wirklich kurz – oder?

2. NATÜRLICHE Klarträumer

Es gibt Menschen, die träumen jede Nacht klar, ohne irgendwelche Hilfsmittel oder bewusst irgendwelche Techniken zu verwenden. Als ich von diesen natürlichen bzw., nativen Klarträumern hörte, beschloss ich diesem Phänomen auf den Grund zu gehen. Meine Absicht dabei war es, irgendwelche Muster zu entdecken, die all diesen Menschen gemein sind, mit dem Ziel den oder die Schlüssel zum natürlichen Klarträumen zu finden. Dank Suchmaschine stieß ich auf einige Berichte von und über native Klarträumer in Online-Foren, doch waren mir diese zu unspezifisch und beantworteten in keinster Weise meine Fragen. Robert Waggoners[5] Interviews mit Line Salvesen[6] und Beverly D'-Urso[7] waren mir dabei schon eine größere Hilfe.
Zusätzlich stellte ich einer deutschen nativen Klarträumerin viele Fragen.
Lediglich drei natürliche Klarträumer sind sicherlich nicht repräsentativ, jedoch lassen sie schon einige Rückschlüsse zu.

---

[5] Klartraumpionier und Autor aus den USA

[6] https://www.dreaminglucid.com/wp-content/uploads/2015/05/DreamSpeak-49-Line-Salvesen.pdf

[7] http://www.improverse.com/ed-articles/robert_waggoner_2004_Jul_LDE_interview_beverly_durso.htm

Übereinstimmungen:

1. Mit einfachen Techniken (RCs, MILD) konnten alle die Häufigkeit ihrer Klarträume noch steigern.
2. Alle drei sind Frauen.
3. Alle bezeichnen sich als neugierige Menschen.
4. Der Einstieg ins Klarträumen erfolgte bei allen schon in der Kindheit über Albträume, die sie mit dem bewussten Träumen auflösen konnten.
5. Alle glaubten, bis sie vom Klarträumen hörten, dass das bewusste Träumen ganz normal und natürlich ist – dass jeder Mensch so träumt.

In einem deutschen Klartraumforum[8] und einer Facebook-Klartraumgruppe[9] stieß ich noch auf zwei weitere native Klarträumerinnen. Bei der Ersten gab es Übereinstimmungen in den Punkten 2 und 5, bei der Zweiten in den Punkten 2 und 4. Ob dies auch für die anderen 3 Punkte gilt, kann ich nicht sagen, da mir diesbezügliche Informationen fehlen.

Rückschlüsse und mögliche Ansatzpunkte:

Die erste Frage, die sich mir stellt, ist: Inwieweit können uns, die wir glauben, das Klarträumen lernen zu müssen, diese Übereinstimmungen helfen, selbst ein nativer Klarträumer zu werden?

---

[8] https://www.klartraumforum.de/forum/showthread.php?tid=10027&highlight=wer+ist+dieser+Mensch

[9] https://www.facebook.com/groups/202716896417875/

Erst einmal bin ich sicher, dass in jedem von uns die Veranlagung dazu steckt. Die Frage ist also: Wie öffne ich diese »Tür«?

Punkt 1 kann uns da nicht wirklich weiterhelfen. Er zeigt lediglich, dass Techniken, wie RCs und MILD auch bei Menschen, die von Natur aus klarträumen, funktionieren und sogar deren Klartraumquote noch steigern können.

Somit sind wir schon bei ***Punkt 2*** der Übereinstimmungen: Alle fünf sind Frauen.
Es gibt sicherlich auch männliche natürliche Klarträumer, jedoch scheinen Frauen, was dies betrifft, die Nase vorne zu haben.
Mich persönlich überrascht das nicht und ich bitte schon mal im Voraus um Verzeihung, wenn ich mich im Folgenden vielleicht dem einen oder anderen Klischee bediene, was das Frauenbild betrifft.
Träume sind für Frauen wichtiger als für Männer. Ich habe zwar diesbezüglich keine Statistik gefunden, jedoch werden sicherlich mehr Bücher übers Träumen und Traumdeutung von Frauen als von Männern gekauft und gelesen. Und wenn es um das Führen eines Traumtagebuchs geht, wer liegt da wohl vorne?
Frauen erinnern sich häufiger an ihre Träume. Gründe dafür sieht man in ihrem insgesamt leichteren Schlaf, dem dadurch resultierenden häufigeren Aufwachen in Traumphasen und den hormonellen Schwankungen.
Aus meiner NLP- (Neurolinguistisches Programmieren) Zeit weiß ich noch, dass Frauen im Allgemeinen, vornehmlich visuelle (Sehen) Menschen sind. Dadurch nehmen sie

natürlich wesentlich mehr Informationen aus ihrem Blickfeld auf, als die eher auditiven (Hören) Männer. Welchem Mann fallen schon ein geringfügig anderer Haarschnitt, eine neue Uhr, neue Schuhe, ein etwas dunklerer Hautton oder ein neuer Gürtel bei einem Kollegen oder Freund auf? Oft ja nicht mal bei der eigenen Frau oder Partnerin.

Frauen bemerken solche visuellen Details. Für sie ist beispielsweise die Farbe weiß nicht weiß, wie für den Durchschnittsmann. Da gibt es Eierschalenweiß, Perlweiß, Cremeweiß, Angora weiß, Alt weiß, Opal weiß usw.

Was hat das nun mit Klarträumen zu tun?

Ein Traum ist in erster Linie ein visuelles Erlebnis und wem werden wohl eher die »sicht«-baren Unstimmigkeiten und Abweichungen zur Realwelt auffallen, auch wenn diese noch so gering sind – einem visuellen oder einem auditiven Menschen?

Auch was den kinästhetischen (Fühlen) Kanal betrifft, ist Frau dem Mann im Allgemeinen voraus und bemerkt deshalb im Traum eher, wenn sich etwas ungewöhnlich anfühlt. Den Traum, als einen solchen zu erkennen, fällt ihr aufgrund dieser visuellen und kinästhetischen Vorteile letztlich leichter und dies ist für das Klarträumen nun mal der springende Punkt.

Wichtigkeit der Träume, Traumerinnerung, visueller und kinästhetischer Kanal.

Was kann insbesondere Mann tun, um diese Defizite auszugleichen?

Zu den ersten beiden Punkten gibt es eine kurze Antwort: Traumtagebuch!

Das Führen eines solchen zeigt dem Unterbewusstsein, dass Träume für Dich wichtig sind und es verbessert die Traumerinnerung.
Den visuellen und kinästhetischen Sinn kann man schulen.
Wie wäre es, mal weniger mit Scheuklappen durchs Leben zugehen und sich öfter mal umzuschauen? Den Radius des Blickfeldes Schritt für Schritt zu vergrößern und trotzdem die Details nicht aus den Augen zu verlieren? Wann hast du dich das letzte Mal in deiner Wohnung bewusst umgesehen? Wann den Partner, den Freund oder Kollegen genau angesehen? Neue Bekanntschaften, andere Wege zur Arbeit oder beim Spaziergang stärken zudem nicht nur den visuellen Kanal.
Wie wäre es, öfter mal das, was du in die Hand nimmst oder in der Hand hältst, bewusst zu fühlen? Wie schwer oder leicht, glatt oder rau, warm oder kalt, fest oder weich fühlt es sich an? Wie fühlt sich der Boden unter deinen Füßen an beim Sitzen, Gehen oder Laufen? Wie der Wind oder die Sonne auf deiner Haut?

Traumtagebuch, Sinne schulen – das sieht alles nach viel Arbeit aus? Solltest du das denken, so fehlt dir, was deine Träume und das Interesse an Welt, die dich umgibt, betrifft, die streng geheime Zutat – Neugier (***Punkt 3*** der Übereinstimmungen)!
Stell dir einmal vor, du wärst neugierig auf deine Träume. Möchtest wissen, was in deiner Traumwelt so abgeht, was deine Träume so über dich aussagen, welche Botschaften in ihnen versteckt sind, wie sie dir helfen können, deine Probleme zu lösen usw.

Wenn du dieses brennende Interesse hättest, wäre das Führen eines Traumtagebuchs, dann Arbeit für dich?
Stell dir ebenfalls vor, du hättest diese kindliche Neugier an allem, was dich umgibt. An allem, was du im Hier und Jetzt sehen, hören, fühlen, riechen und schmecken kannst, ob vertraut oder neu.
Würden sich deine Sinne nicht ganz automatisch von selbst schärfen?
Und stell dir abschließend vor, die Neugier auf das, was dich umgibt, hättest du auch im Traum. Wie leicht würde es dir wohl fallen, Unstimmigkeiten und Abweichungen zur Realwelt zu sehen, hören und fühlen und damit den Traum als einen solchen zu entlarven?
Der Schlüssel zur Traumerkennung ist also Neugier.
Die Frage ist, wie kann ich diese in Bezug auf meine Träume und Traumwelt entwickeln, wenn ich sie (noch) nicht habe?
Die gute Nachricht: Neugier ist uns allen angeboren. Sie muss also nicht wieder gelernt, sondern lediglich geweckt werden.
Die weniger Gute: Mit dem Älterwerden nimmt diese Neugier in der Regel (nicht bei jedem) ab[10]. Wohl fühlen wir uns zunehmend mehr mit und im Vertrauten. Neuem stehen wir abweisend oder gar ängstlich gegenüber und nicht zuletzt bedeutet Neues zumeist Arbeit und Lernen.

---

[10] Es gibt eine kleine Studie, die nahelegt, dass die Klartraum-Häufigkeit mit zunehmendem Alter abnimmt. Quelle: http://www.psychologielehrer.de/cnew/_data/Facharbeit_Jessica_Jacqueline_Kirstein.docx
Wenn also die Neugier mit dem Älterwerden abnimmt und auch die Klartraum-Häufigkeit, besteht da vielleicht ein Zusammenhang?

Sollte »neu« generell »schlecht« für dich bedeuten, so wird sich folglich die »Neu«-gier allgemein bei dir in Grenzen halten.
Ist dies der Fall, so steh jetzt einmal auf und geh durch deine Wohnung. Alle Dinge, die du siehst, waren einmal neu. Der Fernseher, der Computer, das elektrische Licht, Strom aus der Steckdose, die Heizung, der Herd, die Waschmaschine, das fließende Wasser, WC usw.
Könnte man da nicht zu der Erkenntnis kommen, dass »neu« überwiegend »besser« und zumeist weniger Arbeit und Zeit bedeutet?

Um mehr oder wieder Neugier zu entwickeln[11], ist eine starke Motivation sehr hilfreich.
Nimm dir einige Minuten Zeit und stell dir vor, wie dein Leben wohl in Zukunft verlaufen wird, mit immer weiter nachlassender Neugier im Allgemeinen?
Ist diese Vorstellung schmerzhaft, hast du dein starkes Motiv.
Lässt sie dich eher vor Langeweile einschlafen, dann hast du jetzt ein kostenloses und funktionierendes Einschlafmittel. Davon abgesehen solltest du vielleicht noch etwas tiefer graben. Leider ist es so, dass eine Motivation »weg vom Schmerz« in der Regel bessere Ergebnisse liefert als »zur Freude hin«.
Finde also ein Motiv, das schmerzlich ist, in Bezug auf eine nachlassende Neugier in der Zukunft. Was könntest du dir alles »abschminken«, wenn du diesen Prozess nicht auf-

---

[11] Einen diesbezüglichen hilfreichen Online-Artikel findest du hier: http://www.psychotipps.com/Interesse-Neugierde.html

hältst oder umkehrst? Welchen Preis müsstest du dafür zahlen?

Nachdem du die schmerzhafte Seite erfahren hast, kommen wir abschließend noch zum positiven i-Tüpfelchen, dem Sahnehäubchen auf die Motivation.
Stell dir nun vor, wie dein Leben wohl in Zukunft verlaufen wird, wenn deine Neugier in allen Bereichen deines Lebens stetig wächst und wächst und wächst. Welche positiven Auswirkungen hätte dies wohl?

Ich geh mal davon aus, dass die Motivation für die Entwicklung deiner Neugier jetzt vorhanden ist. Jetzt liegt es an dir. Geh auf die Suche nach Neuem auch im Vertrauten.
Wenn du möchtest, mach dir eine Liste mit neuen Dingen und Aktivitäten, die du erfahren oder neu erfahren willst. Schau dir deine Umwelt genau an, hör und fühl sie. Beherzige die Dinge aus dem Abschnitt, in dem es um die Schulung der Sinne geht.
Stell Dinge infrage und stell Fragen. Zeig deiner Umwelt und den Menschen, Tieren und Pflanzen in deinem Umfeld, dass du dich für sie interessierst.
Lerne Neugier von den Kindern, und/oder erinnere dich an deine kindliche Neugier und lass diese Stück für Stück wieder in dein Herz und Leben.

So, das war es mit der Erweckung und Steigerung der Neugier im Allgemeinen, welche sich sicherlich positiv auf das Interesse an Träumen und der Traumwelt auswirken wird und damit auf die Klartraumquote. Wie lang es dauern wird, bis sich allein damit der erste Klartraum einstellt,

kann ich nicht beantworten. Schließ jedoch nicht aus, dass es sehr schnell gehen kann.
Sollte der »allgemeine« Weg für dich nicht infrage kommen, aus welchen Gründen auch immer, so kannst du den »Motivation- zur Neugier-Vorgang« auch ganz spezifisch auf deine Träume und Umgebung (Wach- und Traumwelt) anwenden.
Ein kleiner Hinweis noch vorab: Du kannst neugierig auf deine Träume sein, ohne ein Tagebuch zu führen. Es wird dir nur wesentlich leichter fallen.

Nimm dir einige Minuten Zeit und stell dir vor, wie, aufgrund deiner mangelnden Neugier an deinen Träumen und deiner Umgebung (Wach- und Traumwelt), dein Ziel, häufig und regelmäßig klarzuträumen, in weite Ferne rückt?
Ist diese Vorstellung schmerzhaft, hast du dein starkes Motiv.
Wenn nicht, dann grab etwas tiefer.
Was kannst du dir alles »abschminken«, wenn du diese Neugier auf deine Träume und Umgebung (Wach- und Traumwelt) nicht entwickelst? Welche tollen und fantastischen Sachen würdest du dann wohl nie bewusst im Traum erleben?

Nachdem du die schmerzhafte Seite erfahren hast, kommen wir abschließend noch zum positiven i-Tüpfelchen, dem Sahnehäubchen auf die Motivation.
Stell dir nun vor, du entwickelst diese Neugier auf deine Träume und Umgebung (Wach- und Traumwelt). Was für tolle und fantastische Dinge könntest du dann in Zukunft häufig und regelmäßig bewusst im Traum erleben?

Dein »Neugier-Anker«

Beim sogenannten »Ankern«, eine Technik aus dem NLP, wird ein gewünschter emotionaler Zustand mit einer Bewegung, Berührung, einem mentalen Bild oder Symbol oder einem Wort verbunden. Ist der Anker etabliert, so kann allein, beispielsweise mithilfe der Bewegung, der gewünschte Zustand wieder hergestellt werden.

Wie wäre es mit einem Anker für Neugier?

Schritt 1: Entscheide dich erst einmal für eine passende Bewegung, Berührung, ein Bild, ein Symbol oder ein Wort. OK. Ich helf dir ein wenig.

Bewegung/Berührung: Such dir einen Finger der linken Hand aus. Bring die Fingerspitze dieses Fingers und die Daumenspitze der gleichen Hand zusammen und übe, wenn sie sich berühren, einen gegenseitigen mittleren Druck aus. Die Druckstärke sollte eindeutig sein und du solltest sie dir für später merken.

Bild/Symbol: Stell dir ein großes gelbes Fragezeichen auf blauem Grund vor. Präge dir dieses Bild genau ein.

Wort: Sprich das Wort »Neugier« innerlich oder laut aus, in einem passenden Tonfall. Merk dir diesen und auch die Lautstärke für später.

Welche der drei Möglichkeiten du wählst, liegt bei dir. Hast du Probleme mit dem Visualisieren, so scheidet schon mal die Zweite aus. Die Erste hat für mich das meiste Potenzial, da du später noch weitere hilfreiche emotionale Zustände, beispielsweise »Gelassenheit«, »im Hier und Jetzt sein« oder »motiviert sein«, mithilfe der gleichen Vorgehensweise, an den anderen Fingerspitzen ankern kannst.

Schritt 2: Wenn du dich für deinen Neugier-Anker entschieden hast, dann erinnere dich an etwas, worauf du so *richtig* neugierig warst. Vielleicht gibt es auch gegenwärtig etwas, auf das du *extrem* neugierig bist. Vielleicht dein erster Klartraum, ein neues Spiel, was auch immer.
Du hast etwas gefunden. Sehr schön.

Schritt 3: Entspann dich, atme ein- bis zweimal tief ein und aus und schließ die Augen.
Denk nun an das Objekt (oder Subjekt) deiner Neugier.
Wenn du an dieses denkst, was siehst du? Lass dir Zeit. Was hörst du? Was spürst du?
Fühlst du das Gefühl der Neugier? Wo genau in deinem Körper fühlst du es am stärksten? Verdoppele dieses Gefühl. Dein Körper weiß, wie das geht.
Verdoppele das Gefühl der Neugier noch einmal ... und noch einmal, solange bis jede Zelle deines Körpers mit Neugier erfüllt ist und dann, kurz bevor du schier vor Neugier »platzt«, verbinde dieses Gefühl mit dem Anker (Bewegung, Berührung, Bild, Symbol oder Wort), für den du dich entschieden hast.

Schritt 4: Wiederhole Schritt 3 noch einige Male (5- bis 6-mal sollte ausreichend sein), heute oder über die nächsten Tage verteilt, bis der Anker etabliert ist. Du kannst dafür gerne ein anderes, vielleicht noch stärkeres Objekt deiner Neugier wählen. Der Anker muss jedoch immer derselbe

sein. Dass dieser »sitzt« erkennst du daran, dass, wenn du ihn auslöst, du wieder diese Neugierde fühlst. Vielleicht nicht ganz so stark, wie in Schritt 3, jedoch sollte sie zweifelsfrei spürbar sein.
Was kannst du nun generell mit diesem Anker anfangen? Sicherlich gibt es viele Situationen in deinem Leben, in denen ein wenig mehr Neugier hilfreich wäre. Stehst du vor einer solchen, oder befindest dich mittendrin, dann lös deinen Neugier-Anker aus.
Auf deine Träume und deine Umgebung gemünzt, sieht das folgendermaßen aus.

Schritt 5: Du hast das Gefühl, dass dein Neugier-Anker etabliert ist.
Bewerte jetzt einmal, wie stark zurzeit dein Interesse an deinen Träumen ist, auf einer Skala von 0-10 (0 bedeutet keine Neugier – 10, du »platzt« vor Neugierde).
Sehr schön.
Ist deine Neugier noch nicht bei 7 oder höher, dann schließ die Augen, denk einmal kurz an deine Träume (im Allgemeinen) und lös deinen Neugier-Anker aus. Atme danach einmal tief ein und aus und öffne wieder die Augen.
Gut gemacht. Wenn du *jetzt* an deine Träume denkst, wie hoch ist der Neugier-Wert?

Schritt 6: Sollte der Neugier-Wert für deine Träume nicht gestiegen sein, dann war der Anker nicht stark genug. In diesem Fall, wiederhole noch einige Male den 3. Schritt.
Ist er gestiegen, jedoch noch nicht bei 7 oder 8, dann wiederhole Schritt 5, bis dies der Fall ist.

Schritt 7: Wiederhole die Schritte 5 und 6, in Bezug auf die Neugier auf deine Umgebung, die Welt (Landschaft, Menschen, Tiere, Pflanzen, Dinge), die dich umgibt, jenseits deiner »Scheuklappen«. Was das Klarträumen betrifft, ist dies in meinen Augen der wichtigste Punkt.

Tipp: Selbst wenn die Neugier auf deine Umgebung letztlich bei 7 oder mehr liegt, tu Folgendes vor dem nächtlichen Einschlafen, vor dem Einschlafen bei einem Nickerchen und vor dem Wiedereinschlafen nach einer Schlafunterbrechung:
Schließ deine Augen, denk einmal kurz an die Welt, die dich umgibt, und lös deinen Neugier-Anker aus. Atme danach einmal tief ein und aus und schlaf (wieder) ein.
Damit gibst du der Neugier auf deine Traumwelt, kurz vor dem Träumen, einen gehörigen »Kick«.

Neugier-Trance

Vielleicht möchtest du die Verstärkung deiner Neugier ja lieber direkt im Unterbewusstsein vollziehen. Eine Kombination mit der Ankertechnik ist natürlich auch möglich.

Mach es dir bequem und spann daraufhin einmal alle Muskeln deines Körpers für einige Sekunden an, lass los, schließ die Augen und mach drei tiefe Atemzüge.

Stell dir vor, du befindest dich auf der obersten Stufe einer wunderschönen Treppe, die du nun Schritt für Schritt langsam hinuntergehst. Stufe für Stufe entspannst du dich mehr und mehr und mehr und mehr.

Das Ende der Treppe ist gleichsam der Beginn eines kurzen Ganges, der wiederum an einer prachtvollen Tür endet. Es ist die Tür zu deinem Unterbewusstsein.
Du schreitest auf diese zu, öffnest sie langsam und erblickst einen riesigen Raum mit Dutzenden von Monitoren und riesigen Rechnern, die alle miteinander verbunden, vernetzt sind. Wie auch der kleine Bildschirm, der sich auf einem futuristischen Schreibtisch in der Mitte des Raumes befindet. Die Kommandozentrale.
Vor dem Schreibtisch befindet sich ein bequemer Stuhl, auf dem du jetzt Platz nimmst.
Dein Unterbewusstsein ist nun bereit deine Befehle anzunehmen. Dieses funktioniert überwiegend per Sprachsteuerung.
Du sagst laut: »Neugier-Steuerung«, und wie durch Zauberhand erscheint auf dem Tisch vor dir ein Mischpult mit vielen Reglern und Schaltern. Du kümmerst dich jedoch ausschließlich um den Regler mit der Überschrift »Neugier – Umgebung«.
Auf welchem Wert steht dieser auf der Skala von »0« bis »10«? »0« bedeutet keine und »10« vollständige Traumerinnerung.
Lös erst die Verankerung (einfach draufdrücken) und schieb ihn danach mit Daumen- und Zeigefingerspitze langsam in Richtung »10«. Lass dir Zeit.
Experimentier ein wenig mit den verschiedenen Einstellungsmöglichkeiten.
Welcher Wert fühlt sich letztlich am besten für dich an?
Veranker dort den Regler – drück fest drauf. Klick!
Was immer du wählst, schließ die Programmierung ab, indem du laut: »Einstellungen speichern!«, sagst. Das Misch-

pult verschwindet, du stehst auf und machst dich auf den Weg zurück. Durch die Tür (vergiss sie nicht zu schließen), den Gang entlang und dann die Treppe nach oben, wobei du Stufe für Stufe mehr und mehr und mehr und mehr in die Wirklichkeit zurückkehrst, klar und erfrischt.
Auf der obersten Stufe öffnest du die Augen und dehnst abschließend den ganzen Körper.

Jeweils vor dem Einschlafen und nach dem Aufwachen überprüfe kurz, ob die Neugier noch auf dem eingestellten Wert ist.
Versetz dich dazu mental in den Kommandoraum, vor den Monitor mit dem Neugier-Umgebungs-Wert. Ist dieser korrekt?
Wenn nicht, dann weißt du, was zu tun ist.
Manuelle Einstellungen werden sicherlich vom Unterbewusstsein besser angenommen. Alternativ könntest du versuchen, den Wert per Sprachsteuerung zu korrigieren.
Mit Blick auf den Monitor, sag einfach laut: »Wert für Neugier – Umgebung auf ... erhöhen/reduzieren!«
Wird daraufhin der gewünschte Wert angezeigt, dann schließ die Programmierung mit »Einstellungen speichern!«, ab. »Kehr« danach zurück in dein Bett.

Abschließend noch eine kleine Traumerfahrung von mir, die dir zeigt, wie wichtig die Neugier auf (Traum-) Umgebung sein kann.
Ich befinde mich im Garten meines Elternhauses. Im Gras liegt unser Hund »Cherry«, ein Collie. Was ich als Erstes registriere, ist, dass dieser, vom Hals ab abwärts, flach ist, wie

eine Flunder. Die Ursache dafür interessiert mich jedoch herzlich wenig. Dieses ist ebenso der Fall, als Cherry plötzlich anfängt mit mir zu reden und mir Vorhaltungen macht. Und dass dieser Hund, zum Zeitpunkt des Traumes, schon seit mehr als 30 Jahren tot ist, macht mir auch kein Kopfzerbrechen.

Was war gut? Was war schlecht?
Gut war, dass ich die »Flach wie eine Flunder«-Sache erkannte, wie auch die Sprechfähigkeit des Hundes. Schlecht, dass die mangelnde Neugier mich nicht zum Nachfragen zwang:
»Warum ist Cherry vom Hals abwärts so flach?«
»Warum kann er reden?«
»Warum ist er überhaupt hier? Er ist doch schon so lange tot.«

Eine gesteigerte Neugier verhilft dir nicht nur dazu, Unstimmigkeiten im Traum eher zu erkennen. Sie bringt dich auch dazu, diese Abweichungen von der Wachwelt kritisch zu hinterfragen, um letztlich zu dem Schluss zu kommen, dass es sich um einen Traum handeln muss. Wahrscheinlich hätte mir Letzteres, in meinem Fall, sogar der Hund bestätigt.

Lange Rede, kurzer Sinn: Es ist wichtig, neugierig zu sein!

»Schoooon« sind wir bei ***Punkt 4*** der Übereinstimmungen: Auslöser Albträume

Keiner in der Klartraumgemeinschaft wird wohl bestreiten, wie wichtig die richtige Motivation für das Erzielen von Klarträumen ist. Ich will gar nicht bestreiten, dass eine große Vorfreude auf den nächsten Klartraum, manche nennen es »gehyped« sein, ein wichtiger Faktor ist. Auch eine Liste mit den tollen Dingen, die man im Klartraum machen will, ist sicherlich diesbezüglich hilfreich. Doch wie effektiv sind diese »Techniken« letzten Endes und insbesondere, wenn es um das Öffnen der Tür zum natürlichen Klarträumen geht? Was ist das richtige Motiv?

Die Vorfreude und die Liste mit positiven Aktivitäten werden sicherlich von unserem Unterbewusstsein registriert, jedoch kaum als wichtig oder gar überlebenswichtig eingestuft. Auf der Prioritätenliste ganz oben stehen in der Regel die Dinge, die mit Schmerz und Leid verbunden sind. Und damit sind wir bei den Albträumen. Ein gutes Motiv für das Unbewusste, die Tür zu öffnen und vorsichtshalber aufzulassen, selbst wenn das Problem (Albträume) gelöst wurde.

Aufgrund dieser »Erkenntnisse«, wie wäre Folgendes?
Anstatt eine lange Liste mit schönen Aktivitäten aufzustellen, die man in einem Klartraum tun will, wie wäre es mit einer kurzen mit Problemen, die man bewusst im Traum angehen oder gar lösen könnte. Ich denke mal, jeder von uns hat mindestens ein Thema, das ihr oder ihm physischen und/oder emotionalen Schmerz und Leid bereitet. Vielleicht etwas, wofür man sich schuldig fühlt, eine schlimme Erfahrung, ein einschränkender Glaubenssatz, eine Angst, körperliche Beschwerde, was auch immer. Etwas wofür man in der Vergangenheit einen hohen »Preis«

gezahlt hat, in der Gegenwart zahlt und in der Zukunft noch zahlen wird, sollte das Thema nicht gelöst werden.

Hinweis: *Bei Beschwerden mit Krankheitswert immer erst zum Arzt, Heilpraktiker oder Therapeuten.*

Hat man ein solches Problem gefunden und notiert, wäre der nächste Schritt, einen Plan zu entwerfen (nicht nur im Kapitel »Lebenshilfe Klartraum« findest du diesbezügliche Ideen), wie man dieses mithilfe von Klarträumen lösen könnte. Dabei sind der Fantasie keine Grenzen gesetzt. Wichtig ist nur, dass das Unterbewusstsein diesen Plan versteht, ihn für umsetzbar und erfolgversprechend erachtet. Letztlich muss es davon überzeugt sein, dass Klarträumen der schnellste und effektivste Weg zur Heilung ist – der beste Weg, weg vom Schmerz.

So in etwa stell ich mir vor, wie aus den früheren Alb-Träumerinnen natürliche Klarträumerinnen wurden. Es gab den langwierigen Schmerz (Albträume) und die Überzeugung und den Plan, diesen durch bewusstes Träumen auflösen zu können.
Der Grund, warum die »Tür« nach Auflösung des Schmerzes offenblieb, liegt meiner Meinung nach darin, dass der Plan umgesetzt wurde und zudem funktioniert hat. Dies zeigte dem Unbewussten, dass das Bewusste Träumen ein gutes und unterstützenswertes Werkzeug ist, um auch in Zukunft Leid und Schmerz zu lindern oder gar vollständig zu überwinden.

Was bedeutet Letzteres für uns, die wir das Ziel haben, ein nativer Klarträumer zu sein?

Gehen wir einmal davon aus, das Unterbewusstsein erkennt die Notwendigkeit, die Tür zum Klarträumen zu öffnen. Kontraproduktiv wäre es jetzt sicherlich, dieses Geschenk nur zum Vergnügen (Fliegen, Sex usw.) zu nutzen. Die Tür würde sich wohl schnell wieder schließen. Es ist also wichtig, den erstellten Plan erfolgreich umzusetzen. Es sollte ein guter Plan sein und man sollte ein Thema wählen, von dem man überzeugt ist, es mithilfe von Klarträumen lösen zu können. Solange man »dran bleibt«, wird man dazu sicherlich viele Möglichkeiten erhalten.

Zur Praxis: Du hast ein hartnäckiges Thema, von dem du glaubst, es mithilfe von Klarträumen lösen oder mindestens lindern zu können. Einen Plan, wie dies gehen könnte, hast du ebenfalls notiert.
Jedes Mal, wenn du zukünftig mit dem Schmerz, den dieses Problem in dir auslöst, im Wachleben konfrontiert wirst, dann lass ihn zu, verbinde ihn jedoch gleichzeitig mit der Lösung – Klarträumen. Denk so etwas, wie: »Wenn ich doch nur bewusst würde in meinen Träumen, könnte ich sicherlich diesen Schmerz lindern oder gar auflösen.« Stell dir dabei vor, wie du im Klartraum deinen Plan erfolgreich ausführst.
Es ist nicht ausgeschlossen, dass dieses »So tun, als ob« schon eine heilende Wirkung hat. Was solls, ein Problem weniger. Es gibt sicherlich noch andere.

Abschließend zur Veranschaulichung ein kleines Beispiel:
Nehmen wir einmal an, ein Familienmitglied oder enger Freund ist verstorben und du konntest ihm nicht mehr sa-

gen, wie sehr du sie ihn geschätzt und geliebt hast. Gerne hättest du dich von ihm verabschiedet.
Diese »Schuld« quält dich immer wieder, da du tagtäglich durch bestimmte Dinge oder Situationen an diesen Menschen erinnert wirst.
»Wenn ich doch nur bewusst würde in meinen Träumen, dann könnte ich ihm all das sagen, was mir auf dem Herzen liegt und mich von ihm verabschieden. Das würde sicherlich meinen Schmerz lindern.«
Dabei stellst du dir vor, wie du bewusst im Traum diese Person erscheinen lässt, indem du z. B. laut rufst: »Ich möchte bitte mit ... (Vorname) sprechen.«
Du sagst ihm, was du ihm sagen willst, und ihr nehmt Abschied nach einer herzlichen Umarmung. Vielleicht sagt er ja noch etwas, wie: »Ich wünsche dir ein glückliches Leben.«, und/oder: »Wir sehen uns wieder.«

Wie lange es dauert, bis das Unterbewusstsein das Klarträumen für dich »freischaltet«, kann niemand voraussagen. Sei dir jedoch gewiss, dass es alles unterstützen wird, von dem du überzeugt bist, dass es den Schmerz lindern oder gar auflösen wird.
Ich habe jetzt doch mal nachgefragt, wie lange es bei der natürlichen Klarträumerin, die ich selbst interviewt hatte, gedauert hat, und das war ihre Antwort:
»Tja, wie lange hat das gedauert ... Kann ich ehrlich gesagt nicht beantworten. In meiner Erinnerung habe ich etwa ein oder zwei Wochen immer wieder denselben Mist geträumt, bis ich es beeinflussen konnte, aber darauf würde ich jetzt nicht schwören.«

Bevor ich zum letzten Punkt der Übereinstimmungen komme, ein kleines Zwischenfazit.
Thema 1: Wichtigkeit der Träume erhöhen
Lösung: Traumtagebuch und/oder Neugierde auf Träume steigern.
Thema 2: Traumerinnerung steigern
Lösung: Traumtagebuch und/oder Neugierde auf Umwelt steigern.
Thema 3: Sinne schärfen
Lösung: Sinne trainieren und/oder Neugierde auf Umwelt steigern.
Thema 4: Neugierde steigern.
Lösung: Mit Ankertechnik allgemeine und/oder spezifische (Träume, Umgebung) Neugier steigern.
Thema 5: Starkes Motiv
Lösung: Schmerzhaftes Problem finden – guten Plan erstellen, wie dieses im Klartraum zu lösen ist – immer wieder, wenn das Problem auftaucht, den Schmerz fühlen, jedoch gleichzeitig an den Lösungsplan denken – das Unbewusste öffnet die »Tür« zum bewussten Träumen – Plan erfolgreich umsetzen.

Ich komme nun zum letzten Punkt der Übereinstimmungen. Damit dieser jedoch als ein Abschnitt unter vielen nicht eventuell untergeht, widme ich ihm das ganze nächste Kapitel dieses Buches.

3. Das Klartraum-Glaubenssystem

»Klarträumen ist ganz normal und natürlich.«

Eine kurze Frage vorab: »Wie bist du eigentlich auf das Phänomen Klarträumen gestoßen?«
War es ein Buch, ein Artikel, ein Video, eine TV-Sendung? War es ein »Tipp« von einem Freund oder Bekannten? Fielen die Wörter »Klarträumen«, »Luzides Träumen«, »Bewusstes Träumen« oder »Traumsteuerung« in einem Gespräch?

Noch eine Frage: »Hast du dich dann gleich, über welche Medien auch immer, mit dem Thema beschäftigt, oder es erst einmal ruhen lassen?«

Es gibt nicht wenige Menschen, die berichten, dass in den ersten Nächten, nachdem sie das erste Mal vom Klarträumen hörten, gleich einen solchen hatten.
Sind dies nur Zufälle oder könnte es sein, dass allein durch die einmalige Konfrontation mit dem Bewussten Träumen, diese Fähigkeit wieder geweckt wurde?
Jeder Mensch, der träumen kann, kann auch Klarträumen. Im Prinzip haben wir damit alle diese Fähigkeit, diese Veranlagung.

Im letzten Kapitel bin ich in einer Fußnote auf eine Studie eingegangen, die nahelegt, dass die Klartraum-Häufigkeit mit zunehmendem Alter abnimmt.
Schließen kann man daraus, dass sie mit »abnehmendem« Alter zunimmt. Macht doch Sinn?
Folglich müssten Kleinkinder sehr häufig Klarträume haben und Babys darin die wahren Meister sein. Studien, die dies bestätigen, habe ich leider nicht gefunden, aber für mich ist dies logisch.
Erstens sehe ich die Ursache in der These: Je jünger – je neugieriger.
Zweitens in der Tatsache: Je jünger – je mehr REM-Schlaf.
Babys haben tonnenweise REM-Schlaf und es wäre doch höchst sinnfrei und langweilig, in diesen nur Trübträume zu haben.
Drittens: Je jünger – je notwendiger.
Für jedes Baby ist es überlebenswichtig laufen und sprechen zu lernen und wie und wo könnte man dies wohl besser tun, als bewusst im Traum?

Worauf will ich hinaus?

»Klarträumen ist ganz normal und natürlich.«

Wenn dieser Satz für Babys und Kleinkinder mit hoher Wahrscheinlichkeit gültig ist, warum nicht ebenfalls für uns, die wir diese Entwicklungsphasen schon hinter uns haben? Natürliche Klarträumer findet man in allen Altersstufen.
»Träumen« ist normal und natürlich – »Wach werden/sein« ebenso. Warum nicht auch »Wach im Traum werden/sein«?

Sehen wir einmal weiter.

Du hast also vom Klarträumen erfahren, vielleicht sogar schon deine erste tolle Erfahrung gemacht, und bist neugierig mehr darüber zu erfahren.
Vielleicht gehst du diesbezüglich dafür ganz »Old School« in einen Bücherladen, doch wahrscheinlicher ist es, dass du erst einmal deine bevorzugte Internet-Suchmaschine nach Begriffen wie »Klarträumen«, »Luzides Träumen« oder »Bewusstes Träumen« suchen lässt.
Zehntausende von Treffern zeigen dir, dass das Thema offensichtlich sehr viele Menschen anspricht, und suchst du zusätzlich noch nach »lucid dreaming«, bist du insgesamt schon bei mehr als 4 Million Ergebnissen.
Bei so vielen Treffern wächst natürlich deine Zuversicht, dass Klarträumen wohl eine einfache Sache ist, wenn es so viele können.

Du siehst dir Videos an, liest Artikel, kaufst dir vielleicht sogar ein Buch und landest zwangsläufig in einer Facebook-Gruppe und/oder einem Forum, die bzw. das sich dem Thema widmet.
Was dir als Erstes auffällt, sind die Unmengen von Techniken, die es gibt. Dazu noch Abkürzungen wie WILD, DILD, SSILD, MILD, WBTB, oder TTB. Ist ja vielleicht doch nicht so einfach?
Auch wenn deine Motivation schon etwas gesunken ist, du forschst weiter und kommst zu folgenden Ergebnissen und Schlüssen:
Es gibt kein Patentrezept.
Klarträumen ist schwer.
Klarträumen ist kompliziert.
Klarträumen ist mit viel Zeitaufwand verbunden.

Klarträume sind etwas Außer-Gewöhnliches.
Gerade beim Klartraumanfänger sind die ersten Klarträume sehr kurz. Man wird schnell »raus gekickt«.
Klarträumen ist möglicherweise gar nicht so gut für meine Gesundheit.
Wenn man Stress hat, sind Klarträume praktisch ausgeschlossen.
Es wird Wochen, ja vielleicht sogar Monate dauern, bis ich meinen ersten (nächsten) Klartraum habe.
Traumtagebuch und Reality-Checks sind ein MUSS, wenn ich Klarträumen will.

Zugegeben, es kann sein, dass die folgenden Kapitel dieses Buchs, einige Punkte auf dieser Liste noch weiter erhärten. Doch vielleicht ist dieses und das vorherige Kapitel alles, was du brauchst. Möglicherweise ist der darin aufgezeigte Weg zum natürlichen Klarträumer dein persönliches Patentrezept. Ein solches gibt es vielleicht noch nicht für alle Menschen, doch mit Sicherheit für den Einzelnen.
Doch selbst wenn du den neuen »natürlichen« Weg nicht gehen willst und die bewährten Klartraum-Techniken vorziehst, so kann dieses Kapitel den Unterschied ausmachen zwischen Erfolg und Misserfolg.

Solche Glaubenssätze, wie die auf der Liste, können deine Motivation fürs Klarträumen und deine Chancen auf Bewusste Träume mindern, was Letzteres betrifft sogar vereiteln.
Wenn du glaubst, dass Klarträumen schwer ist, hast du recht.
Wenn du glaubst, Klarträumen ist einfach, hast du recht.

Wenn du glaubst, du musst X, Y, Z tun um klarzuträumen, hast du recht.
Wenn du glaubst, es geht auch ohne Y und Z, hast du ebenfalls recht.
Ich bin mir sicher, du verstehst, was ich meine.

Vorbeugung

Einem solchen einschränkenden Glaubenssystem vorzubeugen ist sicherlich der beste Weg, und wenn dein erster oder zweiter Kontakt mit dem Klarträumen dieses Buch ist, dann hast du schon mal einen großen Vorteil.
Solltest du jedoch in den folgenden Kapiteln und in Foren, Gruppen, auf Videos, in anderen Büchern Punkte, Ansichten und Meinungen finden, die solche hinderlichen Glaubenssätze begünstigen könnten, dann sag (innerlich, wenn du nicht alleine bist) laut:
»Das ist Bullshit!«, gefolgt von: »Klarträumen ist ganz normal und natürlich!«
Wenn du während des Aussprechens des zweiten Satzes noch mit der Handfläche (welche Hand ist egal, es sollte nur immer dieselbe sein) wiederholt auf deine obere Brust klopfst, dann gibst du diesem unterstützenden Glaubenssatz noch extra Power. Die richtige »Klopfstelle« findest du ganz leicht, wenn du mit dem Zeigefinger von oben nach unten über das Brustbein streichst. Schon nach wenigen Zentimetern fühlst du eine kleine Erhebung, hinter der die Thymusdrüse liegt. Diese Stelle solltest du beim Klopfen mit der Handfläche treffen.
Wenn du dich weiter mit dem Thema beschäftigst, wirst du viel »Bullshit« lesen und hören. Sei wachsam und stärke

»Klarträumen ist ganz normal und natürlich!«, wie gerade beschrieben. Mit der Zeit wird dieser Satz zu deiner festen Überzeugung werden und ein undurchdringlicher Schild gegen gegenteilige Ansichten sein. Wer weiß, möglicherweise machst du damit sogar den letzten Schritt auf dem Weg zum natürlichen Klarträumer.

Korrektur

Ein einschränkendes Glaubenssystem zu korrigieren ist nicht viel schwerer, als einem vorzubeugen. Nimm dir »meine« Liste als Anhaltspunkt und erstell erst einmal eine eigene.
Nimm dazu einfach ein Blatt Papier (DIN A4), leg es im Querformat vor dich auf den Tisch und unterteil es mit einem Strich in zwei Hälften. Betitel die linke mit »Einschränkend« und die rechte Seite mit »Unterstützend«. Unter »Einschränkend« schreibst du nun die Ansichten von Anderen, die du bezüglich des Klarträumens übernommen hast und deinen Erfolg einschränken könnten.
Denk danach zusätzlich noch an dein Ziel, z. B. jede Nacht klarzuträumen, und schau mal, welche Gedanken dabei so hochkommen, die dagegen sprechen.
Solltest du damit Probleme haben, so vollende doch einfach mal die folgenden Sätze:
Klarträumen ist ...
Ich darf nicht klarträumen, weil ...
Ich kann nicht klarträumen, weil ...
Wenn ich klarträume, dann ...
Vielleicht entlarvst du ja mit deren Hilfe einige deiner einschränkenden Klartraum-Glaubenssätze.

Möglicherweise hilft dir die folgende Grafik. Links findest du noch mal ein paar Beispiele für mögliche einschränkende Glaubenssätze und rechts DEN Unterstützenden.

Einschränkend:	**Unterstützend:**
Klarträumen ist schwer. Klarträumen ist kompliziert. Klarträumen ist ungesund. Klarträumen ist den Aufwand nicht wert. Ich kann nicht klarträumen. Ich kann mich ja nicht mal an meine Träume erinnern. Ich habe keine Zeit für all die Übungen und Techniken. Ich habe es schon so oft versucht und nie hat es funktioniert. Ich bin kein Klarträumer. Klarträume sind etwas Außer-Gewöhnliches.	**Klarträumen ist ganz normal und natürlich.**

Es kann gut sein, dass, während der Beschäftigung mit dem Klarträumen, weitere einschränkende Glaubenssätze entstehen und sich festsetzen. Kehre dann wieder zu diesem Kapitel zurück.

Vorgehensweise:

1. Wähl den einschränkenden Glaubenssatz von deiner Liste aus, von dem du glaubst, dass er deine Chance auf Klarträume am meisten mindert. Zur Veranschaulichung nehme ich als Beispiel den Satz: »Klarträumen ist ungesund.«
2. Nimm zwei Blätter Papier, schreib auf das Erste ganz groß »Bullshit!«, und auf das Zweite ebenfalls so groß wie möglich »Klarträumen ist ganz normal und natür-

lich!«

3. Auf das Dritte schreib, diesmal ganz klein, den einschränkenden Glaubenssatz, den du ausgewählt hast. In meinem Beispiel wäre dies: »Klarträumen ist ungesund.«
4. Steh auf und sorg dafür, dass du direkt vor dir etwa 1,5 bis 2 Meter freien Raum zur Verfügung hast. Leg nun die drei Blätter in einer Linie vor dir auf den Boden. Erst das Blatt mit dem einschränkenden Glaubenssatz. In etwa 0,5 Meter Entfernung davon »Bullshit!«, und noch einen knappen Meter weiter von diesem das Blatt mit dem unterstützenden Glaubenssatz.
5. Stell dich nun über (nicht auf) das Blatt mit deinem einschränkenden Glaubenssatz, in Blickrichtung zu den beiden anderen. Sprich diesen einmal laut aus, und zwar so, dass er sich total lächerlich anhört – denn das ist er. Vielleicht hast du ja die Donald Duck-Stimme drauf, oder beug dich nach vorne und sprich mit einer schrillen Tonlage durch die Beine. Was auch immer diesen Satz für dich zutiefst unglaubwürdig und albern klingen lässt, ist perfekt.
6. Mach danach einen kleinen, aber energischen Sprung nach vorne, so, dass du über dem Blatt mit »Bullshit!«, landest. Ball die Fäuste und sag oder noch besser schrei laut: »Das ist Bullshit!« Atme danach einmal tief ein und aus und stell dir beim Ausatmen vor, wie der einschränkende Glaubenssatz deinen Körper und Geist verlässt.
7. Mach anschließend einen großen Schritt nach vorne, so, dass du nach diesem über dem Blatt mit dem unterstützenden Glaubenssatz stehst. Sprich diesen (»Klar-

träumen ist ganz normal und natürlich!«) einmal mit selbstbewusster Stimme laut aus und klopf dabei, wie schon unter »Vorbeugung« beschrieben, wiederholt mit der Handfläche auf die Verdickung auf dem oberen Brustbein. Atme danach einmal tief ein und aus. Stell dir beim Einatmen vor, wie du diesen Satz quasi einatmest und beim Ausatmen, wie du damit deinen ganzen Körper und Geist mit ihm erfüllst.

8. Wiederhole die Schritte 5 bis 7 noch fünfmal. Bist du erst einmal mit der Vorgehensweise vertraut, so dauert der ganze Vorgang insgesamt nur wenige Minuten. Zerreiß danach das Blatt mit dem nun nicht mehr gültigen einschränkenden Glaubenssatz und streich ihn von deiner Liste.
9. Nimm dir jeden Tag einen weiteren einschränkenden Glaubenssatz von deiner Liste vor und wende jeweils die Schritte 2 bis 7 darauf an.

Ich persönlich habe noch keine Technik für die Korrektur von Glaubenssätzen gefunden, die so viel Spaß macht. Sorg dafür, dass auch du ihn hast, und habe Vertrauen in die Methode. Sie hat sich schon hunderttausend-, vielleicht sogar millionenfach bewährt.

Neugier, Motiv und ein unterstützendes Glaubenssystem. Diese Aspekte bilden, so wie ich es sehe, das Fundament der natürlichen Klarträumer und sollten letztlich die drei Grundpfeiler für jeden Klarträumer sein, der häufig und regelmäßig klarträumen will.

Eine Anmerkung noch kurz vor Abschluss des Kapitels. Ein natürlicher Klarträumer macht sich keine Gedanken darüber, ob er klarträumt und was er dafür tun muss. Er konzentriert sich vor dem Einschlafen auf das, was er gerne klarträumen möchte.
Eventuell setzt er davor noch eine Absicht, wie die natürlich Klarträumerin, die ich interviewt habe: »Heute Nacht will ich im Schlaf bewusst was erleben.«
Im Klartraumforum fand ich diesbezüglich noch eine weitere Aussage[12]: »Sie tagträumt einfach jede Nacht vor dem Zubettgehen so lange von ihrer »Welt«, bis sie eingeschlafen ist.«

Eine kleine »Trockenübung«

Nachdem du die ersten drei Kapitel absolviert hast, steht das Klarträumen bei dir auf einem soliden Fundament, die Tür zur »Klartraumwelt« weit offen.

Schließ einmal kurz die Augen und geh mental in diese Vorstellung.
Sieh durch diese große, weit geöffnete Tür. Was erblickst du in diesem »Wunderland«, wo alle Fantasien im Nu wahr werden. Geh durch die Tür und schau dich um. Experimentier etwas, indem du mit der Kraft deiner Gedanken die Landschaft nach deinen Wünschen veränderst. Wie wäre es mit einem Wasserfall da ganz hinten links, einem grünen Himmel über einer blauen Wiese? Einem Segelschiff über den Wolken, eine Eisenbahn, die durchs Universum fährt?

---

[12] http://www.klartraumforum.de/forum/showthread.php?tid=10027&page=4&highlight=Wer+ist+dieser+Mensch

Und wie ist es mit der Temperatur? Zwei Grad wärmer oder kühler? Regel es.
Gestalte diese Welt, wie es dir gefällt. Und bevor du wieder in die Wirklichkeit zurückkehrst, hinterlass irgendein Zeichen, vielleicht ein großes Schild auf dem steht: »... (dein Name), DU TRÄUMST!!!«. Irgendetwas, das, solltest du heute oder in den nächsten Nächten im Traum diese Welt betreten, dich daran erinnert, dass du träumst, und komm abschließend wieder zurück durch die Tür (lass sie offen), ins Hier und Jetzt.

Wiederhole diese kleine Trockenübung immer mal wieder. Diese ist mir gerade spontan eingefallen und eine tolle Vorbereitung aufs Klarträumen.

Visualisieren
Solltest du Probleme mit dem Visualisieren haben, so korrigier zuerst diesen Glaubenssatz, wie immer er auch lautet.
Vielleicht »Ich kann nicht visualisieren.«, oder »Ich kann schlecht visualisieren.«, in »Ich kann (gut) visualisieren.«
Du weißt ja jetzt wie.

Hilfreich ist auch folgende Vorgehensweise:

1. Geh in einen entspannten Zustand und schließ die Augen.
2. Leg eine Hand an den Hinterkopf und sieh mit geschlossenen Augen nach oben.
3. Sollte dies noch nicht reichen, beschreib, möglichst laut, was du sehen willst. Die Bilder werden von ganz alleine kommen.

4. Beginn mit einem einfachen Gegenstand (z. B. einem Apfel) und steigere langsam den Schwierigkeitsgrad.

4. Stress reduzieren

Stress kann sich *indirekt* negativ auf das Klarträumen auswirken. Viele der in den folgenden Kapiteln beschriebenen Techniken werden vor dem Einschlafen und/oder nach einer Schlafunterbrechung angewendet. Was glaubst du wohl, wie konzentriert du dabei sein kannst, wenn du den Stress des Tages und die Befürchtungen, den nächsten Tag betreffend, mit ins Bett nimmst?
Selbst wenn du den »natürlichen« Weg (Kapitel 2 und 3) gehst, so kann sich auch auf diesen Stress negativ auswirken. Wie klein ist wohl deine Neugierde, wie groß deine Scheuklappen unter Stress, im Wach- wie im Traumleben?

Im Folgenden werde ich dir zwei einfache Techniken an die Hand geben, die dir helfen können, den täglichen Stress zu reduzieren.
Vorher jedoch ein paar allgemeine »Schlaftipps«, die sich positiv auf deinen Schlaf und deine Trüb- und Klarträume auswirken können:

Sorg für ein angenehmes Schlafklima, soweit dir dies möglich ist. Nicht zu kalt und nicht zu warm, genügend Sauerstoff und auch auf die Schlafhygiene solltest du achten.
Geh mal durch dein Schlafzimmer und sieh dich genau um. Gibt es in diesem Raum irgendetwas, das bei dir Stress auslöst, wie groß oder klein dieser auch immer sein mag?

Wenn es nicht gerade der Partner oder die Partnerin ist, raus damit.
Leg dich mal auf dein Bett und sieh dich um. Gibt es noch weitere Dinge, die man verändern könnte, damit du dich hier so richtig wohlfühlst?

Sorg dafür, dass, während du schläfst, es richtig dunkel in deinem Schlafzimmer ist.
Ist dies nicht möglich, so besorg dir eine Schlafmaske.
Licht schränkt nämlich die Melatoninausschüttung im Gehirn ein und mehr Melatonin ist gut, weil es den REM-Schlaf verlängert. Klarträumer stehen auf mehr REM- bzw. Traumschlaf. Spaziergänge am Tag – sollte die Sonne scheinen umso besser – sind diesbezüglich sehr hilfreich.
Sollte es Lärmquellen in und um dein Schlafzimmer geben, zieh Ohrstöpsel in Erwägung.

Gewöhn dir an, vielleicht tust du es jedoch ja schon, möglichst immer zur gleichen Zeit ins Bett zu gehen und auch nicht zu spät. Zwischen zehn und elf ist perfekt, zwischen elf und zwölf noch OK. Sorg für ausreichend Schlafenszeit.
Solltest du einen Wecker verwenden, so stell diesen so ein, dass er dich etwa nach sechs, siebeneinhalb oder neun Stunden Schlaf weckt, also am Ende eines Schlafzyklus. Erst einmal wirst du dann wesentlich erfrischter aufwachen und dich, da am Ende einer REM-Phase, noch lebhaft an deinen letzten Traum erinnern können.
Wenn du spät noch Hunger haben solltest, dann verzichte auf Kohlenhydrate. Ein Eiweißshake, ein Joghurt oder warme Milch ist da genau richtig. Produkte aus Soja sind diesbezüglich sogar ein Geheimtipp unter Klarträumern.

Ein Mittagsschläfchen wirkt sich nach meiner Erfahrung nicht negativ auf das Klarträumen in der Nacht aus. Gerade wenn du in der Nacht nur wenig Schlaf (5 bis 6 Stunden) und damit REM-Zeit hattest, bringt dir ein Nickerchen am Nachmittag nicht selten den ersehnten Klartraum.

Die Techniken

Solltest du schon eine Methode kennen, mit der du dich gut entspannen kannst, vielleicht aus meinen früheren Büchern, so kannst du natürlich auch diese verwenden. Nimm das, was für dich am besten funktioniert.
Ich beziehe mich bei der Beschreibung der ersten Techniken auf die Zeit vor dem Einschlafen, jedoch kannst du diese auch vor und in jeder stressigen Situation am Tage anwenden.

Butterfly-Hug – Schmetterlings-Umarmung

Setz dich vor dem Zubettgehen bequem auf einen Stuhl oder in einen Sessel.
Atme einmal tief ein und aus und kreuz dann die Arme vor deiner Brust so, dass die Finger deiner rechten und linken Hand auf den Oberarmen liegen.
Klopf nun fortwährend abwechselnd, links – rechts, links – rechts ..., die Oberarme, in einem Rhythmus von etwa zwei »Klopfern« (einmal links – rechts) pro Sekunde.
Die Bewegung kommt aus den Handgelenken. Klopf so stark, wie es dir angenehm ist.
Fahr damit fort, während du den vergangenen (also heutigen) Tag noch mal Revue passieren lässt. Beginne am Morgen nach dem Aufwachen und geh von diesem Zeitpunkt an durch den Tag. Sollte eine Situation auftauchen, die unangenehme Gefühle bei dir auslöst, so bleib mit der Aufmerksamkeit bei dieser Erfahrung und klopf weiter, bis du mit

ihr in Frieden bist (das unangenehme Gefühl verschwunden ist). Geh in dieser Art und Weise weiter durch den Tag, bis du im Jetzt angekommen bist.
Gibt es allgemein noch Dinge, die dich stressen, dir im Rücken oder Nacken hängen, an die Nieren gehen? Dinge, die dich schlecht ein- oder durchschlafen lassen?
Klopf auch diese, eine nach der anderen.
Wie sieht es mit dem morgigen Tag aus? Gibt es da etwas, was dir schon heute Sorgen bereitet? Oder allgemein, was die Zukunft betrifft. Gibt es da irgendwelche spezifischen Befürchtungen und Ängste?
Klopf auch diese.

Diese Art der emotionalen »Reinigung« wird dich nicht nur, was das Klarträumen betrifft, einen Schritt weiter bringen, sondern sich ganz allgemein positiv auf dein Leben auswirken. Was vielleicht noch wichtig ist: Die Zeitdauer für die »Selbstbehandlung« wird immer kürzer werden.

Wie schon beschrieben, kannst du den »Butterfly-Hug« ebenfalls in und vor jeder stressigen Situation anwenden. Im ersten Fall, klopf einfach. Du brauchst keine »Einstimmung«, du bist ja schon im Stress. Im zweiten Fall, denk an die beunruhigende Situation, die vor dir liegt und klopf, bis du dich, und dies gilt auch für Fall eins, ruhig und entspannst oder wenigstens ruhiger und entspannter fühlst.

Wie wäre es, ...

wenn du negative Emotionen in Sekundenschnelle in positive verändern könntest, ohne einen Finger zu rühren?
Ich weiß natürlich nicht, wie es dir im Moment emotional geht, doch stell dir mal die folgende Frage: »Wie wäre es, wenn ich jetzt meine Mundwinkel hochziehen würde?«
Wie ist deine Laune jetzt? Besser? Glückwunsch! Du hast soeben in Sekundenschnelle eine Emotion verändert und dass mit lediglich einer einfachen Frage.

In Stresssituationen ist unser Fokus zumeist auf den Stressauslöser gerichtet, und wenn wir uns überhaupt Fragen stellen, dann in der Regel die Falschen:
»Warum läuft es nicht so, wie ich es gerne hätte?«
»Wieso klappt das nicht?«
»Weshalb bin ich so blöd?«

Diese Wieso-, Weshalb-, Warum-Neugier, ausgerichtet auf das Negative, ist jedoch nicht wirklich hilfreich, wenn es darum geht, Stress zu minimieren.
Wie wäre es, in einer Stresssituation mal neugierig zu sein, auf etwas Positives?
Was wäre, wenn du dich in einer solchen einmal fragen würdest: »Wie wäre es, wenn ich mich jetzt ruhig und entspannt fühlen würde?«

Ich habe diese positive Art und Weise der »Selbstbefragung« lange getestet und bei mir funktioniert sie hervorragend. Wie wäre es, wenn sie bei dir genauso gut funktionieren würde? Wie wäre es, wenn du dem "Wie wäre es ...«, eine Chance geben würdest?

Im Vergleich zu den üblichen Affirmationen, finde ich diese Frage-Variante gerade in Akut-Situationen sehr viel effektiver. Ich habe auch schon eine Bezeichnung für sie: »Q-Firmations«. Das »Q« steht für »Question« (Frage).
Ein Beispiel:
Sagen wir einmal du bist schlecht gelaunt. Du könntest jetzt wahrscheinlich zigmal sagen: »Ich bin gut gelaunt.« (Affirmation) und trotzdem würde sich deine Laune nicht großartig verbessern.
Würdest du dich jedoch fragen: »Wie wäre es, wenn ich jetzt gut gelaunt wäre?«, würdest du sicherlich ein besseres Ergebnis erzielen.
Dies liegt daran, dass solche Q-Firmations sehr viel weniger innere Widerstände, das Ziel betreffend, hervorrufen, als dies bei Affirmationen der Fall ist. Es ist ja nur eine Frage, die eine Möglichkeit betrifft.
Hinter dem »Wie wäre es ...«, sollte also immer eine positive und in der Möglichkeitsform formulierte Absicht stehen.
Noch ein paar Beispiele:
»Wie wäre es, wenn ich meine Scheuklappen auf diesem Spaziergang mal ablegen würde?«
»Wie wäre es, wenn ich neugieriger auf meine Umwelt wäre?«
»Wie wäre es, wenn ich heute Nacht einen fantastischen Klartraum hätte?«
»Wie wäre es, wenn ich mich morgen früh an mindestens zwei meiner Träume erinnern könnte?«
»Wie wäre es, wenn ich mich von Tag zu Tag in jeder Hinsicht immer besser und besser fühlen würde?«
»Wie wäre es, wenn heute ein fantastischer Tag werden würde?«

»Wie wäre es, wenn ich in diesem Buch von Christian Reiland mein ganz persönliches Patentrezept für Klarträumen finden würde?«
»Wie wäre es, wenn ich ein natürlicher Klarträumer wäre?«
»Wie wäre es, wenn meine Traumerinnerung von Tag zu Tag besser würde?«
»Wie wäre es, wenn ich mich jetzt super auf WILD oder SSILD oder ... konzentrieren könnte?«
»Wie wäre es, wenn ich dieses Essen mit allen Sinnen genießen würde?«

Wie du siehst, kann man diese Q-Firmations allgemeiner und auch spezifischer einsetzen, und sie sind nicht nur auf akute Stresssituationen anwendbar.
Und brauchst du noch einen zusätzlichen »Kick«, dann kombiniere deine »Q-Firmation« noch mit dem Butterfly-Hug. Klopf fortwährend, während du die Frage stellst und auf die emotionale Antwort wartest, abwechselnd deine Oberarme.

Mit dem Butterfly-Hug und den Q-Firmations hast du nun zwei effektive Werkzeuge, um nicht nur den indirekten Klartraum-Störfaktor Stress zu minimieren.
Schule, Uni, Beruf, Beziehung, Hobby, Gesundheit. In jedem Bereich des Lebens können diese zwei einfachen Techniken eine wertvolle Hilfe sein.

5. Traumerinnerung steigern

Eine gute Traumerinnerung ist sehr hilfreich zur Erlangung von Klarträumen.
Das Lucidity Institut empfiehlt sogar, erst mit den Klartraum-Techniken zu beginnen, wenn man sich morgens oder in der Nacht an mindestens einen Traum erinnert.
Wie sieht es diesbezüglich bei dir aus? An wie viele Träume kannst du dich durchschnittlich nach dem Aufwachen erinnern?

Des Weiteren gibt es die Ansicht, dass, wenn man sich an keine Träume erinnert, sie also wieder vergisst, dies ebenfalls für Klarträume gilt oder gelten kann.
Mir stellt sich nun die Frage: Kann man einen Klartraum bis zum Aufwachen vergessen?
»Ein Klartraum ist ein Traum, in dem der Träumer weiß, dass er träumt.«
Nach dieser Definition kann ich meine Frage schon mit »Ja« beantworten.
Nehmen wir einmal an, dem Träumer wird beispielsweise in der ersten oder zweiten Traumphase für wenige Sekunden bewusst, dass er träumt. Ich kann mir schon vorstellen, dass er dies bis zum Aufwachen wieder vergessen hat.
Einen Klartraum am frühen Morgen, in dem er über Minuten aktiv ist, bewusst in den Traum eingreift, wird er wohl eher nicht vergessen.

Wie auch immer. Die Steigerung der Traumerinnerung ist hilfreich bezüglich des Klarträumens und ein erprobtes Mittel, dies zu erreichen ist ein ...

Traumtagebuch

In der »Bedienungsanleitung« habe ich bereits geschrieben, dass, nach meiner Erfahrung ein Traumtagebuch nicht zwingend notwendig ist, um Klarträume zu haben. Es ist jedoch hilfreich, um *mehr* Klarträume zu haben.
Wenn du dich mit seiner Hilfe an mehr Träume erinnerst, desto mehr wertvolle Informationen erhältst du wiederum fürs Klarträumen.
Das Aufschreiben deiner Träume zeigt deinem Unterbewusstsein zudem, dass sie wichtig und wertvoll für dich sind. Mehr erinnerte Träume werden die Folge sein.
Vielleicht hast du auch Freude daran, deine Träume selbst zu deuten oder deuten zu lassen, und dadurch mehr uber dich selbst zu erfahren. Ein Traumtagebuch ist dazu die Voraussetzung.

Das »Was«

Kommen wir zu dem meiner Meinung nach wichtigsten Punkt. Den Informationen fürs Klarträumen, die dir ein Traumtagebuch liefern kann. Ein solches könnte beispielsweise so aussehen:

(Klar-) Traumtagebuch							
Datum	(Klar-) Traumtitel	T/KT	Auslöser/KT	Personen	Symbole	Umgebung	Emotionen
Technik	Stichpunkte						Aktionen
(Klar-) Traumbeschreibung (in Gegenwartsform):							

1. Datum: Der Tag, an dem du den Traum notierst.
2. Technik: Welche Klartraumtechnik(en) hast du angewendet?
3. (Klar-) Traumtitel: Stell dir vor, der Traum oder Klartraum wäre ein Film gewesen. Welchen Titel würdest du ihm geben. Zwei, drei Wörter genügen.
4. Stichpunkte: Dazu komme ich später.
5. T/KT: War es ein Traum oder ein Klartraum?
6. Auslöser/KT: Woran hast du erkannt, dass es sich um einen Traum handelte? Was geschah und wie fühltest du dich direkt, bevor du »klar« wurdest? Welcher Realitäts-Check (Kapitel 6) gab dir die Gewissheit?
7. Personen: Bist du einer Person oder mehreren Personen im (Klar-) Traum begegnet? Wenn bekannt, dann Namen notieren, wenn nicht, dann kurz beschreiben.
8. Symbole: Gab es in deinem (Klar-) Traum irgendwelche auffälligen Symbole oder Zeichen? Irgendein Gegenstand oder vielleicht ein Tier, den bzw. das du intensiv

wahrnahmst?

9. Umgebung: Die Landschaft, wie sah diese aus? Fiel dir etwas Ungewöhnliches auf? Welche Farben überwiegten? Gab es Geräusche oder Gerüche?
10. Emotionen: Wie hast du dich in deinem (Klar-) Traum gefühlt? Welche Emotionen überwiegten?
11. Aktionen: Was hast du im (Klar-) Traum getan?
12. (Klar-) Traumbeschreibung: Dazu komme ich gleich.

Mir helfen solche Vordrucke immer immens. Du kannst jedoch auch gerne einfach nur einen Block oder ein Blatt neben dein Bett legen und am Morgen aufschreiben, was dir zu deinem Traum oder deinen Träumen noch einfällt. Es gibt natürlich auch Apps, wie »Awoken«, die du verwenden kannst und nicht selten zusätzlich eine Reality-Check-Funktion und mehr beinhalten.

Das »Wie«

Nach dem »Was« du notieren kannst, folgt nun das »Wie«.
Wichtig: Dein Schreibzeug solltest du griffbereit auf dem Nachttisch liegen haben.
Solltest du dich von einem Wecker (besorg dir, wenn möglich einen, der dich sanft weckt, z. B. mit Vogelgezwitscher) wecken lassen, so stell ihn so ein, dass er dich direkt nach einer Traumphase weckt. Also nach ungefähr viereinhalb, sechs, siebeneinhalb oder neun Stunden Schlafzeit. Je mehr, desto besser, denn wie du weißt, werden die Traumphasen von Schlafphase zu Schlafphase immer länger und länger.

Beginnen wir mit dem Fall, dass du dich am Morgen an *keinen* Traum erinnern kannst.
Notiere das Datum und schreib (wenn du das Formular verwendest, unter *(Klar-) Traumbeschreibung*: »Ich kann mich an keinen Traum oder Klartraum erinnern.«

Wenn du in der Nacht oder am Morgen aufwachst und eine oder mehrere (Klar-) Traumerinnerungen hast, dann bleib ganz ruhig liegen. Bewege dich so wenig wie möglich und schalte auf keinen Fall das Licht an. Lass erst einmal den Traum oder die Träume, ob klar oder nicht, vor deinem inneren Auge Revue passieren.
Erst danach betätige den Lichtschalter (das Licht sollte nicht zu hell sein, jedoch ausreichend zum Schreiben) und greif dir dein Schreibzeug. Tu dies alles mit Ruhe und dem geringsten Bewegungsaufwand, der möglich ist. Perfekt ist es, wenn du lediglich einen Arm dazu bewegen musst, Kopf und Körper still liegen bleiben.
Notiere dann deinen Traum oder deine Träume. Bewege dich dabei so wenig wie nur möglich. Durch jede Bewegung könntest du Trauminhalte verlieren.

Kommen wir zum Notieren. Gerade in der Nacht oder am frühen Morgen hat man selten die Muse, Lust oder Zeit für ausführliche Beschreibungen.
In solchen Fällen genügen in der Regel zehn bis fünfzehn Stichpunkte, mit denen man dann später den Traum wieder rekonstruieren kann.
Für diese ausführlichere Beschreibung verwende bitte die Gegenwartsform. Damit kannst du den Traum wesentlich besser nachvollziehen. Also nicht: »Ich *ging* am Ufer eines

Flusses entlang.«, sondern: »Ich *geh* am Ufer eines Flusses entlang.«
Aus den Stichpunkten und der Beschreibung kannst du dann die Informationen filtern, die dir bezüglich des Klarträumens weiterhelfen werden, wie Auslöser, Personen, Symbole usw., wenn du dies nicht schon zuvor getan hast.
Im folgenden Kapitel werde ich darauf eingehen, wie du diese Daten verwenden kannst.

Affirmationen

Mit einer Affirmation bezüglich der Traumerinnerung kannst du diese noch verbessern. Hier vier Beispiele:
»Wenn ich aufwache, erinnere ich mich klar und deutlich an meine Träume.«
»Ich habe lebendige und fantastische Träume, an die ich mich nach dem Aufwachen vollständig erinnere.«
»Nach jedem Traum wach direkt auf und kann mich im Detail an ihn erinnern.« (Kann jedoch eine unruhige Nacht werden. Ich hatte mal das »Glück«.)
»Meine Traumerinnerung verbessert sich von Tag zu Tag.«

Für die ersten drei Sätze ist es am besten, wenn du den einen oder anderen vor dem Einschlafen wiederholt in Gedanken aufsagst, quasi mit ihm einschläfst.
Der vierte Satz ist diesbezüglich nicht an einen bestimmten Zeitpunkt gebunden.
Sollte es dir mithilfe dieser Affirmationen nicht gelingen, dich am Morgen wenigstens an einen Traum zu erinnern, dann versuch doch mal die folgende Variante.

Schritt 1: Schließ kurz vor dem Einschlafen die Augen und atme einmal tief ein und aus. Sprich danach einmal laut oder in Gedanken den folgenden Satz aus:
»Ich will mich an EINEN Traum erinnern und ich werde mich an EINEN Traum erinnern.«
Danach schlaf friedlich ein.

Schritt 2: Hast du dieses Ziel erreicht, sagen wir einmal, du erinnerst dich morgendlich an EINEN Traum und das an fünf bis sieben aufeinanderfolgenden Tagen, dann ersetz das »EINEN Traum« mit »ZWEI Träume«.

Schritt 3: Hast du dieses Ziel erreicht, sagen wir einmal, du erinnerst dich morgendlich an ZWEI Träume und das an fünf bis sieben aufeinanderfolgenden Tagen, dann ersetz das »ZWEI Träume« mit »DREI Träume«.

Du weißt, wie es weiter geht. Letztlich entscheidest du, wie viele Träume pro Nacht du regelmäßig erinnern willst. Zwei bis drei sind, finde ich, schon ausreichend, um mögliche wiederkehrende Traumzeichen innerhalb von zwei bis drei Wochen zu entdecken, und dies ist ja der Hauptsinn der ganzen Übung.

Natürlich kannst du die von dir bevorzugte Affirmation auch als Q-Firmation formulieren:
»Wie wäre es, wenn ich mich klar und deutlich an meine Träume erinnern kann, wenn ich aufwache?«
»Wie wäre es, wenn ich lebendige und fantastische Träume hätte, an die ich mich nach dem Aufwachen vollständig erinnern kann?«

»Wie wäre es, wenn ich nach jedem Traum direkt aufwachen würde und mich im Detail an ihn erinnern könnte?«
»Wie wäre es, wenn sich meine Traumerinnerung von Tag zu Tag verbessern würde?«
»Wie wäre es, wenn ich mich an EINEN Traum erinnern könnte?«, usw.

Wählst du diese Variante, dann reicht das einmalige Aussprechen der gewählten Frage direkt vor dem Einschlafen.

Traumerinnerungs-Trance

Vielleicht möchtest du die Verbesserung deiner Traumerinnerung (alternativ oder zusätzlich) direkt im Unterbewusstsein vollziehen.
Dann mach es dir bequem und spann daraufhin einmal alle Muskeln deines Körpers für einige Sekunden an, lass los, schließ die Augen und mach drei tiefe Atemzüge.

Stell dir vor, du befindest dich auf der obersten Stufe einer wunderschönen Treppe, die du nun Schritt für Schritt langsam hinuntergehst. Stufe für Stufe entspannst du dich mehr und mehr und mehr und mehr.
Das Ende der Treppe ist gleichsam der Beginn eines kurzen Ganges, der wiederum an einer prachtvollen Tür endet. Es ist die Tür zu deinem Unterbewusstsein.
Du schreitest auf diese zu, öffnest sie langsam und erblickst einen riesigen Raum mit Dutzenden von Monitoren und riesigen Rechnern, die alle miteinander verbunden, vernetzt sind. Wie auch der kleine Bildschirm, der sich auf einem futuristischen Schreibtisch in der Mitte des Raumes befindet. Die

Kommandozentrale. Vor dem Schreibtisch befindet sich ein bequemer Stuhl, auf dem du jetzt Platz nimmst.
Dein Unterbewusstsein ist nun bereit deine Befehle anzunehmen. Dieses funktioniert überwiegend per Sprachsteuerung.
Du sagst laut: »Traumsteuerung«, und wie durch Zauberhand erscheint auf dem Tisch vor dir ein Mischpult mit vielen Reglern und Schaltern. Du kümmerst dich jedoch jetzt einzig und allein um den Regler mit der Überschrift »Traumerinnerung«.
Auf welchem Wert steht dieser auf der Skala von »0« bis »10«? »0« bedeutet keine und »10« vollständige Traumerinnerung.
Lös erst die Verankerung (einfach draufdrücken) und schieb ihn danach mit Daumen- und Zeigefingerspitze langsam in Richtung »10«. Lass dir Zeit. Experimentier ein wenig mit den verschiedenen Einstellungsmöglichkeiten.
Welcher Wert fühlt sich letztlich am besten für dich an?
Veranker dort den Regler – drück fest drauf. Klick!
Was immer du wählst, schließ die Programmierung ab, indem du laut: »Einstellungen speichern!«, sagst. Das Mischpult verschwindet und du machst dich auf den Weg zurück. Durch die Tür (vergiss sie nicht zu schließen), den Gang entlang und dann die Treppe nach oben, wobei du Stufe für Stufe mehr und mehr und mehr und mehr in die Wirklichkeit zurückkehrst, klar und erfrischt.
Auf der obersten Stufe öffnest du die Augen und dehnst abschließend den ganzen Körper.

Vor jedem dem Einschlafen überprüfe kurz, ob die Traumerinnerung noch auf dem eingestellten Wert ist.

Versetz dich dazu mental in den Kommandoraum, vor den Monitor mit dem Traumerinnerungs-Wert. Ist dieser korrekt?
Wenn nicht, dann weißt du, was zu tun ist.
Manuelle Einstellungen werden sicherlich vom Unterbewusstsein besser angenommen. Alternativ könntest du versuchen, den Wert per Sprachsteuerung zu korrigieren.
Mit Blick auf den Monitor, sag einfach laut: »Wert für Traumerinnerung auf … erhöhen/reduzieren!«
Wird daraufhin der gewünschte Wert angezeigt, dann schließ die Programmierung mit »Einstellungen speichern!«, ab. »Kehr« danach zurück in dein Bett. Vielleicht willst du jedoch vorher noch ein paar andere Werte checken.

So, das war es erst einmal, was die Traumerinnerung und das Traumtagebuch betrifft. Im folgenden Kapitel werde ich auf Letzteres noch einmal in Bezug auf die Realitäts-Checks eingehen. Wenn du dann alle Vorteile eines Traumtagebuchs kennst, dann kannst du dich entscheiden: »Dafür« oder »Dagegen«?
Solltest du jedoch bei »Dagegen« später mit dem »Klartraum-Ergebnis« nicht zufrieden sein, so ist eine Umkehr zum »Dafür« ein guter Ansatz für mehr Zufriedenheit.

6. Realitäts-Checks (RCs)

Bei Dingen, die wir im täglichen Leben immer wieder tun, ist die Chance groß, dass wir sie in absehbarer Zeit auch im Traum vollziehen.
In einem Traum vor gar nicht langer Zeit, bearbeitete ich ein Bild mithilfe eines Computers und einem riesigen Bildschirm. Genau dies hatte ich zuvor tagelang in der Wirklichkeit getan, nur dort mit einem kleinen Laptop. (Den vollständigen diesbezüglichen Traumbericht findest du übrigens im nächsten Kapitel unter der Technik »SSILD«.)

Ein wichtiges Mosaiksteinchen bezüglich des Klarträumens sind die sogenannten Realitäts-Checks oder kurz RCs.
Mithilfe von RCs testet man im Wachzustand, ob man wach ist (negativer RC) oder träumt (positiver RC), mit dem Ziel dies kurz- oder mittelfristig auch im Traum zu tun.

Was diese Checks betrifft, so ist die große Glaubensfrage: Welche Grundeinstellung ist die richtige beim Testen im Wachzustand? Geh ich davon aus, dass ich wach bin oder dass ich gerade träume? Ich bin mit RC-Anweisungen »groß« geworden, wie: *Stell dir vor, dass du dich gerade in einem Traum befindest. Stell dir die kritische Frage: »Wach ich oder träum ich?«, und mach einen Reality-Check.*
Stell dir vor/tu so, als ob du träumst! Damit konnte ich noch nie was anfangen. Wie genau soll ich das machen?

Auf diesen Teil der Anweisung habe ich verzichtet und bin gut damit gefahren.
RCs im Wachleben sollen RCs im Traum so gut wie möglich simulieren. Im Traum gehen wir nicht davon aus, dass wir träumen. Wir glauben darin grundsätzlich, dass wir wach sind. Wäre es anders, bräuchten wir keine Klartraum-Techniken.
Wenn man sich demnach vorstellt, dass man träumt, müsste man sich im Prinzip vorstellen, dass man glaubt wach zu sein, es aber nicht ist. OK, jetzt verwirr ich mich schon selbst. Ich habs echt drauf, etwas Einfaches zu komplizieren.
Ich machs mal einfach.

Das »Wie«

Schritt 1: Geh vom Wachleben aus, das du jedoch kritisch mit: »Wach ich oder träum ich?«, hinterfragst.

Schritt 2: Danach machst du *mehrere verschiedene RCs* hintereinander, mit der Absicht herauszufinden, ob es sich nicht vielleicht doch um einen Traum handelt.

Schritt 3: Stell dir abschließend kurz vor, einer der RCs wäre positiv ausgefallen. Er hätte angezeigt, dass du dich in einem Traum befindest. Was hättest du dann getan?

Wichtiger Hinweis: Wenn es in diesem Buch um die *Ausführung* von »Reality-Check(s)« oder »RC(s)« im Wachleben geht, dann ist damit in der Regel diese Vorgehensweise gemeint.

Zu Schritt 1:
Atme einmal tief ein und aus und stell dir anschließend leise oder laut (wenn möglich) die kritische Frage: »Wach ich oder träum ich?« Das ist alles.

Zu Schritt 2:
»... mehrere verschiedene RCs ...«. Du hast richtig gelesen. Es kann nämlich sein, dass im Traum mal der eine oder andere versagt.
Nehmen wir einmal den Nasen-RC. Du hältst die Nase mit Daumen und Zeigefinger fest zu und versuchst trotzdem durch sie zu atmen. Im Traum kannst du dies, im Wachzustand nicht.
Wenn du diesen RC im Wachzustand mehrmals (7-10-mal) täglich über Wochen und Monate machst, so tritt eventuell ein Gewöhnungszustand (keine Luft, wenn Nase zugehalten) ein, den du mit in den Traum nimmst und dann dort die gewohnte Wach-Erfahrung machst. Die Gelegenheit zum Klartraum wäre verpasst.
Hast du dir jedoch angewöhnt, mehrere verschiedene RCs hintereinander zu machen, dann ist die Chance sehr groß, dass wenigstens einer von ihnen im Traum funktioniert – dir zeigt, dies ist ein Traum.

Neben dem Nasen-RC gibt es noch viele andere Möglichkeiten, zu testen, ob man wach ist oder träumt.

RC-Möglichkeiten
Es gibt viele Dinge, die im Traum möglich sind, jedoch nicht im Wachleben und damit zum Testen verwendet werden können:

1. Versuch mit einem Finger, durch die Handfläche der anderen Hand zu gehen, oder durch eine Tischplatte, oder in eine Wand.
2. Halt die Nase zu und versuch durch sie zu atmen.
3. Spring hoch mit der Absicht zu fliegen. Nicht immer klappt es auch im Traum gleich mit dem Fliegen. Landest du jedoch sehr weich oder schwebst nach dem Hochspringen zurück auf die Erde, so kannst du davon ausgehen, dass du träumst.
4. Versuch einen Gegenstand, mit Gedankenkraft zu bewegen oder zu verändern.
5. Bedeck die Augen mit den Händen und versuch durch sie zu sehen.
6. Schließ bewusst die Augen und versuch zu sehen.
7. Versuch die Umgebung mit Gedankenkraft zu verändern: Farben verändern, Personen oder Dinge erscheinen lassen, usw.
8. Wenn du etwas Schweres anhebst, fühlt es sich auch schwer an oder eher schwerelos?

In der Traumwelt stellt sich vieles anders dar oder verändert sich, auf den »zweiten« Blick:

9. Schau auf deine Hände. Sehen diese so aus, wie du sie kennst, oder gibt es Unterschiede?
10. Zähl deine Finger. Sind es wirklich fünf an jeder Hand? Im Traum hat man öfters mal einen weniger oder mehr.
11. Sieh auf eine Uhr und merke dir die Zeit. Schau kurz weg und dann wieder auf die Uhr. Stimmt die Zeit jetzt noch mit der gemerkten überein, bis auf die wenigen Sekunden.

12. Lies einen Satz oder ein Wort in einem Buch, einer Zeitung, auf einem Schild, einer Werbetafel. Schau dann kurz weg und wieder hin. Hat sich was verändert?
13. Schau auf eine Uhr. Passt das mit der Zeit, die sie anzeigt?
14. Da im Traum die Lichtschalter selten so wie in der Realität funktionieren oder gar nicht, kann man auch diesen Umstand nutzen. Anschalten – was passiert? Ausschalten – was passiert?
15. Schau in den Spiegel. Ist dein Spiegelbild normal? Hast du überhaupt eines?
16. Der Klassiker: Wenn du dich kneifst, tut es so weh wie erwartet?

Das waren die sogenannten Handlungs-RCs. Es gibt jedoch auch noch die kognitiven, die eine Frage beinhalten:

17. Frag dich: »Wie bin ich hierhergekommen?« Wenn du es nicht weißt, befindest du dich in einem Traum.
18. Frag dich: »Was habe ich gerade (oder als Letztes) getan?« Wenn die Antwort lautet: »Ich bin ins Bett gegangen.«, oder: »Ich bin eingeschlafen.«, dann weißt du, dass dies nur ein Traum sein kann.
19. Frag dich: »Gibt es hier Unstimmigkeiten?« Schau dich um. Gibt es etwas, das nicht passt oder logisch ist? Vielleicht etwas, das so wohl kaum in der Wachwelt vorkommen würde. Benutz dabei alle deine Sinne. Solltest du etwas finden, so befindest du dich wahrscheinlich in einem Traum.

Zu Schritt 3: Ich wiederhole: Stell dir abschließend kurz vor, einer der RCs wäre positiv ausgefallen. Er hätte ange-

zeigt, dass du dich in einem Traum befindest. Was würdest du als Erstes tun?
Ein kritischer Punkt beim Klarträumen ist die Traumerkenntnis. Unzählige Gedanken schießen einem durch den Kopf und nur selten erinnert man sich an das, was man sich vorgenommen hat. Dieser Stress führt nicht selten zu einem vorzeitigen Aufwachen.
Verhindern kannst du dies, indem du immer wieder im Wachleben kurz durchspielst, was du nach der Traumerkenntnis tun willst.
Das Erste sollte sein, dass du dich entspannst. Atme einmal tief ein und aus. Bring danach deine Sinne auf Trab. Schau dich um. Was siehst, hörst und fühlst du? Gibt es einen Geruch oder Geschmack?
Du bist jetzt im »Traum« geerdet. Was willst du tun? Stell dir kurz vor, du tust es!

Dieser 3. Schritt findet nur selten Erwähnung in Anweisungen zur Ausführung von RCs. Ich persönlich halte ihn für wichtig. Vielleicht hast du jedoch in der einen oder anderen Situation nur Zeit für die ersten beiden Schritte. Das ist vollkommen OK. Nimm dir aber vor, den 3. Schritt wenigstens 3-mal pro Tag durchzuführen.
Die »Erdung« sollte immer in der gleichen Art und Weise durchgeführt werden. Dir folgende Aktivität kann natürlich an deinen Plan angepasst werden.

Noch ein paar hilfreiche Tipps:

- Eine gewisse positive Emotionalität beim Testen ist sehr hilfreich. Mach die RCs nicht nur, weil sie nötig sind – ein notwendiges Übel.

Nein. Du bist neugierig. Neugierig zu erfahren, ob du wach bist oder träumst. Im Traum wirst du keinen RC machen, ohne ein gewisses Maß an Neugierde. Du wirst vielleicht bemerken, dass etwas nicht stimmt. Dass es ein Traum sein könnte. Doch wenn du nicht wirklich wissen willst, ob dem so ist, was wirst du wohl tun? Genau! Nichts – und wieder eine Möglichkeit vertan. Die Neugierde ist es, die dich diese Chancen nutzen lässt.

- Mach die RCs nicht nebenbei. Widme ihnen deine volle Aufmerksamkeit, was ja auch im Traum der Fall sein soll.
- Und last but not least: Keine Hektik! Bleib ruhig und entspannt dabei. Gerade im Traum denkt man nicht selten: »Schnell, schnell, schnell, bevor der Traum vorbei ist!« Stress ist jedoch ein schlechter Klartraum-Begleiter. Üb Gelassenheit, auch im Alltag, und sie wird dir lange Klarträume bescheren.

Das »Wann«

Mach möglichst immer einen Realitäts-Check, wenn etwas Außergewöhnliches oder Unerwartetes passiert.
Ich fuhr einmal mit dem Auto von meinem Heimatort zur nächsten Kleinstadt, als ein Wagen von rechts vor mir auf die Straße vor. Ich konnte meinen Augen nicht trauen, denn der Wagen war, bis auf die Front- und Seitenscheiben und ein kleines Loch in der Heckscheibe, mit Schnee bedeckt. Das Ungewöhnliche war, es waren plus 30 Grad im Schatten! – RC. Später sah ich das Auto dann aus der Nähe am Straßenrand. Der Schnee war aus Styropor, aber echt gut gemacht.

Bei meinem »Bildbearbeitung-Traum« war beispielsweise ein eingefrorener Bildschirm Anlass für einen Realitäts-Check. Ein solcher Computerabsturz passiert zwar Gott sei Dank sehr selten, doch einen RC mache ich dann immer.

Unsere Träume sind jedoch nicht immer spannend oder außergewöhnlich. Oft spiegeln sie in irgendeiner Form unseren Alltag, sind langweilig und vielleicht gerade deshalb schnell vergessen.
Natürlich macht es Sinn, einen RC zu machen, wenn etwas Außergewöhnliches oder Unerwartetes passiert, jedoch hat man damit nicht mal die halbe Miete.
Wenn man sich in einem Traum befindet, glaubt man grundsätzlich nicht nur, dass man wach ist, sondern auch, dass alles, so wie es ist, passend, logisch und korrekt ist. Deshalb gibt es keinen Grund, diese »Realität« zu hinterfragen.
Die Lösung: **Unbegründete RCs!**
Unbegründet bedeutet, es gibt eigentlich keinen externen Grund für einen RC. Nichts im Außen, dass dich dazu verleitet oder daran erinnert, jetzt einen RC zu machen.
Du nimmst dir vor: »Heute mach ich 7-10 RCs!«, und tust dies, einfach so – lediglich, weil du dich daran erinnerst, es zu tun.
Du stellst das Gewohnte, das Alltägliche mehrmals täglich *grundlos* mithilfe eines RCs infrage. Such nach Unstimmigkeiten am Arbeitsplatz, in der Schule, Uni, in den eigenen vier Wänden, wo immer du dich befindest. Dir ist langweilig, hast nichts zu tun, wartest auf was oder wen auch immer? Nutz diese Gelegenheiten.

Werden diese unbegründeten RCs schließlich zur Gewohnheit im Wachen, so werden sie es zwangsläufig nach einiger Zeit ebenfalls im Traum.

Neben den unbegründeten RCs gibt es die begründeten, die gerade dem Klartraum-Neuling wohl etwas leichter fallen werden. Dazu gehören auch die RCs bei Außergewöhnlichem oder Unerwartetem. Doch wie oft wird so etwas wohl am Tag passieren? Sicherlich nicht 7-10-mal.
Und wirst du dich so oft, ohne externe Hilfe, daran erinnern einen RC zu machen? Wohl eher nicht.
Deshalb solltest du Strategien entwickeln, die dir helfen auf diese Anzahl zu kommen.
Ein paar Beispiele:
Du machst jedes Mal einen RC, ...

- wenn du aufwachst (sehr wichtig!),
- bevor du einschläfst,
- vor oder nach jedem Essen,
- wenn du in einen Spiegel schaust,
- bevor oder nachdem du durch die Haustür gehst, bzw. gegangen bist,
- nachdem du ins Auto eingestiegen bist und/oder vor dem Aussteigen,
- vor oder nach dem Zähneputzen,
- nachdem du das Licht ein- oder ausgeschaltet hast.

Ein Klebezettel mit der Aufschrift »Traum!?«, am Badezimmerspiegel kann hilfreich sein, wie auch ein gemaltes »**?**« auf dem Handrücken.

Natürlich gibt es in der heutigen Zeit Timer oder Apps, die dich mit Vibrationen oder Alarmtönen an die Ausführung deiner RCs erinnern können.

So könntest du vorgehen

Wähl am besten drei RC-Möglichkeiten von der Liste aus, mit denen du in den nächsten Tagen und Wochen die Traum-Realität testen willst. Dabei sollte der Erste ein kognitiver RC sein und danach noch zwei Handlungs-RCs.

Die Nummern 19 (»Gibt es Unstimmigkeiten?«), 1 (Finger-durch-die-Hand-RC) und 2 (Nasen-RC) bilden beispielweise meine RC-Folge.
1, 2, 9, 10, 11, 12, 17 und 19 sind, ich schätze mal, allgemein die beliebtesten.

Zum Wann:
Du machst jedes Mal einen RC, ...

- wenn im Alltag etwas Außergewöhnliches oder Unerwartetes passiert,
- wenn du aufwachst,
- bevor du einschläfst.

Zusätzlich machst du noch täglich 2-3 weitere begründete und 3-5 unbegründete RCs.

Ohne die RCs bei etwas Außergewöhnlichem oder Unerwartetem wären es dann 7-10 RCs pro Tag.
Die Anzahl der begründeten RCs sollte sich im Laufe der Zeit verringern, die der unbegründeten ansteigen.

Mit etwas Übung brauchst du für die Durchführung eines RCs (Schritt 1-3) etwa 1 Minute.

Wenn du die Tipps für RCs, wie Neugierde, Aufmerksamkeit und Gelassenheit einhältst, dann sind 7 bis 10 RCs pro Tag allemal ausreichend. Es ist weit effektiver, wenige richtig zu machen, als viele falsch. Es sollten jedoch schon 7 bis 10 RCs pro Tag sein.

Es wird Situationen geben, in denen drei verschiedene RCs in Folge zeitlich nicht möglich sind, oder der eine oder andere RC nicht schicklich wäre.
Ein Nasen-RC bei einer Besprechung wäre ein Beispiel.
Die Parole in einem solchen Falle lautet: »Einer ist besser als keiner!«
Bist du viel in der Öffentlichkeit und/oder mit anderen zusammen, dann wähle RCs, die sich unauffällig ausführen lassen.

Klartraumbericht – verschiedene RCs:

Trübtraum:
Ich bin in irgendeinem Haus mit Charlie Sheen und mache plötzlich, ohne ersichtlichen Grund, einen Finger-durch-Hand-RC, der positiv ausfällt.

Klartraum:
Ich erkläre Charlie, dass es ein Traum ist. Er macht ebenfalls einen FdH-Test und sagt, dass er auch klarträumt. Ich sage, dass das ein wahnsinniger Zufall ist, dass wir beide zur selben Zeit klar sind. Als weiteren Test springe ich hoch und be-

ginne zu schweben. Wir beschließen, das Haus zu verlassen. Dabei mache ich noch einen Uhren-Test. Laut dieser ist es 14:22 Uhr. Ich sehe kurz weg und wieder auf die Uhr – 00:48 Uhr. Ich weiß jedoch, dass es in der Wachwirklichkeit zwischen 16:30 und 17:00 Uhr sein muss. Charlie geht und ich folge ihm zuerst fliegend mit Schwimmbewegungen. Dies wollte ich immer schon mal testen. Danach versuche ich schwebend, wie auf einem Einrad, vorwärts zu kommen. Es funktioniert. Wir machen einen langen Spaziergang in der Sonne. Ich »radle« dabei vor Charlie, der sich mit einem Kind beim Gehen unterhält. Die Gegend ist sehr schön: Blauer Himmel, grüne Wiese, ein Fluss. Nach einiger Zeit beschließe ich wieder zurück zu gehen. Ich fühle mich sehr müde und habe Angst, dass der Traum eintrübt. Auch meine Beine tun vom »Radeln« etwas weh und ich finde es ganz schön warm hier draußen.
Ich versuche mit Augenbewegungen meinen Klartraum zu stabilisieren, was nur kurz funktioniert. Auf meinem Weg kommen mir Menschen entgegen und an einer Flussbiegung ist plötzlich der Weg zu Ende. Ich probiere mit einem Handwischen die Gegend zu verändern, was auch ganz gut funktioniert, doch wenige Sekunden später merke ich, dass ich aufwache.

Traumzeichen

Informationen aus deinem Traumtagebuch in Verbindung mit RCs können effektiv die Zeit zu deinem ersten oder nächsten Klartraum verkürzen und dir letztlich mehr Klarträume verschaffen.

In der Regel geht es sehr schnell, mithilfe eines Traumtagebuchs, die Traumerinnerung zu verbessern. Nach zwei, spätestens drei Wochen hast du meist schon genug Daten für traumzeichenspezifische Reality-Checks.
Auch wenn Träume meist sehr unterschiedlich sind, so gibt es doch immer wieder Muster, die sich gleichen. Diese Traumzeichen zu erkennen ist deine Aufgabe.
Ein paar Beispiele:
Du erkennst nach dem Lesen deines Traumtagebuchs, dass in vielen deiner notierten Träume immer wieder das Durchschreiten einer Tür eine Rolle spielt.
Wenn du nun im Alltag immer wieder einen RC machst, sobald du durch eine Tür gehst, so ist die Chance groß, dass du dies kurzfristig oder mittelfristig ebenfalls in deinen Träumen tust.

In vielen deiner Träume taucht immer wieder die gleiche Person auf. Wenn du im Alltag diese Person triffst – RC. Wenn du an sie denkst – RC. Wenn du ein Bild von ihr hast – darauf sehen – RC.
Wenn es eine Person aus dem TV ist, besorg dir von ihr ein Bild – RC.
Stell dir sie genauso vor, wie sie dir in deinen Träumen erschienen ist – RC.
Tu das Gleiche, wenn es sich beispielsweise um ein Tier, eine bestimmte Landschaft, ein See, ein Fluss, ein Haus, ein Auto oder einen bestimmten Gegenstand handelt.
Gibt es eine wiederkehrende Emotion (Angst, Freude, Traurigkeit, Wut, Glück usw.) in deinen Träumen? Wenn ja, dann mach einen RC jedes Mal, wenn du diese im Alltag verspürst.

Identifiziere dein spezifisches Traumzeichen, wende mehrmals täglich einen RC darauf an und du wirst überrascht sein, wie schnell sich dein erster oder nächster Klartraum einstellt.

Hände als Traumzeichen

Solltest du selbst nach Wochen, kein Traumzeichen entdeckt haben oder keine Lust haben, ein Traumtagebuch zu führen, dann nimm einfach deine Hände. Diese sind die Körperteile, die du auch im Traum öfters mal registrierst. Immer wenn dir also im Alltag deine Hände auffallen, mach einen RC. Damit sie dir auffallen, mal mit einem Filzstift einen Punkt, ein kleines »RC« oder ein Fragezeichen auf einen deiner Handrücken. Dies ist, wie schon beschrieben, auch eine gute Methode sich ganz allgemein immer wieder an die Ausführung von RCs zu erinnern.

Traumzeichen »basteln«

Dinge, die Bedeutung für uns haben, begegnen uns nicht selten in unseren Träumen. Warum diesen Umstand nicht nutzen?

Sieh dich mal in deiner Wohnung um, schau in deine Schränke und Schubladen, ob du irgendeinen Gegenstand findest, zu dem eine emotionale Verbindung besteht. Dieser sollte gut in eine Hand passen, also nicht zu groß oder klein sein.

Als Beispiel nehm ich mal meine kleine Happy-Buddha-Statuette aus Holz, die ich im Urlaub gekauft habe. Mit 12 x 12 cm hat sie eine passende Größe.

Hast du einen passenden Gegenstand gefunden?

Sollte er schmutzig sein, dann säubere ihn erst einmal.

Sorg (danach) dafür, dass du 10-15 Minuten ungestörte Zeit hast.

Schritt 1: Dein Interesse gilt in den nächsten 10-15 min ausschließlich deinem gewählten Gegenstand. Nimm ihn in eine Hand, fühl sein Gewicht und schau ihn dir von allen Seiten an. Schenk jedem Detail deine volle Aufmerksamkeit. Mithilfe deiner anderen Hand, fühl mit deinen Fingern die Form, das Material, alle Unebenheiten und Details deines Gegenstands. Wie fühlt und hört es sich an, wenn du ihn streichelst?
Schau ihn immer mal wieder von vorn in Gänze an, sage dabei laut: »Heute Nacht sehe ich dich in meinen Träumen und erkenne, dass ich träume!«, und mach gleich danach einen Nasen-RC. Tu dies alle 2-3 min während der 10-15 min und auch noch mal ganz zum Schluss.
Platziere den Gegenstand danach nicht sichtbar in einem Schrank oder einer Schublade, zu dem bzw. der du leicht Zugang hast.

Schritt 2: Bis zum Zubettgehen solltest du das Objekt noch 5-7-mal (das letzte Mal direkt vor dem Zubettgehen) hervorholen, in die Hand nehmen, aufmerksam anschauen, dabei laut: »Heute Nacht sehe ich dich in meinen Träumen und erkenne, dass ich träume!«, sagen, gleich danach einen Nasen-RC machen und wieder im Schrank oder in der Schublade platzieren.

Schritt 3: Hol dir vor dem Einschlafen den Gegenstand vors innere Auge und schlaf mit der Absicht: »Heute Nacht

sehe ich dich in meinen Träumen und erkenne, dass ich träume!«, ein.
Solltest du Probleme mit dem Visualisieren des Objekts haben, so reicht auch die Absicht: »Heute Nacht sehe ich ... (z. B. meinen Happy Buddha) in meinen Träumen und erkenne, dass ich träume!«
Wiederhole die Vorgehensweise (Schritt 1-3) mit demselben Gegenstand täglich für mindestens 1 Woche.
Dies bedeutet natürlich nicht, dass du nicht schon in der ersten Nacht damit Erfolg haben kannst. Dieser kann sich, wie eigentlich bei jeder Technik, sehr schnell, langsam oder überhaupt nicht einstellen.

Das Verstecken des Gegenstands dient als Verstärker. Du weißt, wenn du ihn nach dem Einschlafen siehst, kann es sich nur um einen Traum handeln. Es ist sehr unwahrscheinlich, dass du in einem solchen den Schrank oder die Schublade öffnest, worin sich dieser in der Wirklichkeit befindet.

Verstärker

Den folgenden Tipp eines mir bekannten Kollegen in Bezug auf Reality Checks möchte ich dir nicht vorenthalten.
Wenn dir etwas Außergewöhnliches oder Unerwartetes begegnet, mach erst einen RC (nur Schritt 1 und 2) und stell dir anschließend gleich ein großes (Format Kinoleinwand) mentales Bild dieser Situation vor. »Schreib« oben oder unten (der Schriftzug sollte nicht das Wesentliche verdecken) auf diesen »Schnappschuss« mit großen Buch-

staben: »**TRAUM!?**« Dieser Hinweis wird dir über kurz oder lang auch im Traum begegnen und dann – RC.
Gezielter kannst du dies natürlich noch mit den gefundenen Mustern (Traumzeichen) aus deinem Traumtagebuch machen. Nehmen wir einmal an, es handelt sich um ein immer wiederkehrendes bestimmtes Haus.
Stell dir im Wachzustand dieses in allen dir bekannten Einzelheiten vor – RC. Mach gleich anschließend dieses Bild riesengroß, schreib »TRAUM!?« darauf und speicher es ab. Bezüglich Letzterem sag einfach leise oder laut: »Speichern" oder »Traumzeichen speichern«.
Wenn dir in einem deiner nächsten Träume dieses Haus wieder begegnet, erhältst du mit großer Wahrscheinlichkeit nicht nur den bildlichen Hinweis auf einen Traum, sondern zusätzlich einen schriftlichen.
Wäre doch hilfreich, oder?
Die gleiche Vorgehensweise kannst du ebenfalls anwenden, wenn du deine Hände als Traumzeichen gewählt hast oder für dein »gebasteltes« Traumzeichen.

Falsches Erwachen

Unter »Falsches Erwachen« versteht man ein Phänomen, das fast ausschließlich bei Klarträumern vorkommt. Man glaubt im (Klar-) Traum, dass man aufwacht, was jedoch nicht der Fall ist. Man träumt es nur. Es wird einem sozusagen vorgegaukelt.
Ich hatte einmal einen Klartraum, aus dem ich dreimal hintereinander falsch erwacht bin. Der »Finger-durch-die-Hand-RC« brachte mich jedoch immer wieder in die Klar-

heit zurück, bis ich dann beim vierten Male wirklich aufwachte.
Ein falsches Erwachen kann dich erstens deine Klarheit kosten und zweitens schnell zum wirklichen Erwachen führen.
Wichtig: Mach also JEDES MAL, wenn du aufwachst, einen RC. Es wird sich lohnen.
Auch wenn du dadurch vielleicht ein paar Trauminhalte für dein Tagebuch vergessen magst, ein direkter möglicher Klartraum geht jedenfalls für mich persönlich vor.

Ungewöhnliche RC-Ansätze

Der Vollständigkeit halber möchte ich dir abschließend ein paar ungewöhnliche RC-Ansätze nicht vorenthalten. Wenn der eine oder andere für dich Sinn ergibt, kannst du gerne damit experimentieren.

- Durst oder Hunger: Da nach dem Abendessen oder letzten Getränk bis zum Aufwachen doch ein paar Stunden vergehen, so kann es gerade in den letzten Traumphasen zu Durst oder Hungergefühlen kommen, wenn vielleicht auch nur unbewusst. Da machen RCs im Wachzustand bei Hunger und Durst eigentlich schon Sinn.
- Nikotinmangel: Das gleiche Prinzip wie bei Durst oder Hunger gilt natürlich ebenfalls bei Nikotinmangel. Bitte jedoch nicht deswegen mit dem Rauchen anfangen! Solltest du jedoch rauchen, so sind RCs, bevor du zur Zigarette greifst, sicherlich keine schlechte Idee, gerade nach einer Abstinenz von mehreren Stunden. Vielleicht ermutigt dich ja gerade dieser Umstand zu längeren Pausen zwischen der letzten und der nächsten Zigarette.

- Blasendruck: Der erste Gang nach dem Aufwachen ist in der Regel der auf die Toilette. Im Laufe der Nacht füllt sich die Blase nach und nach, und auch wenn du diesen Druck im Traum nicht registrierst, er ist unbewusst da. RCs im Wachzustand, wenn du Druck auf der Blase hast, also vor dem Aufsuchen der Toilette, warum nicht!?
- Schmerzen: Nehmen wir einmal an, du hast Rückenschmerzen. Nicht so schlimm, dass du Medikamente nehmen müsstest, jedoch schon so, dass sie am Tage vor dem Einschlafen und nach dem Aufwachen spürbar sind. Ist dies der Fall, so kannst du davon ausgehen, dass diese Schmerzen auch im Schlaf und damit im Traum (vielleicht träumst du sogar davon) unbewusst da sind. RCs am Tage, wenn du diesen Rückenschmerz wahrnimmst – probier es aus. Es muss sich dabei nicht explizit um den Rücken handeln.
- Schnarchen: Man schnarcht auch während der REM- bzw. Traumphasen. Ich bin selbst schon einige Male vom eigenen Schnarchen aus einem Traum gerissen worden. Warum nicht diesen Umstand nutzen. Eigenes Schnarchen aufzeichnen – am Tage abspielen – RCs. Wenn der Partner schnarcht und man ist noch wach, oder wieder wach, kann man auch während dessen Schnarchen RCs machen.
- Lust auf Sex: So, jetzt habe ich sicher wieder deine volle Aufmerksamkeit. Es soll Menschen geben, die gerade am frühen Morgen nach dem Aufwachen große Lust auf Sex verspüren. Oft sind es gerade die letzten Träume, die dieses Thema zum Inhalt haben. Also, bei Lust auf Sex und bei Sexfantasien im Wachzustand – RCs. Als Mann hat man da noch eine weitere Möglichkeit – die

Morgenerektion. Wenn du dich als Mann jemals fragtest, wofür eine Erektion gerade in dieser oder jener Situation gut sein soll – jetzt weißt du es: Für einen Realitäts-Check.

- REM: Die schnellen Augenbewegungen sind, wie du schon weißt, ein untrügliches Zeichen für eine Traumphase. Warum also nicht ab und an im Wachen die Augen schließen, diese Bewegungen simulieren und einige Realitäts-Checks (am besten Nasen-RCs) währenddessen durchführen.
- Weitere Möglichkeiten: Vogelgezwitscher, Kirchturmuhrläuten, morgendlicher Verkehrslärm (dabei muss es nicht um Sex gehen), Duft von frischem Kaffee, Stimme des Partners usw. Sicher fallen dir noch ein paar speziell auf deine Schlafumstände zutreffende Dinge ein. Gründe für RCs gibt es wahrlich genug.

Mit RCs allein hatte ich nach etwa fünf bis sechs Wochen meinen ersten Klartraum und im folgenden Jahr durchschnittlich einen pro Monat.
Aber sicherlich willst du MEHR? Oder?

Bewusst Leben – Bewusst Träumen

In Klartraum-Kreisen gibt es den Begriff »All Day Awareness« oder kurz »ADA«.
Übersetzen könnte man diesen mit »Ganztages-Bewusstsein«.
Solltest du Kapitel 2 dieses Buches (schon) gelesen haben, so ist das Folgende für dich zumeist »Kalter Kaffee«. Lies es trotzdem, denn Wiederholungen sind zwar in der Regel langweilig (jedenfalls für mich), doch setzt sich damit das bereits Gelernte besser fest.

Ein Mehr an Aufmerksamkeit im Alltag wird sich zwangsläufig auf das Traumerleben übertragen und du wirst dort leichter erkennen: »Es ist ein Traum!«
Macht doch Sinn, oder?
Gerade dem Gewohnten und Vertrauten schenken wir in der Regel wenig Beachtung.
Wenn wir wie immer zur Arbeit fahren oder gehen, kennen wir ganz einfach das, was wir kennen müssen (Straßen, Kreuzungen, Ampeln usw.), um zu unserem Ziel zu gelangen und stellen dies nie infrage. Alles andere nehmen wir kaum wahr, wahrscheinlich nicht mal den Elefanten, der sich lediglich wenige Meter außerhalb unseres »Aufmerksamkeits-Radius« befindet.
Wie viel von der Umgebung, der Umwelt nehmen wir letztlich zur Kenntnis beim Shoppen, bei der Bus- oder Bahnfahrt, der Arbeit, selbst beim Sport, Ausgehen, Essen, Spazierengehen, im Urlaub oder der heimischen Wohnung?

Scheuklappen im Alltag bedeuten Scheuklappen im Traum. Du kannst nicht erwarten, Unstimmigkeiten, z. B., was die Umgebung betrifft, im Traum wahrzunehmen, wenn du dieser im täglichen Leben wenig Beachtung schenkst. Wie dein Traumzeichen entdecken, wenn deine Sinne nach innen gerichtet sind?

Raus aus dem Gewohnten ist schon mal ein erster guter Ansatz. Nicht-Vertrautem schenken wir in der Regel mehr Aufmerksamkeit.
Den Scheuklappen-Radius Tag für Tag etwas vergrößern ein zweiter. Das Leben geht über den Tellerrand hinaus. Nimm es wahr.
Mach immer mal wieder eine kleine Hier- und Jetzt-Übung:
Schau dich um. Was siehst du?
Was hörst du in diesem Augenblick?
Was spürst und fühlst du jetzt?
Was riechst du?
Was schmeckst du?
Meist sind es die visuellen Eindrücke, die uns im Traum Unstimmigkeiten erkennen lassen. Schärf also insbesondere deinen Blick für das, was dich umgibt, doch vergiss nicht das Hören, Fühlen, Riechen und Schmecken.
Auch wenn die Unterschiede zwischen Wach- und Traumwelt sehr gering sein können, so gibt es sie durchaus.
Im Traum kann der Wind durch die Bäume fegen und doch ist kein Geräusch zu hören. Ein Stein fühlt sich oft weicher an als gewohnt und die Schwerkraft weicht nicht selten vom Normalen ab. Doch wahrnehmen kannst du dies nur, wenn du mit deiner Aufmerksamkeit im Hier und Jetzt bist.

Kritisches Bewusstsein (KB)

Den Begriff »Kritisches Bewusstsein« findet man fast ausschließlich im Zusammenhang mit dem Klarträumen, wahrscheinlich weil er von Paul Tholey, einem Klartraum-Forscher, geprägt wurde. Nicht wenige halten das Trainieren des Kritischen Bewusstseins für den Königsweg zum Klarträumen.

Meiner Meinung nach haben Kinder mehr Klarträume, weil sie im Allgemeinen neugieriger sind als Erwachsene und deswegen vieles hinterfragen oder infrage stellen. Ihr Kritisches Bewusstsein ist meist sehr ausgeprägt. Später als Erwachsener glaubt man zu wissen, wie der Hase läuft. Die Wieso-, Weshalb- und Warum-Fragen werden weniger. Das Interesse an Dingen jenseits des Tellerrands schwindet – man konzentriert sich auf das Wesentliche.
Natürlich gibt es auch Erwachsene, die ihre kindliche Neugier behalten haben. Hier gilt jedoch eher: Ausnahmen bestätigen die Regel.

Bist du ein neugieriger Mensch, der vieles hinterfragt oder infrage stellt?
Wenn ja, dann wird dir das Trainieren deines kritischen Bewusstseins in Bezug auf das Klarträumen sicher leicht fallen.
Wenn nicht, dann hast du einen etwas längeren Weg vor dir.

Reality-Checks (RCs) (die »unbegründeten«) und All Day Awareness (ADA) sind meiner Meinung nach die Hauptbestandteile eines erfolgversprechenden KB-Trainings.
Eigentlich ist ein *grundsätzliches* Infragestellen des Wachlebens das Ziel. Mir geht dies persönlich zu weit.
Mit ADA und unbegründeten RCs in alltäglichen Situationen wirst du dieses Ziel wahrscheinlich nicht ganz erreichen. Und das ist vollkommen in Ordnung!

Auf Handlungs-RCs kannst du beim KB-Training verzichten. Jedes Mal, wenn du dich im Alltag daran erinnerst, einen RC zu machen, stell dir erst die kritische Frage: »Wach ich oder träum ich?« Gleich danach such nach Unstimmigkeiten. Ist alles so, wie es sein sollte? Ist alles logisch? Beziehe alle deine Sinne in die Suche ein.
Je höher dabei die Achtsamkeit, je erfolgreicher wirst du sein. Je öfter du es täglich im Wachleben tust, je schneller wirst du es im Traum tun. Aber übertreib es nicht.
Da ein gewisses Maß an Neugier den Prozess wesentlich vereinfacht, sollte diese wiederentdeckt oder gestärkt werden. In Kapitel 2 (Natürliche Klarträumer) findest du so einige diesbezügliche Ideen.

Das Trainieren des Kritischen Bewusstseins kann der Königsweg zum Klarträumen sein. Da sich die Erfolge jedoch eher mittel- oder langfristig einstellen, sind Geduld und Durchhaltevermögen gefragt.

7. Klartraum-Techniken

Unter Klartraum-Techniken versteht man üblicherweise Methoden, die zusätzlich zu Reality-Checks und Traumtagebuch eingesetzt werden, mit dem Ziel, schneller und mehr Klarträume zu erleben.
Einige der Populärsten werde ich dir im Folgenden vorstellen, wie auch ein paar unkonventionelle mit gutem Potenzial.

Lies dir die Methoden am besten einmal komplett durch und entscheide dich dann für diejenige (Kombination), die für dich neben der Umsetzbarkeit das größte Erfolgspotenzial besitzt. Gib jeder gewählten Methode (Kombination) eine Chance und dies nicht nur für einen Tag. Wenn sie jedoch nach vier Wochen keine positiven Resultate bringt, dann entscheide dich für eine andere. Vielleicht für eine, die sich in deinen Ohren ziemlich verrückt anhört, von der du im Prinzip nichts erwartest. Nicht selten führt gerade diese Erwartungslosigkeit zum Erfolg.

Bei einigen der Techniken empfehle ich vor deren Anwendung im »Ernstfall« sogenannte »Trockenübungen«. Dies bedeutet, dass du die Vorgehensweise erst in einem entspannten Zustand einüben solltest, bevor du sie zum Induzieren bzw. Einleiten von Klarträumen einsetzt.

Es sind schlussendlich mehr Techniken geworden als beabsichtigt. Lass dich, gerade als Neuling, davon nicht abschrecken. Ist es dir jedoch zu viel des Guten, dann findest du im Kapitel 11 (Wie fang ich an?), den Weg zum Klarträumen, den ich als Neuling zuerst einschlagen würde.

Die folgenden Klartraum-Techniken teile ich in 6 Sparten auf:

1. Schlafrhythmus
2. Klarheit erhaltend
3. SSILD
4. Zur Klarheit führend
5. Ungewöhnlich aber mit Potenzial
6. Traumprogrammierung

Viele der Methoden sind untereinander kombinierbar, Kombinationen nicht selten sogar sehr hilfreich. Entsprechende Anmerkungen findest du bei der jeweiligen Technik.

Schlafrhythmus

Genau genommen verbergen sich unter diesem Begriff keine Klartraum-Techniken, sondern es geht um Schlaf-Rhythmus-Variationen, die die Chance auf einen Klartraum und deren Häufigkeit erhöhen können. Ich spreche diesbezüglich nicht von 10 oder 20 *Prozent,* sondern vom 10- bis 20-*fachen.*

Hier ist etwas Experimentieren gefragt, wenn es nicht so funktioniert. Zehn oder zwanzig Minuten können einen großen Unterschied machen.

Wake Back To Bed (WBTB)

Übersetzen könnte man diese Bezeichnung mit »Aufwachen, zurück ins Bett«, auch wenn es eigentlich »Aufwachen, Aufstehen, zurück ins Bett« heißen müsste.

Diese Methode ist in Klartraum-Kreisen sehr beliebt, da sie nicht selten sehr schnell, insbesondere in Verbindung mit den später beschriebenen Klartraum-Techniken, positive Resultate (Klarträume) liefert.

Der einzige Haken dabei ist die Unterbrechung des morgendlichen Schlafs. Praktiziere WBTB also am besten am Wochenende oder im Urlaub.

Vorgehensweise:

- Sorg dafür, dass du ausreichend Schlafzeit hast. Im Folgenden geh ich mal von etwa 8,5 Stunden aus. Die Angaben in Klammern beziehen sich auf eine Schlafzeit von etwa 7 Stunden. Wenn du mehr oder weniger zur Verfügung hast, dann musst du die Zeitangaben für deine Umstände abändern. Kein Stress. Es geht dabei nicht um 5 oder 10 Minuten.

- Stell deinen Wecker so, dass er dich nach ca. 6 (4,5) Stunden Schlaf weckt, also nach der vierten (dritten) Schlafphase. Ein Beispiel: Um 24:00 Uhr gehst du ins Bett. Da du gewöhnlich etwa 15 Minuten zum Einschlafen brauchst, stellst du den Wecker auf 06:15 (04:45) Uhr. Solltest du weniger oder mehr Zeit zum Einschlafen brauchen, dann berücksichtige dies.
- Der Wecker klingelt, der Partner motzt und du stehst auf. Am besten stellst du den Wecker gleich auf 08:45 (07:15) Uhr, falls du um diese Zeit aufstehen willst (musst). Vergessen solltest du beim Aufwachen auch nicht den RC und deinen letzten Traum. Du hast jetzt genügend Zeit diesen zu notieren, nämlich 60 Minuten (wenn du danach sofort wieder einschlafen kannst). Sieh zu, dass du in dieser Zeit nur so wach wirst, dass es dir danach wieder problemlos gelingt einzuschlafen. KEIN Kaffee und KEIN Sport. Schreib deinen Traum auf, lies andere von dir notierte Träume, beschäftige dich allgemein mit dem Thema Klarträumen und mach immer mal wieder RCs. Du kannst auch die Zeit für eine Meditation nutze, wenn das dein Ding ist. Schlaf jedoch nicht dabei ein.
- Nach mehrmaligem WBTB wirst du wissen, wie lang du brauchst fürs Wieder-Einschlafen nach dem Wieder-ins-Bett-Gehen. Zieh diese Zeit von den 60 Minuten ab, damit dir noch mindestens 1,5 Stunden Schlafzeit bleibt, bevor um 08:45 (07:15) Uhr wieder der Wecker klin-

gelt. Du gehst also wieder ins Bett. Jetzt ist der beste Zeitpunkt für DILD, WILD, SSILD, usw., Techniken, auf die ich später zu sprechen komme. Die eine oder andere kann dir zudem beim Wiedereinschlafen helfen. Auf jeden Fall hast du nun eine große Chance auf den ersten oder nächsten Klartraum.

Tipps:

Wann immer du am Morgen raus musst, peile mindestens eine Viertelstunde früher an. Ein wenig zusätzliche Zeit am Morgen mindert nicht nur den Stress, sondern gibt dir die Zeit für RC und Traumtagebuch. Ich bin mir sicher, dass du etwas zu notieren hast.

Mach dir schon am Tag, vor dem ersten Einschlafen oder spätestens in der Schlafunterbrechungsphase einen Plan von dem, was du im Klartraum tun willst. Nimm dir *eine* Sache vor. Sich dies erst im Klartraum zu überlegen ist nicht nur verschenkte Zeit, sondern kann dich aus einem solchen sehr leicht wieder herausbringen.

WBTB ist die Schlaf-Rhythmus-Variante, die am einfachsten und zuverlässigsten zu Klarträumen führt. Nicht umsonst werden Probanden bei der Klartraumforschung im Schlaflabor in erster Linie mit dieser Methode vertraut gemacht.

Sie liefert auch ohne Kombination mit anderen Techniken positive Ergebnisse, doch mit, ist sie noch weitaus effektiver.

Dass sie so gut wirkt, liegt an der Tatsache, dass man nach der Schlafunterbrechung beim Wiedereinschlafen meist direkt oder wenigstens schnell in eine Traumphase eintritt.

Wake Stay In Bed (WSIB)

»Aufwachen und im Bett bleiben«, ist eine WBTB-Variante für diejenigen, die keine Lust auf längere Wachphasen haben oder nach diesen sehr schlecht oder gar nicht wieder einschlafen können.

Wie beim WBTB, lass dich nach einer Schlafphase am frühen Morgen von einem »angenehmen« Wecker wecken, sodass du nicht hellwach wirst. Den inneren Wecker vor dem Einschlafen zu programmieren ist eine weitere Möglichkeit: »Morgen früh um X Uhr wach ich ganz sanft auf.« Wenn du dann aufwachst, mach einen RC, bleib im Bett und notiere in Stichpunkten eventuelle Träume. Verbleib im Halbschlaf und schlaf mit einer DILD-Technik wieder ein. Vielleicht willst du alternativ auch WILDen oder SSILDen.

Napping – Schläfchen

Ein Mittags- oder Nachmittagsschläfchen ist sozusagen ein WBTB mit laaanger Schlafunterbrechung. In den Siebzigern des letzten Jahrhunderts hatte Stephen LaBerge nicht selten Klarträume während eines »Napping« und entwickelte daraufhin WBTB, welches noch bessere Ergebnisse liefert. Dies ist jedenfalls der allgemeine Tenor.

Wenn jedoch WBTB oder WSIB so gar nicht dein Ding sind, so ist ein Mittags- oder Nachmittagsschläfchen die einfachste Alternative, wenn du diese aufgrund deiner Arbeitszeiten überhaupt in Erwägung ziehen kannst. Aber es gibt ja immer noch das Wochenende und den Urlaub.

Ich denke mal, ich muss dir nicht erklären, wie man ein 30-90-minütiges Mittags- oder Nachmittagsschläfchen hält. Ob

es etwas bringt, wenn man demzufolge den Nachtschlaf um diese Zeit verkürzt, kann ich nicht sagen. Probier es aus.
Solltest du viel Zeit für ein Napping zur Verfügung haben, so macht ein kurzes (3-5 min) WSIB oder WSIC (Wake Stay on Couch ☺) nach 30-40 min durchaus Sinn. Damit erhöhst du meiner Erfahrung nach deine Erfolgschancen.
Die gleichen Techniken, die du mit WBTB und WSIB kombinieren kannst, gelten übrigens auch für das Mittags- oder Nachmittagsschläfchen.

Cycle Adjustment Technique (CAT)

Die »Zyklus Anpassung Technik«, in der Folge verwende ich das Kürzel »CAT«, ist ein Schlafrhythmus, der von Daniel Love entwickelt wurde, einem Experten im Klarträumen, der ein sehr bemerkendes Klartraum-Buch mit dem Titel *Are you dreaming?* geschrieben hat. Dieses ist leider (noch) nicht in deutscher Sprache erhältlich.

Bei CAT geht es darum, durch Anpassung der Schlafzyklen, die bewusste Aufmerksamkeit während des morgendlichen REM-Schlafes zu erhöhen.
Ich danke Daniel ganz herzlich, CAT hier vorstellen zu dürfen.
Die Vorgehensweise[13] ist sehr einfach, jedoch ... Bewerte es lieber selbst.

1. Steh 7 Tage lang 90 Minuten früher auf, als normal. Stell deinen Wecker dementsprechend. Geh nicht wie-

---

[13] Frei übersetzt aus dem Englischen aus dem Buch von Daniel Love, *Are you dreaming: Exploring Lucid Dreams: A Comprehensive Guide*

der zurück ins Bett. In diesen »geschenkten« 90 Minuten kannst du tun, was du willst. Am besten Dinge, die du normalerweise über den Tag oder am Abend erledigen würdest. Sehr hilfreich ist es übrigens, wenn du in dieser Zeit deine täglichen Realitäts-Checks schon einmal absolvierst.
Voraussichtlich wirst du in dieser Woche keine Klarträume haben.

2. Nach einer Woche solltest du dich an die frühe Aufstehzeit gewöhnt haben. Ab dem achten Tag folgt der Zykluswechsel im Tagesrhythmus. Zur Normalzeit (also 90 Minuten später, wie die Woche zuvor) aufstehen – am nächsten Tag wieder früh (wie in der Woche zuvor). Normal – früh – normal – früh – usw. An den »Normaltagen« ist die Chance auf Klarträume sehr groß, da das Gehirn für diese »zusätzlichen« 90 Minuten eigentlich Wachzeit eingeplant hat. Somit schwingt es in dieser Zeit im Schlaf auf einer Frequenz, die dem Wachzustand ähnelt. Die perfekte Ausgangslage für Klarträume.
3. Schritt 2 machst du solange, bis die Häufigkeit deiner Klarträume wieder abnimmt. Geh dann wieder zurück zum Schritt 1. Mit durchschnittlich zwei Klarträumen pro Zyklus-Woche kannst du rechnen. In einem Versuch mit 10 Studenten, 8 von ihnen wurde »CAT« beigebracht, war genau dies der allgemeine Durchschnitt. Bis zu vier Klarträume pro Woche sind möglich.

Sicherlich kommt dir bei dieser Methode das Thema Schlafdefizit in den Sinn. Da es dabei jedoch ausschließlich um die Aufwachzeit geht, so steht es dir frei, am Abend

früher ins Bett zu gehen, um diese 90 Minuten an den »frühen« Tagen zu kompensieren. Daniel Love schlägt vor, mit dem früheren Einschlafen, zwecks Gewöhnung, schon eine Woche vor Schritt 1 zu beginnen.
Natürlich kann es vorkommen, dass du auch an den »Normaltagen« um die »Frühtagszeit« aufwachst. Du befindest dich dann quasi in einer WSIB-Situation. Mach also einen RC, bleib im Bett und notiere in Stichpunkten eventuelle Träume. Verbleib im Halbschlaf und schlaf mit einer DILD-Technik (ich würde SSILD empfehlen) wieder ein. Daniel Love bevorzugt in einem solchen Fall eine WILD-Technik.
Solltest du gar nicht mehr einschlafen können, so gibt dir dies die Möglichkeit für deine täglichen Realitäts-Checks, was die Chancen auf Klarträume an den nächsten »Normaltagen« erhöhen wird.

CAT ist vor allem für diejenigen geeignet, die schon von Haus aus eine regelmäßige Einschlafzeit bevorzugen. Was die unterschiedlichen Aufwachzeiten betrifft, so ist CAT sicherlich nicht jedermanns Sache.
Nach Daniel Love befindet sich diese Methode noch im Experimentierstadium. Was beispielsweise die 90 Minuten betrifft, so sind diesbezüglich Experimente durchaus erwünscht. Es gibt zwar noch keine stichhaltigen Erfahrungsberichte bezüglich 60, 45 oder gar 30 Minuten, was dich jedoch nicht darin hindern sollte, es mal mit einer kürzeren Zeitspanne zu versuchen.

10-Stunden-Schlaf

CAT ist sicherlich nicht jedermanns Sache. Es gibt jedoch eine weitaus »freundlichere« Alternative. Nicht selten lese ich von Klarträumern, dass sie oft Klarträume haben, wenn sie am Wochenende mal so richtig ausschlafen (10 Stunden oder mehr) können. Mit CAT im Hinterkopf kam ich auf die Idee, dass man dieses doch nutzen könnte.

Das Setup:

Nehmen wir einmal an, du bist berufstätig mit normalen Arbeitszeiten von Montag bis Freitag. Nach etwa 8 Stunden Schlaf musst du um 7 Uhr aufstehen, damit du um 8 Uhr auf der Arbeit bist. Am Wochenende hast du die Freiheit aufzustehen, wann immer du willst.

Die Vorgehensweise:

An den Arbeitstagen:
Nach dem Aufwachen mach als Erstes einen RC. Sorg dafür, dass du in den nächsten 2 Stunden (3, solltest du nur ca. 7 Stunden Schlaf gehabt haben) alle deine täglichen RCs schon mal aufmerksam ausführst (alle 15-20 Minuten einen RC).
Halte in diesen 2 (oder 3) Stunden deine Aufmerksamkeit und Achtsamkeit hoch, deine Sinne auf Trab.
Erledige auf der Arbeit erst die Dinge, die deine volle Konzentration benötigen.

Samstag und/oder Sonntag:
Geh am Freitag- und/oder Samstagabend um die gleiche Zeit ins Bett, wie an den Arbeitstagen. Sorg für mindestens 10 Stunden ungestörte Schlafzeit.

Solltest du zur normalen Arbeitstags-Aufstehzeit aufwachen, bleib im Bett, mach einen RC (es könnte ein Falsches Erwachen sein) und anschließend ein paar Runden SSILD, bis du wieder einschläfst. Es muss natürlich nicht unbedingt SSILD sein. Der Zeitpunkt ist ebenfalls perfekt für eine WILD- oder DILD-Technik deiner Wahl.

Mit dieser Vorgehensweise vermeidest du eventuelle »Schlafrhythmus-Störungen« (CAT), umgehst ein »lästiges« WBTB und hast trotzdem große Erfolgschancen, wenn auch nur an den Langschlaftagen.

REM-Rebound – REM-Rückprall

Ein REM-Rebound ist einfach ausgedrückt ein Nachholen von nicht erfahrenem REM-Schlaf.
Nehmen wir einmal an, du hast am Abend einen über den Durst getrunken. Um 24 Uhr gingst du ins Bett und es hat bis ca. 6 Uhr gedauert, bis der Alkohol abgebaut war.
In diesen 6 Stunden (vier Schlafphasen) hattest du wegen des Alkohols ein mehr an Tiefschlaf, aber so gut wie keinen REM- bzw. Traumschlaf. Dein Körper versucht dieses Defizit auszugleichen, indem er für ein Mehr an REM-Schlaf sorgt, bis du aufwachst.
Die Sache mit dem Alkohol ist hier nur ein Beispiel. Ich will dich keinesfalls ermutigen, Alkohol zu trinken, jedoch sollte es einmal vorkommen, so nutze den möglichen REM-Rebound.
Schlafrhythmusveränderungen sind ein weiteres Mittel, um einen REM-Rebound zu erzeugen, und mit WBTB, WSIB und CAT hast du jetzt schon drei gute Werkzeuge.

Schlafentzug wäre eine weitere Option, jedoch bin ich selbst kein Freund von solch drastischen Mitteln. Es kann jedoch vorkommen, dass man ungewollt eine (fast) schlaflose Nacht hat und dann sollte man den REM-Rebound nutzen.

Natürlich kannst du nicht erwarten, dass dieser dir ohne Aufwand deinerseits so einfach Klarträume schenkt. Schließ es nicht aus, jedoch ist ein REM-Rebound in erster Linie so hilfreich, weil er die Erfolgschancen von Klartraum-Techniken aus den Sparten WILD, DILD immens steigert. Das Gleiche gilt natürlich für SSILD, welche meine bevorzugte Technik in einem solchen Fall ist. Ich selbst hatte schon Klarträume durch REM-Rebound in der Zeit, als ich nur mit Reality-Checks arbeitete.

Warum ist ein REM-Rebound so hilfreich?

Ich habe mich lange mit dieser Frage beschäftigt und hier ist mein Erklärungsmodell:

Ein REM-Rebound bringt dir generell keinen zusätzlichen REM-Schlaf. Er schiebt den nicht erfahrenen nur auf günstigere Zeitpunkte.

Nehmen wir einmal an, du gehst um 23 Uhr ins Bett und musst um 7 Uhr morgens aufstehen. Du kannst jedoch, aus welchen Gründen auch immer, erst um 6 Uhr einschlafen.

Durch den REM-Rebound ist die Chance sehr groß, dass du wie beim WBTB, beim Wiedereinschlafen, direkt in eine Traumphase eintrittst.

Autosuggestionen sind dann natürlich noch sehr frisch im Gedächtnis und können dadurch besser wirken. Die Sinne (Sehen, Hören, Fühlen) sind durchs WILDen oder SSILDen

noch so hochgefahren, dass es viel leichter ist, den Traum als Traum zu entlarven.
Da du so wenig geschlafen hast, entscheidest du dich noch für ein Mittagsschläfchen. Auch bei diesem ist die Chance durch den REM-Rebound höher, dass du schnell in eine Traumphase eintrittst. Zudem wirst du mehr Traumzeit zur Verfügung haben, als dies normalerweise der Fall wäre. Sollte danach das REM-Defizit immer noch nicht ausgeglichen sein, insbesondere, wenn ein Mittagsschläfchen nicht möglich war, so wirst du in der folgenden Nacht mit mehr Traumzeit beschenkt.

Ein REM-Rebound erhöht die Chancen auf Klarträume, die direkt nach dem Einschlafen und kurz vor dem Wiederaufwachen stattfinden.
Für Klarträume ist dies sehr hilfreich, da sich das Gehirn in diesen Zeiträumen in einem noch oder wieder aufmerksamen (wachen) Zustand befindet. Man wird deshalb nicht nur leichter erkennen, dass man träumt, man hat zudem mehr Kontrolle über das Geschehen und die eigenen Handlungen im Klartraum. Findet ein solcher am Ende des Schlafs statt, so besteht natürlich eher die Gefahr, ungewollt aufzuwachen. Mit Stabilisierungstechniken lässt sich dies jedoch zumeist verhindern.

Abschließen möchte ich das Thema REM-Rebound, indem ich dir eine Geschichte erzähle, wie ein Schlafentzug mir einen Klartraum bescherte.
Es war in der Nacht vor der Abreise nach einem zweiwöchigen NLP- (Neurolinguistisches Programmieren) Seminar auf Menorca.

Um sechs Uhr in der Früh musste ich aufstehen, doch ich konnte einfach nicht einschlafen, aus welchem Grund auch immer. Ich wälzte mich also im Bett und die Hoffnung auf Schlaf schwand von Stunde zu Stunde. So gegen 5:30 Uhr versank ich dann doch in Morpheus Arme und trat ohne langen Zwischenstopp in einen Klartraum ein. In diesem ging es ums Fliegen und Schwimmen. Ich weiß noch, als ich nach Letzterem an einem Strand in der Nähe eines Hafens aus dem Wasser stieg, waren meine Kleider nicht wie erwartet nass, sondern angenehm trocken.

In diesem Klartraum hatte ich große Probleme mit dem Fliegen, besser gesagt mit dem Hoch-Fliegen. Nach dem Schwimmen ging ich in eine Kneipe und wollte dort über die Gäste fliegen. Mehr als 30 Zentimeter kam ich jedoch nicht vom Boden weg und so »flog« ich dann in dieser Höhe zwischen Beinen, Tischen und Stühlen durch das Wirtshaus. Es war mehr wie das Schlängeln einer Schlange, nur ohne Bodenkontakt.

Das war ein sehr intensiver Klartraum, der durch das Klingeln meines Weckers um 6:00 Uhr sein Ende fand.

Erst einmal war ich sehr überrascht, dass es erst sechs Uhr war, denn gefühlsmäßig schätzte ich die Dauer meines Klartraums auf wesentlich mehr als eine Stunde.

Zudem war ich voller Euphorie und Energie, was ich nach einer halben Stunde »Schlaf« nicht erwartet hätte.

Während des Frühstücks und später auf der Fahrt zum Flughafen unterhielt ich die müde NLP-Gruppe mit meinen Klartraumgeschichten. Auch etwas Atypisches für einen eher introvertierten Menschen wie mich.

Im Flieger und in der folgenden Nacht holte ich dann meinen versäumten Schlaf nach.

Rhythm-Napping

Das sogenannte Rhythm-Napping (Rhythmus-Schläfchen) ist eine Methode, die eigentlich schon zu den Klarheit erhaltenden Techniken zählt. Da es jedoch auch hier um den Schlafrhythmus geht, ist es ein guter Übergang zu diesen.

Beim Rhythm-Napping geht es darum, sich, am besten nach einer Schlafunterbrechung beim WBTB, in bestimmten Zeitintervallen von einem Timer oder einer MP3 mit Alarmtönen wecken zu lassen. Die Lautstärke sollte dabei so eingestellt sein, dass man zwar wach wird, jedoch nicht davon aufschreckt, sondern eher im Halbschlaf verbleibt. Nach dem Aufwachen, soll man sich nicht bewegen und gaukelt damit dem Körper vor, weiterhin zu schlafen.

In diesem Grenzbereich zwischen Schlafen und Wachen, der durch die weiteren regelmäßigen Wecktöne aufrechterhalten wird, versucht man nun, mit dem Vorsatz einen Klartraum zu haben, wieder einzuschlafen.

Oft kommt es dabei zur Schlafparalyse oder zu einem Falschen Erwachen. Beides sind gute Einstiegsmöglichkeiten in einen Klartraum.

Eine Schlafparalyse kann zudem für eine Außerkörperliche Erfahrung (AKE) verwendet werden. Dazu später mehr.

Timer, MP3s und mehr gibt es unter www.lucidology.com (englisch) nach Anmeldung mit Name und E-Mail-Adresse.

Persönlich habe ich diese Methode noch nicht getestet.

Bei der Erzielung von Klarträumen und AKEs soll sie jedoch sehr gute Resultate bringen.

Klarheit erhaltende Techniken

Unter den »Klarheit erhaltenden Techniken« versteht man Methoden, die direkt und ohne Umwege aus dem Wachzustand in einen Klartraum führen. Der Oberbegriff für diese Techniken ist WILD (Wake Initiated Lucid Dreaming – durch Wachheit initiiertes Luzides Träumen).

Im Folgenden werde ich auf das »Grundrezept« von WILD eingehen und anschließend ein paar Variationen vorstellen.
Zuvor jedoch noch zwei Begriffserklärungen:

Schlafparalyse: Wie du schon weißt, befindet man sich in einer Traum- oder REM-Phase automatisch im Zustand einer Schlafparalyse. Der ganze Körper, bis auf die Augen, ist gelähmt. Im Traum ist uns dies jedoch nicht bewusst, da unser Traum-Ich in der Regel nicht von dieser Lähmung betroffen ist. Eine Einstiegsmöglichkeit in einen Klartraum mit WILD ist genau diese Schlafparalyse, jedoch im Wachzustand. Der Geist ist wach und der Körper gelähmt. Früher ist mir dies öfters Mal zu Beginn eines Mittagsschläfchens passiert und es war alles andere als angenehm. Nachdem ich das Klarträumen kennengelernt und mich zudem über die Schlafparalyse informiert hatte, begrüße ich eine solche, denn erstens ist sie nicht schädlich, sondern etwas ganz Normales und sie bildet einen tollen Einstieg in einen Klartraum. Solltest du also einmal gewollt oder ungewollt (einem Klarträumer kann das immer mal passieren) bewusst in eine Schlafparalyse fallen, so bleib ganz ruhig und nutze sie.

Hypnagoge Halluzinationen: Vielleicht kennst du dieses Phänomen ja auch schon? Man ist entspannt, schließt die Augen und nach einer gewissen Zeit tauchen Muster, Formen oder Farben auf – hypnagoge Bilder. Diese Halluzinationen sind nicht auf nur das Sehen beschränkt. Es kann sich dabei auch um Geräusche oder Körperempfindungen handeln. Wie auch immer. Die zweite Einstiegsmöglichkeit mit WILD in einen Klartraum sind genau diese Halluzinationen.

Das WILD-»Grundrezept«

Für WILD ist der optimale Zeitpunkt nach einem WBTB. Vor dem normalen Einschlafen ist es ebenfalls möglich, sowie nach einem Aufwachen in der Nacht (WSIB) oder als Einstieg ins Mittagsschläfchen.

1. Finde eine angenehme Liege- bzw. Schlafposition. Auf dem Rücken, auf der Seite, wie auch immer. Wichtig ist, dass du eine Position wählst, in der du für die nächsten 10 bis 20 Minuten, oder länger, verharren kannst, ohne dich zu bewegen. Bequeme Schlafbekleidung ist hierbei sehr wichtig. Sorg dafür, dass es nicht so kalt oder zu warm ist (unter der Decke), und natürlich Licht aus. Bereite dich einfach auf das Einschlafen vor. Beweg, streck dich noch einmal, wenn es irgendwo juckt, dann kratz dich, finde die optimale Schlafstellung.
   Sollten Seiten- oder Bauchlage nicht funktionieren, so versuch die Rückenlage mit leicht abgewinkelten Ar-

men, d. h. Arme und Hände sollten den Körper nicht berühren. Die Hände liegen dabei mit den Handflächen nach unten auf der Unterlage. Diese Liegeposition macht es leichter zu WILDen.

Bei allen WILD-Techniken geht es nun darum, das Bewusstsein wach zu halten. Der Körper darf schlafen.

2. **a) Einstieg über die Schlafparalyse:**
   Bewege dich ab jetzt möglichst nicht mehr. Atme ruhig und konzentriere dich währenddessen auf deine Füße oder Hände (im Allgemeinen beginnt dort die Schlafparalyse). Schon nach kurzer Zeit verspürst du vielleicht ein Kribbeln oder Vibrieren an den Händen oder Füßen. Lass es zu. Lass dieses Gefühl sich ausbreiten, den ganzen Körper einhüllen und gib nicht dessen Versuch nach, dich zu einer Bewegung zu veranlassen. Gaukele ihm vor, dass du schläfst. Es wird nicht mehr lange dauern, bis du deinen Körper nicht mehr wahrnimmst. Die Konzentration auf Füße oder Hände kannst du nun beenden, die Wachheit etwas runterfahren, jedoch nicht zu weit. Gerade so weit, dass du wach die Brücke zum Traum überqueren kannst. Vielleicht siehst du ja auch ein paar hypnagoge Bilder, die dir den Übergang erleichtern können, wenn du dich auf sie konzentrierst. Lass diese Bilder sich zu einem Traum entwickeln und dich in diesen »einsaugen«. Möglicherweise bemerkst du ja, dass du dich jetzt in deinem Traumkörper befindest und in diesem frei bewegen kannst. Mach einen RC und hol dir die Gewissheit, dass du dich wirklich in einem Traum befindest und dann – viel Spaß.

b) Einstieg über hypnagoge Halluzinationen:

Für diesen Einstieg ist es hilfreich, wenn du hypnagoge Halluzinationen erkennst, wenn sie dir begegnen. Mach also mal einen »Trockenversuch«, indem du dich zum Beispiel vor dem Einschlafen entspannst, die Augen schließt und beobachtest, was nach kurz oder lang so an inneren Bildern, Geräuschen oder Körperempfindungen auftaucht. Je tiefer du entspannt bist, desto mehr wirst du wahrnehmen. Mach dich ein wenig vertraut mit den Erscheinungen.

Zum WILDen: Bewege dich ab jetzt möglichst nicht mehr. Atme ruhig. Über kurz oder lang wird es zu hypnagogen Halluzinationen kommen. Dein Fokus gilt ausschließlich diesen Erscheinungen. Gerade am Anfang sind diese Erscheinungen sehr flüchtig. Da hilft es manchmal, wenn man die Konzentration mal ganz kurz etwas anderem zuwendet und dann wieder aufnimmt. Je mehr du dich entspannst, so stabiler werden die Bilder und du wirst auch deinen Körper immer weniger und letztlich gar nicht mehr wahrnehmen. In entspannter Konzentration lässt du diese Bilder sich zu einem Traum entwickeln und dich in ihn einsaugen. In deinem Traum-Körper machst du erst einmal einen RC und dann, ich wiederhole mich – viel Spaß.

So, das war das WILD-Grundrezept mit den beiden Einstiegsmöglichkeiten Schlafparalyse und Hypnagoge Halluzinationen.

Bis du den »WILD-Dreh« raus hast, kann es so einige Anläufe kosten. Nicht selten wird man kurz vor dem Ziel wie-

der ganz wach, landet in einem normalen Traum oder schläft einfach dabei ein.
Den perfekten Zeitpunkt zu erwischen, den richtigen Grad der Wachheit und sehr entspannt und trotzdem fokussiert zu bleiben, dazu braucht es Übung und Erfahrungswerte.

Vielleicht kannst du ja aus meinem ersten WILD-Versuch im Jahre 2013 etwas lernen. Ich wählte damals den Einstieg über die hypnagogen Erscheinungen. Dem bewussten Erleben der Schlafparalyse kann man damit nicht selten aus dem Weg gehen.
Es war gegen 17 Uhr, ich befand mich im Urlaub und entschied mich, ein kleines Schläfchen mit meinem ersten WILD-Versuch zu verknüpfen. So recht rein kam ich jedoch nicht. Es gab nur wenige hypnagoge Erscheinungen (wahrscheinlich war ich nicht entspannt genug) und ich fiel auch nicht in Schlafparalyse (nur ein Kribbeln an den Extremitäten konnte ich wahrnehmen), sondern schlief nach etwa zwanzig Minuten friedlich ein. Zwanzig Minuten später wurde ich wieder wach, was mir ein Blick auf die Uhr (17:40) und ein RC bestätigte. Da ich noch etwas Zeit hatte, entschied ich mich für einen zweiten Anlauf.
Hypnagoge Bilder OK *und im Nu finde ich mich in einem zugegeben sehr lebendigen Trübtraum wieder, als Jugendlicher vor meinem Elternhaus in lediglich T-Shirt und Unterhose, was mich zwar etwas verwundert, jedoch sicher seinen Grund hat. Am Eingang von der Straße zum Haus erblicke ich ein kleines Schild mit dem Schriftzug »Post«. Da in meiner Zeit als Jugendlicher die Post in unserem Haus untervermietet war, finde ich dies auch logisch. Was jedoch nicht*

stimmt, ist die Farbe des Einganges und um diesen herum. Dunkelblau, da stimmt doch was nicht. Bin ich hier richtig?
Ich überprüfe also als Nächstes die Hausnummer. »9c« steht da in Weiß auf Blau und nicht »26«, wie es sein soll. Diese Unstimmigkeit veranlasst mich zu einem RC. Gleich der erste (Finger durch die Hand) funktioniert und ich weiß, dies ist ein Traum. Ich entscheide mich für einen Flug ins Weltall (Sex wäre wohl besser gewesen), hebe ab und steuere mit »Höher, höher« meinen Flug, bis ich ganz am Rande meines Sehfeldes plötzlich Überlandleitungen bemerke. »Nicht auf die Stromleitungen zu!«, ist mein nächster Gedanke.
Ich kann dir nur eins sagen und das solltest du wirklich wissen: Das Unterbewusstsein versteht, jedenfalls im Klartraum, keine Negationen.
Ich pralle leicht gegen eine der Leitungen und auch wenn ich nur ein leichtes diesbezügliches Kribbeln (ich hatte Schlimmeres erwartet) verspüre, so scheine ich doch durch den Schock langsam meine Klarheit zu verlieren. Ich bemerke einen Sog von hinten, werde in eine dunkle Wolke gezogen und finde mich fest umklammert auf dem Vordersitz einer Kutsche wieder. Ein Baumwesen hat seine Ranken fest um mich geschlossen. Doch ich bin bereit zum Kampf, zum Kampf um meine Klarheit. Erst reiße ich dem Wesen die Ranken aus dem Leib, kralle mir dann seinen Kopf und nehme diesen rechts unter den Arm in den Schwitzkasten.
Etwas zu lange betrachte ich mir sein wunderliches Aussehen und spüre schon nach kurzer Zeit meinen Körper auf der Matratze liegen. Doch will ich nicht aufwachen. Ich kämpfe weiter, blicke weiter auf den Kopf des Wesens, der mich hoffentlich als hypnagoges Bild wieder in den Traum zurückführt. Doch die Mühe ist vergebens. Das Bild des Kopfes ver-

ändert sich in Richtung graue Masse und was ich letztendlich sehe, ist das, was man in einem nicht dunklen Raum mit geschlossenen Augen sehen kann. Ich bin wach, was mir ein RC dann letztlich endgültig bestätigt. Ich sehe auf die Uhr, 17:52 Uhr, und wundere mich, was man so alles in 12 Minuten erleben kann.

Dies war meine erste WILD-Erfahrung. Genau genommen wurde nur der Trübtraum durch den WILD-Einstieg ausgelöst. Der Klartraum wiederum kurz danach durch den Traum (DILD).
Dies ist nicht selten der Fall und bedeutet, dass selbst wenn der WILD-Einstieg nicht funktioniert, dieser die Chance auf einen DILD-Klartraum erhöht. Den Grund hierfür sehe ich in dem erhöhten Aufmerksamkeitsniveau durch die WILD-Anwendung.
Wie du auch hier siehst, sind Schlafunterbrechungen, gewollt oder ungewollt, eine gute Voraussetzung für Klarträume, welche Technik auch immer du wählst. Leider gibt es jetzt jedoch ebenfalls keinen Grund mehr zu meckern, bei einem nächtlichen wiederholten Aufwachen.

Das Schöne an WILD ist: Hat man erst einmal den Dreh raus, dann kann man praktisch jede Nacht Klarträume haben und natürlich ebenfalls beim Nachmittagsschläfchen. Die beste Zeit für WILD, und ich wiederhole mich hier, ist nach einem WBTB.

Als Einstiegsmöglichkeit (Schritt 2) eignen sich natürlich nicht nur Hände/Füße oder Hypnagoge Erscheinungen.

Bei **VILD (Visual Inducted Lucid Dream – Visuell induzierter Luzider Traum)** ist es z. B. eine kleine zuvor kreierte Traumsequenz, auf die man die Konzentration richtet. In diesem kleinen inneren Film sollen zwei Freunde (immer die gleichen) auftauchen, die dich zu einem Realitäts-Check animieren. Beispielsweise könnten sie sagen: »Hey ... (dein Name), das ist ein Traum. Mach einen Realitäts-Check!«, oder etwas Ähnliches.
Hast du eine solche Traumsituation kreiert, intus und den ersten WILD-Schritt hinter dir, dann spiel diesen kurzen Film immer wieder vor deinem inneren Auge ab.
Betrachte ihn aus deinem Blickwinkel, so, als ob du dies wirklich erleben würdest. Sieh dich also nicht selbst in der Sequenz.
Irgendwann wird dann diese Vorstellung zum Traum und deine Freunde werden dir helfen, dass es ein Klartraum wird.

Noch drei Tipps von mir:
Wähl vertrauenswürdige Freunde.
Wenn du diese Traumsequenz kreiert hast, mach einige Trockenübungen damit und währenddessen immer wieder Reality-Checks. Damit gehst du auf Nummer sicher.
Natürlich kannst du für den Fokus bei Schritt 2 auch irgendwelche Zeichen, Symbole oder Personen aus deinem Traumtagebuch verwenden, die immer wieder in deinen Träumen auftauchen. Oder auch ein selbst vorgestelltes, gemaltes oder am PC designtes Zeichen, wie in der folgenden Grafik.

Ein ungewöhnlicher Gegenstand aus deinem Haushalt, den du immer mal wieder »checkst«, wäre eine weitere Alternative. Mir fällt diesbezüglich gerade meine »Happy Buddha«- Holzstatuette ein.

DEILD (Dream Exit Induced Lucid Dream – Traum-Ausstieg induzierter Luzider Traum)

Diese an WILD angelehnte Technik ist, was ihren Erfolg betrifft, abhängig vom Zeitpunkt des Erwachens in der Nacht. Auch hier ist es am besten, schon etwa 4 bis 6 Stunden geschlafen zu haben.

Wirst du dann am Anfang oder in der Mitte eines Traumes wach, dann ist regungsloses Liegenbleiben gefragt, Augen geschlossen. Schon am Tag zuvor und vor dem Einschlafen kannst du dies mit einer Autosuggestion programmieren: »Wenn ich aufwache, bleib ich regungslos mit geschlosse-

nen Augen liegen und erinnere mich an meinen letzten Traum.«
Um diesen letzten Traum geht es nämlich, explizit um den Zeitpunkt des Traumes, als du daraus ausgestiegen bist.
Versetze dich genau in diesen Augenblick zurück. Was hast du in diesem Moment gesehen, gehört und gefühlt? Vielleicht hast du ja zusätzlich noch etwas gerochen oder geschmeckt?
Dein Gehirn wird nun den Traum wieder erschaffen und dein Bewusstsein wieder dorthin schicken – nur diesmal bist du klar.
Sobald du dich dann bewusst im Traum wiederfindest, mach einen Realitäts-Check und genieße deinen Klartraum.

Da man hinsichtlich des perfekten Aufwachzeitpunktes (am Anfang oder in der Mitte eines Traumes) schlecht den Wecker stellen kann, so ist die Anwendung dieser Methode sehr dem Zufall überlassen. Vorteile haben da Menschen, die einen leichten Schlaf haben und in der Nacht öfters wach werden.
Es gibt auch Klartraummasken, die dich genau zu Beginn eines Traumes wecken können: Den »Novadreamer« (schwer zu bekommen, da er nicht mehr produziert wird) und die preisgünstige Alternative mit Namen »REM-Dreamer«. Mehr dazu im Kapitel »Hilfsmittel«.

FILD (Finger Induced Lucid Dream - Finger induzierter Klartraum)

FILD ist eine Klartraum-Technik, die von *Hargarts* (Forenname) entwickelt wurde. Im Juni 2004 hat er sie erstmals

noch unter der Bezeichnung **HILD** (Hargart's Induced Lucid Dream) veröffentlicht[14].
Schon kurz darauf änderte er HILD zu FILD und veröffentlichte im Juli 2004 eine vereinfachte Kurzversion[15], die ich im Folgenden, frei übersetzt, hier vorstellen möchte.
FILD ist im englischsprachigen Raum unter Klarträumern sehr populär, im deutschsprachigen noch nicht.

Das Setup:

1. Geh schlafen. Es ist so einfach ... Es ist keine Hypnose oder Visualisierung erforderlich.

2. Um diese Technik durchführen zu können, musst du extrem nah am Einschlafen sein. Die beste Zeit ist entweder mitten in der Nacht oder am Morgen. Allerdings kann die Anwendung dieser Technik am Morgen zu kürzeren Klartraumen fuhren.

3. Wenn du FILD während der Nacht ausprobieren willst, musst du einen Weg finden um aufzuwachen. Es gibt verschiedene Methoden ... Find einen, der zu dir passt.

4. Sobald du aufwachst, solltest du zuerst an die FILD-Technik denken. Entspann dich sofort und versuch wieder einzuschlafen, wie du es normalerweise tun würdest. Dein Ziel ist es hier, zu dem Punkt zu kommen, kurz bevor du wieder einschläfst. Sobald du diesen Punkt erreicht hast, beginn mit der FILD-Technik. Wenn du wieder in den

---

[14]https://www.ld4all.com/forum/viewtopic.php?t=7446&highlight=hild

[15] https://www.dreamviews.com/induction-techniques/4779-finger-induced-lucid-dream-fild.html

Schlaf fällst, mach dir keine Sorgen ... Du kannst es beim nächsten Aufwachen noch einmal versuchen.

Die Technik:

1. Stell dir für eine Sekunde vor, dass du mit dem Zeige- und Mittelfinger einer Hand Klavier spielst. Die beiden Finger sind Seite an Seite auf zwei Tasten. Drück jetzt deinen rechten Finger nach unten und lass deinen linken Finger oben. Als Nächstes drück deinen linken Finger nach unten und heb deinen rechten Finger wieder nach oben. Wiederhole diese Auf- und Ab-Bewegung.

2. Du hast diese Bewegung im Griff? Probier einmal das: Stell dir vor, du spielst wieder Klavier (mit der gleichen Bewegung), aber drückst diesmal die Tasten so leicht, dass sie nicht nach unten gehen. Probier es auf deiner Computertastatur aus – du solltest grundsätzlich spüren, wie deine Muskeln arbeiten, aber deine Finger sollten sich kaum bewegen.

3. Du bist fast da. Alles, was du tun musst, ist, diese Fingerbewegungen zu verwenden, wenn du aufwachst. Sobald du Punkt 4 des Setups erreicht hast, fang an, deine Finger zu bewegen. Konzentrier dich auf die Bewegung. Durch die Fokussierung schläfst du innerhalb von Sekunden ein. Zähl nicht deine Fingerbewegungen und rede nicht mit dir selbst in Geiste. Versuch auch nicht, dich zum Schlafen zu zwingen ... Das wird dich nur aufwecken.

4. Sobald etwa 10 bis 20 Sekunden vergangen sind, nimm deine andere Hand und führ eine Nasen-RC durch. Drück einfach mit Daumen und Zeigefinger fest auf die Nasenflügel und versuch einzuatmen. Wenn du es kannst, dann träumst du.

5. Wenn du feststellst, dass der Nasen-RC nicht funktioniert, mach dir keine Sorgen ... Du kannst es erneut versuchen. Schlaf einfach ein und versuch es erneut, wenn du wieder aufwachst.

Hier noch ein paar Anmerkungen von mir zu dieser Kurzversion von FILD:

Setup, Punkt 2 und 3: Mitten in der Nacht bedeutet nach 3-5 Stunden Schlaf. Da solltest du etwas experimentieren.
Du kannst dir einen Wecker stellen – dieser sollte dich sanft aufwecken und von alleine wieder ausgehen – oder du setzt einfach die Absicht: »In 4 Stunden wach ich sanft auf und mach FILD!«

Technik, Punkt 4: Du kannst selbstverständlich auch eine andere RC-Möglichkeit verwenden. Diese sollte jedoch so bewegungsarm wie möglich sein. Dass deine Augen geschlossen sind, engt natürlich die Möglichkeiten ein. Solche findest du im Kapitel »Reality-Checks (RCs)« und bei der übernächsten Technik (»The Phase«), die FILD ähnlich ist.

Technik, Punkt 5: Du musst nicht zwangsläufig nach einem nicht erfolgreichen Versuch abbrechen. Warte ein paar Minuten und wenn du dann noch nicht eingeschlafen bist, versuch es noch einmal. Klappt es dann nicht, dann solltest du auf einen späteren Zeitpunkt warten.
Es ist sehr wahrscheinlich, dass du bis zum Aufstehen noch mehrere Male kurz aufwachst. Nutze diese Gelegenheiten.

OEILD (Open Eyes Induced Lucid Dream – Durch Öffnen der Augen induzierter Klartraum)

Die Idee zu dieser Technik fand ich vor einigen Jahren im Internet. Da ich den Artikel selbst nach intensivem Suchen nicht mehr finde, kann ich hier leider nicht auf die Quelle verweisen. Ich glaube, es war ein Kommentar zu einem YouTube-Video – bin mir da aber nicht sicher. Selbst von der Idee blieben bei mir nur ein paar Bruchstücke hängen, die jedoch »gewürzt« mit etwas FILD, eine interessante Technik ergeben könnten.
Ich nenne diese einmal OEILD, da diese Bezeichnung den Kern der Methode gut beschreibt. Außerdem ist dieses Kürzel meines Wissens noch nicht vergeben.

Das Setup:

Im Prinzip ist es das Gleiche wie bei FILD. Du musst eigentlich nur FILD durch OEILD ersetzen.
Natürlich kannst du OEILD auch vor dem normalen Einschlafen, vor dem Einschlafen bei einem Mittagsschläfchen anwenden. Schlafunterbrechungen sind dafür natürlich am besten geeignet.

Die Technik:

Im Gegensatz zu den zwei Fingern bei FILD, verwendet man beim OEILD die Augen. Du kannst die Augen schließen und öffnen? Sehr gut, dann musst du dies nicht üben.
Kurz vor dem (Wieder-) Einschlafen – du weißt, gleich bist du »weg« – öffnest du die Augen für ein paar Sekunden und nimmst wahr, was du siehst. Bleib ab diesem Zeitpunkt so

bewegungslos wie möglich. Stell dir die Frage: »Ist das alles so passend/wie es sein sollte?«
Sobald du dir sicher bist, dass es passt, schließ wieder die Augen für ca. 10 Sekunden (2-3 Atemzüge) und öffne sie wieder. Stell dir erneut die Frage: »Ist das alles so passend/wie es sein sollte?«
Solltest du dir sicher sein, dass sich nichts verändert hat, dann wiederhole das Schließen und Öffnen der Augen.
Immer noch keine Veränderungen? Dann versuch es ein letztes Mal, bevor du einschläfst. Vor dem Aufstehen wirst du sehr wahrscheinlich noch weitere Gelegenheiten erhalten.
Solltest du jedoch feststellen, dass sich etwas geändert hat, es nicht mehr so ist, wie es sein sollte, dann weißt du, dass du im Traum bist. Ein Nasen-RC kann dir noch zusätzliche Gewisshcit bringen.

Zwei Tipps:
Den Nasen-RC könntest du natürlich schon von Beginn an als Alternative oder in Verbindung mit dem Frage-RC (»Ist das alles so passend/wie es sein sollte?«), verwenden. Dafür ist am besten die Seitenlage geeignet, mit der »freien« Hand direkt vorm Gesicht. Liegst du auf der rechten Seite, wäre dies die linke Hand. Liegst du auf der linken Seite, die rechte Hand.

Generell ist es von Vorteil, wenn es während des Schlafens in deinem Schlafzimmer vollkommen dunkel ist – du überhaupt nichts siehst. Ist dies aus irgendwelchen Gründen nicht möglich, dann ist eine Schlafmaske eine sehr gute Alternative. Eine sogenannte 3D-Schlafmaske – sieht aus wie

ein BH für die Augen – ist die beste Wahl, da bei einer solchen der Stoff nicht direkt auf den Augen aufliegt.
Zum Prinzip: Wenn du nichts sehen kannst, dann muss es sich zwangsläufig um einen Traum handeln, wenn du etwas sehen kannst.
Macht das Sinn?
Vorgehensweise **ohne** OELD:
Bevor du (wieder) einschläfst, dann sprich wiederholt im Geiste die Affirmation aus: »Sobald ich etwas sehe, weiß ich, dass ich träume, und mach einen RC.«

Vorgehensweise **mit** OELD:
Bevor du das erste Mal die Augen öffnest und jeweils in den ca. 10 Sekunden, in denen danach deine Augen geschlossen sind, sprich im Geiste 2-mal die Affirmation aus: »Sobald ich etwas sehe, weiß ich, dass ich träume, und mach einen RC.«
Das 2-malige Aussprechen dieses Satzes dauert etwa 10 Sekunden.

OELD habe ich während des Schreibens dieses Buches entwickelt und es gibt deshalb nur wenige Erfahrungswerte. Da sie sich jedoch nach dem FILD-Prinzip richtet, bin ich mir sicher, dass die Erfolgschancen nicht gering sind.

Ich wünsche dir viel Erfolg beim Experimentieren!

The Phase – Die Phase

Der Begriff »The Phase« wurde von Michael Raduga, dem Gründer des »The Phase Research Center« geprägt.

Die Phase ist keine Klartraum-Technik, sondern eine Bezeichnung für eine Schnittmenge aus REM-Schlaf und Bewusstsein.

Dieses Phänomen ist laut Raduga nicht nur die Voraussetzung und Ursache für Klarträume, Außerkörperliche Erfahrungen und Astralreisen bzw. -Projektionen, es bildet außerdem ein Erklärungsmodell für Nahtod-Erfahrungen und Begegnungen/Entführungen mit/durch Außerirdische.

Bei der Phase gibt es auch keine Unterscheidung zwischen Klartraum, Außerkörperliche Erfahrung und Astral Projektion – dies sind lediglich drei Namen für das gleiche Phänomen: die Phase bzw. der Phasenzustand.

Um diesen zu erreichen gibt es die direkten und die indirekten Techniken.

Im deutschsprachigen Raum sind die indirekten unter der Bezeichnung »iWILD« bzw. »indirekter WILD« bekannt.

Im Folgenden werde ich dir »nur« das Grundrezept für den indirekten Ansatz vorstellen. Für den direkten fehlen mir nicht nur Erfahrungswerte, er ist auch für den Anfänger ungeeignet. Außerdem kennst du für den direkten Einstieg mittlerweile schon so einige WILD-Techniken, mit denen selbst der Neuling gute Erfolgschancen hat.

Danken möchte ich Michael Raduga für die Erlaubnis »The Phase« in diesem Buch vorstellen zu dürfen.
Für weitere Informationen empfehle ich dir sein Buch: *THE PHASE, A Practical Guidebook for Lucid Dreaming and Out-of-Body Travel*[16] und natürlich seine englisch-[17] und deutschsprachige[18] Webseite.

Vorgehensweise: Indirekte Technik

Am besten wendest du den indirekten Ansatz an Tagen, an denen du ausschlafen kannst, an – also primär an Wochenenden, im Urlaub oder in den Ferien. Auch für das Mittagsschläfchen ist diese Technik gut geeignet.
Wähl schon am Abend zuvor zwei bis drei Aktivitäten aus, die du im Phasenzustand (Klartraum) durchführen möchtest.
Schritt 1: Geh zu Bett und stell deinen Wecker so, dass er dich nach ca. 6 Stunden Schlaf weckt. Zwischen 4,5 und 7 Stunden ist OK, wenn experimentieren möchtest.

---

[16] https://obe4u.com/files/the_phase.pdf
[17] https://obe4u.com
[18] http://obe4u.com/de

Schritt 2: Wenn der Wecker klingelt, dann verlass das Bett für 3-50 Minuten (WBTB). In dieser Zeit kannst du zur Toilette gehen, ein Glas Wasser trinken, die folgenden Schritte studieren und vielleicht ein paar Trockenübungen mit den Techniken durchführen. Schlaf dabei bitte nicht ein!
Mit den »3-50 Minuten« musst du natürlich etwas experimentieren. Du solltest nicht so wach werden, dass du danach nicht mehr einschlafen kannst. Hast du eh damit Probleme, so wähl eine kurze Wachphase und kürzere vorherige Schlafdauer.
Am besten beginnst du mit 3-5 Minuten, und sollte der Erfolg ausbleiben, kannst du die Zeitspanne in 5-Minuten-Schritten erhöhen.

Schritt 3: Geh nach 3-50 Minuten zurück ins Bett und stell dir vor, wie du einen Trennungsversuch (Schritt 4) und die Zyklen (Schritt 5) nach dem nächsten Aufwachen durchführst. Schlaf mit der Absicht ein: »Wenn ich das nächste Mal aufwache, bleib ich bewegungslos mit geschlossenen Augen liegen und mach die Techniken.«
Da du voraussichtlich noch mehrmals vor dem endgültigen Aufstehen aufwachen wirst, solltest du diese Absichtserklärung vor jedem folgenden Einschlafen wiederholen. Keine Angst, wenn du erst mal damit vertraut bist, dauert dies nur 1-2 Minuten.

Schritt 4: Wenn du das nächste Mal (die nächsten Male) aufwachst, dann bleib ganz ruhig mit geschlossenen Augen liegen und starte einen Trennungsversuch. Tu dies ebenfalls, solltest du dich beim Aufwachen etwas bewegt haben.

Die Chance ist zwar in diesem Fall etwas geringer, dass der Trennungsversuch funktioniert, aber sie ist noch da.
Sollte er klappen, dann Glückwunsch – du bist in der Phase!

Es gibt viele Möglichkeiten, sich von seinem Körper zu trennen. Du kannst **versuchen aufzustehen**, **zur Seite zu rollen** oder **hoch zu schweben**. Du könntest dir auch ein **Seil vorstellen, an dem du dich hochziehst**, oder **versuchen in die Matratze einzusinken**. Das wichtigste dabei ist, es zu tun, ohne dabei einen Muskel zu bewegen.
Dabei ist es weniger ein Vorstellen, sondern ein bewusstes Bewegen des gefühlten (subtilen) Körpers. Es sollte sich wie eine natürliche Bewegung anfühlen.
Da die Chance auf einen erfolgreichen Trennungsversuch in den ersten Sekunden nach dem Aufwachen am größten ist, solltest du dir auch keine Gedanken darüber machen, wie es funktioniert. Du wirst es intuitiv wissen. Tu es einfach!

Zwei meiner Trennungsversuche sind mir im Gedächtnis geblieben, da sie ganz schön abgefahren waren.
Beim Aufwachen aus einem Mittagsschläfchen bin ich dabei in die Couch eingesunken und sah mit geschlossen Augen zu, wie das Polster vor mir hochstieg, während ich abwärts fuhr.
Das zweite Mal war im Urlaub bei einem Nachmittagsschläfchen. Damals wählte ich das Herausrollen für die Trennung. Dabei nahm ich jedoch zu viel Anlauf – ich rollte mich erst etwas nach links und dann energisch nach rechts – fiel aus dem Bett und schlug mit einem lauten Krachen auf dem Boden auf. Alles war so realistisch, obwohl ich

wusste, dass dies nicht wirklich meinem physischen Körper passiert war.

Um die Gunst der ersten Sekunden nach dem Aufwachen zu nutzen, ist es natürlich wichtig, die Trennungsmöglichkeiten zu kennen und ein bis zwei für den möglichen Einsatz ausgewählt zu haben. Ein paar Trockenübungen mit den Gewählten können zudem hilfreich sein.

Sollte die Trennung klappen, dann bist du in der Phase bzw. im Klartraum.
Wenn nicht, dann geht es weiter mit den Zyklen.

Schritt 5: Die Zyklen bzw. Zyklen-Techniken sind dazu da, um zu testen, ob man sich schon in einer Phase befindet oder eine solche einzuleiten.
Dabei führt man schnell hintereinander 2 bis 3 Techniken für ca. 5 Sekunden aus – das ist dann 1 Zyklus – bis eine von ihnen funktioniert. Starte dann einen erneuten Trennungsversuch.
4 Zyklen hintereinander sind die Obergrenze. Bei 3 Techniken würde das Ganze ca. 1 Minute dauern.

Bevor ich dir diesen 5. Schritt anhand eines Beispiels erkläre, stell ich dir vorab 7 mögliche Zyklen-Techniken vor.
Zwei, oder besser 3 von ihnen solltest du für dich auswählen und auch immer mal »trockenüben«.
Wichtig: Bei all diesen Techniken geht es um ein realistisches Vorstellen. Bleib dabei so bewegungslos wie nur möglich.

Führt die 5-Sekunden-Vorstellung zu einer diesbezüglichen sinnlichen Erfahrung (Sehen, Hören, Fühlen) – so gering diese auch sein mag – nimm dir einige zusätzliche Sekunden Zeit sie zu intensivieren und starte einen erneuten Trennungsversuch. Sollte dieser nicht erfolgreich sein oder sich in den ersten 5 Sekunden gar nichts tun, dann wechsle zur nächsten Technik.

Selbst wenn das Intensivieren der sinnlichen Erfahrung nicht klappt, solange diese vorhanden ist, kannst du einen Trennungsversuch starten.

Das Intensivieren führt nicht selten schon zur Trennung und du findest dich in einem Klartraum wieder. In einem solchen Fall solltest du natürlich keine Trennung mehr einleiten.

Schwimmen

Stell dir intensiv vor, dass du schwimmst. Es geht darum, die Schwimmbewegungen so real wie nur möglich zu fühlen.

Rotation

Stell dir intensiv vor, dass dein Körper sich in eine Richtung dreht, ähnlich einer Kompassnadel. Fühl die Drehbewegung so real wie möglich.

Hypnagoge Bilder

Mit geschlossenen Augen schau auf das Schwarz, das du siehst. Sollten in diesem Bilder oder Formen auftauchen beobachte sie, bis sie dir real erscheinen. Damit sie nicht verschwinden, betrachte sie nicht direkt im Detail, sondern schau auf einen Punkt hinter dem Bild oder den Bildern.

Phantombewegungen
Führ mit deinen Händen oder Füßen Wackelbewegungen aus, ohne einen Muskel dabei zu bewegen. Wie bei den Trennungstechniken ist es hier kein Vorstellen, sondern eher ein Tun, nur mit einem kleinen Teil des Körpers.
Einen kompletten Trennungsversuch kannst du starten, wenn der Bewegungsradius der Hände oder Füße 8-10 Zentimeter beträgt.

Hände reiben
Stell dir intensiv vor, wie du deine Hände direkt vor deinen Augen reibst. Vielleicht spürst du ja, wie sich dabei deine Handflächen erwärmen und hörst das Geräusch sich reibender Hände. Auch diese Erfahrung sollte so realistisch wie möglich sein.

Sieh dich im Spiegel
Versuch, dich in einem Spiegel zu sehen. Denk nicht darüber nach, wie man das macht. Tu es einfach.

Etwas in der Hand
Stell dir intensiv vor, wie du etwas dir Vertrautes in der linken oder rechten Hand hältst. Ein Handy, ein Stift, eine Fernbedienung oder etwas Ähnliches. Du solltest genau wissen, wie sich dieser Gegenstand in der Realität anfühlt.
Stell dir vor, wie sich dieser in deiner Hand materialisiert. Spür seine Form, sein Gewicht, die Beschaffenheit seiner Oberfläche.
Mach einen Trennungsversuch, sobald sich die Sinneserfahrung real anfühlt.

Ein Beispiel:
Du hast dich für die Techniken »Schwimmen«, »Hände reiben« und »Etwas in der Hand (Handy)« entschieden und schon einige Zyklen mit ihnen als Trockenübung durchgeführt.
Der Trennungsversuch direkt nach dem Aufwachen war erfolglos und du beginnst jetzt mit den Zyklen.

1. Zyklus:
5 Sekunden »Schwimmen« > Nichts
5 Sekunden »Hände reiben« > Nichts
5 Sekunden »Handy halten« > Nada

2. Zyklus:
Dasselbe Ergebnis

3. Zyklus:
5 Sekunden »Schwimmen« > Nichts
5 Sekunden »Hände reiben« > Nichts
5 Sekunden »Handy halten« > Endlich passiert was:
Du spürst etwas in deiner Hand, etwas von Gewicht und der Form eines Handys. Du versuchst, die Sinneserfahrung zu verstärken, doch dies gelingt dir nicht wirklich.
Trotzdem entscheidest du dich für einen Trennungsversuch, der jedoch misslingt. Aber es gibt ja noch den …
4. Zyklus:
5 Sekunden »Schwimmen« > Nichts
5 Sekunden »Hände reiben« > wieder passiert was:
Du kannst die Hände, wenn auch unscharf, vor deinen Augen sehen. Du intensivierst die Vorstellung und schon nach

wenigen Sekunden werden die Hände klarer sichtbar und du fühlst und hörst das Reiben der Handflächen.
Jetzt startest du einen neuen Trennungsversuch, der diesmal erfolgreich ist.

So könnte Schritt 5 der Indirekten Technik ablaufen.
Ich hör jedoch schon, wie du sagst: »5 Sekunden pro Zyklen-Technik ist aber sehr wenig!?«
Ja, es ist wenig und deshalb sind diesbezügliche Trockenübungen so wichtig. Es geht zudem in diesen ersten 5 Sekunden nicht um ein vollständiges Empfinden des Beabsichtigten. Ein klein wenig fühlen, sehen oder hören ist für den Anfang ausreichend. Für das Intensivieren bzw. Verstärken der Sinneserfahrung(en) gibt es keine zeitliche Vorgabe. Außerdem wirst du fühlen, wann es Zeit für eine Trennung ist, oder wissen, wenn keine mehr nötig ist.

Sollten alle 4 Zyklen erfolglos verlaufen, dann sei nicht traurig. Es werden sich sicher noch weitere Möglichkeiten in dieser Nacht oder an diesem Morgen ergeben.
Schlaf wieder ein mit der Absicht: »Wenn ich das nächste Mal aufwache, bleib ich bewegungslos mit geschlossenen Augen liegen und mach die Techniken.«
In Michael Radugas Buch gibt es Dutzende dieser Zyklen-Techniken. Die sieben, die ich ausgewählt habe, gehören zu den Bekanntesten.
Schritt 6: Du bist in der Phase bzw. im Klartraum.
Im Prinzip kannst du nun alles tun, was du willst. Raduga empfiehlt für die erste Phasenerfahrung als erste Handlung den Blick in einen Spiegel.

Such also nach einem Spiegel, am besten nach einem großen. Vielleicht ist er hinter dir, im Gang oder nächsten Zimmer. Oder schließ einfach kurz die Augen und stell dir vor, wenn du sie wieder öffnest, ist ein großer Spiegel vor dir. Solltest du einen suchen müssen, dann achte auf alles, was du auf dem Weg siehst, hörst oder spürst, um deine Sinneseindrücke zu intensivieren. Du kannst auch etwas in die Hände nehmen, betrachten und fühlen. Ist gerade nichts da, dann reib einfach fortwährend deine Hände. All dies wird die Phase bzw. den Klartraum stabilisieren.

Hast du einen Spiegel gefunden, dann betrachte dich in ihm. Sei darauf gefasst, dass dein Spiegelbild dich nicht unbedingt real abbildet.

Jetzt kannst du tun, was du willst. Ein großer Spiegel hat den Vorteil, dass du ihn als Portal nutzen kannst. Stell dir vor, hinter ihm befindet sich der Ort, an den du willst. Mit dieser Vorstellung geh durch den Spiegel und hab Spaß!

Die Indirekte Technik von Michael Raduga ist sicherlich nicht die einfachste oder leichteste der in diesem Buch vorgestellten Klartraum-Techniken. Sie ist jedoch eine mit einer sehr hohen Erfolgsrate. Diese beträgt schon beim Anfänger bei 1-5 Versuchen 50 %, bei 6-10 Versuchen 80 % und bei 11-20 Versuchen 90 %.

Sie ist auf alle Fälle den Aufwand wert und sei nicht überrascht, wenn es bei dir schon in der ersten Nacht funktioniert.

LDEILD (Lucid Dream Exit Induced Lucid Dream – Durch einen Klartraum-Ausstieg induzierter Klartraum)

Die einfachste Möglichkeit, einen Klartraum zu erzeugen ist – durch einen Klartraum.
Leider ist es so, dass Klarträume oft viel zu schnell vorbei sind. Mit Stabilisierungstechniken hat man zwar die Möglichkeit sie zu verlängern, doch dies klappt nicht immer, so wie gewünscht.
Mit LDEILD hat man die Möglichkeit, einen oder sogar mehrere Klarträume dranzuhängen. Bei mehreren nennt man dies: **Klartraumkette**.

Das Setup:

Du hast einen Klartraum, der sich langsam auflöst. Alle Stabilisierungsmaßnahmen schlagen fehl und du bist kurz vorm Aufwachen.

Die Technik:

Du nimmst dir vor, beim Aufwachen bewegungslos mit geschlossenen Augen liegen zu bleiben.
Du tust dies und kehrst nach wenigen Sekunden – es kann auch mal 1-2 Minuten dauern – bewusst zurück in einen Traum.

Ja, so einfach ist das, und du kannst es so oft wiederholen, wie du willst. Früher oder später wird zwar Feierabend sein, du keine Lust mehr haben oder aufstehen müssen, doch bis dahin wirst du viele unterschiedliche Abenteuer erlebt haben.

In der Regel wirst du dich jedes Mal an einem anderen Ort wiederfinden. Sollte dir jedoch ein Klartraum so gefallen, dass du ihn fortführen willst, dann konzentriere dich nach dem Rauswurf auf dessen vorläufiges Ende. Stellst du dir dies bis zum Wiedereinstieg in allen Einzelheiten vor, dann ist die Chance groß, dass du dahin zurückkehrst.
Ich habe auch mal mit imitierten horizontalen schnellen Augenbewegungen (REM) zwischen zwei Klarträumen experimentiert, jedoch machte dies keinen Unterschied. Vielleicht hilft es jedoch dir, wenn das »nur« bewegungslose Liegenbleiben nicht zufriedenstellend funktioniert.

Erfahrungsbericht Klartraumkette:
Gegen 1:30 Uhr machte ich SSILD, bin jedoch schon nach zwei kurzen Zyklen eingeschlafen.
Es war dann so geschätzt gegen ca. 3:45 Uhr, als mir das erste Mal im Traum bewusst wurde, dass ich träume. Es fing mit einem Albtraum an.
Ich befinde mich in einem Albtraum, in dem mir jemand ein riesiges Kissen auf Brust und Gesicht drückt und ich kaum noch Luft bekomme. Ich versuche mental dieses Kissen von mir wegzudrücken, doch dies gelingt mir nicht.
Ich schreie laut: »Das ist ein Traum! Ich träume!«, und wach auf.
Ich machte dann wieder 1-2 kurze Zyklen SSILD und schlief wieder ein. Kurz darauf hatte ich meinen nächsten Klartraum.
Ich befinde mich auf der linken Tragfläche eines riesigen Propellerflugzeugs. Das Flugzeug steht noch auf der Landebahn, die Propeller sind jedoch schon am Rotieren. Ich denke

mir, wie es wohl wäre, mal durch einen rotierenden Propeller zu gehen. Diesen Gedanken setze ich in die Tat um. Ich gehe auf den Propeller zu und dann, nach einem leichten Zögern, durch ihn hindurch.

Alles, was ich wahrnehme, sind die Verwirbelungen der Luft durch den Propeller. Dass dieser quasi meinen Traumkörper durchschneidet, bekomme ich nicht mit.

Kurz danach bemerke ich, dass ich kurz davor stehe, aus dem Traum heraus gekickt zu werden. Ich beschließe schnell eine Klartraumkette einzuleiten und bleib ganz ruhig liegen.

Dadurch gelingt es mir, ganz schnell in den nächsten Klartraum einzusteigen.

Ich schaffte es sogar, dieses noch 12-13 Mal zu wiederholen. Dabei stand ich schon beim siebten oder achten Mal kurz davor die Kette zu unterbrechen, wollte jedoch meine Bestleistung von acht Klarträumen am Stück übertreffen. So kam ich dann schlussendlich auf insgesamt 14-15 Klarträume in dieser Nacht. Ich schätze mal, wenn man die Zeitdauer aller Klarträume addiert, kam ich auf ca. 45 Minuten.

Im Wesentlichen ging es in dieser Klartraum-Kette, mal abgesehen von dem Propeller-Experiment, um die schönen Dinge des Klartraums: Fliegen, Sex, usw.

Nach dem letzten Klartraum habe ich dann zu stark meine Beine bewegt, was letztlich die Klartraumkette beendet hat.

Jetzt kennst du so einige WILD-Techniken und Methoden, die an WILD angelehnt sind oder WILD-Aspekte beinhalten.

Eine Aufzählung von Klartraumtechniken kann nie komplett sein. Ich denke jedoch, dass die hier Beschriebenen nicht nur die populärsten, sondern auch die erfolgversprechendsten sind. Dies gilt gleichermaßen für die nächsten beiden Kategorien.

SSILD (Senses Initiated Lucid Dream – durch die Sinne initiierter Luzider Traum)

SSILD ist eine moderne Klartraum-Technik, entwickelt von *Cosmic.iron* (Username in einem englischsprachigen Klartraum-Forum) im Jahre 2011. Seine Absicht war es Mitgliedern eines chinesischen Forums das Klarträumen beizubringen. In diesem Forum mit mittlerweile über 80.000 Usern, ist es die populärste Klartraum-Technik.

Mittlerweile gibt es Hunderte von Erfolgsgeschichten nicht nur in den englischsprachigen Foren, was für mich ein Grund war, diese Methode mit in dieses Buch zu nehmen. Danke Cosmic.iron für die Erlaubnis.

Seit Januar 2013 gibt es eine verbesserte SSILD-Version, sozusagen SSILD 2.0.

Ich werde die diesbezügliche Anleitung hier frei in Auszügen übersetzen, da du mit vielen Inhalten und Erklärungen bereits vertraut bist.

Die Philosophie:

Die Idee hinter SSILD war es eine einfache »idiotensichere« Technik zu entwickeln. Die Beherrschung von fortgeschrittenen Techniken wie Entspannung und Visualisieren ist dabei nicht notwendig. Bei SSILD geht es, was das Klarträumen betrifft, nicht um Kunst, sondern um Technik. Man braucht nicht kreativ zu sein, auch wenn es ein wenig Raum für Improvisationen gibt.

Folg einfach den beschriebenen Schritten und du wirst bereit sein. Vermisch es nicht mit anderem Zeugs, denn dies könnte sich negativ auf das Ergebnis auswirken.

Der »Zyklus«

Die Kernkomponente von SSILD nennt man »Zyklus« und jeder Zyklus beinhaltet drei Aspekte:

1. **Fokus auf das Sehen:**
   Schließ deine Augen und richte deine Aufmerksamkeit auf die Dunkelheit hinter deinen geschlossenen Augenlidern. Deine Augenmuskeln sollst du jedoch dabei nicht anstrengen. Deine Augäpfel sollten bewegungslos und ganz entspannt sein. Wenn du nichts siehst, so ist dies vollkommen normal. Versuch nicht, etwas zu sehen, indem du deine Augen bewegst.
2. **Fokus auf das Hören:**
   Lass deine Augen weiterhin entspannt und richte deine Aufmerksamkeit nun auf deinen Ohren. Wenn es in deinem Zimmer ganz leise ist, kannst du möglicherweise Geräusche in deinem Kopf hören oder den Klang deines Herzschlages. Und wenn du nichts Derartiges hörst, so ist es OK nach äußeren Geräuschen zu lauschen.
3. **Fokus auf die Fühlen (Tastsinn):**
   Richte deine Aufmerksamkeit jetzt auf deinen Körper. Fühl ihn. Vielleicht nimmst du ja irgendwelche ungewöhnlichen Sinneseindrücke wahr, wie Kribbeln, Schwere, Leichtigkeit, Drehempfindungen, usw. Solltest du nichts in dieser Art spüren, so versuch das Gewicht der Decke, deinen Herzschlag, die Temperatur der Luft oder etwas Ähnliches zu fühlen.

Die wiederholte Stimulation dieser Sinne ermöglicht es SSILD, deinen Geist und Körper in einen subtilen Zustand zu versetzen, der optimal dafür ist, dass Klarträume natürlich auftreten. Wir sollten dies im Kopf behalten, sodass wir nicht den üblichen Fehler machen, uns während der Zyklen zu sehr anzustrengen. Anfänger wollen immer Dinge sehen, hören oder fühlen. Wenn nichts passiert, dann fühlen sie sich entmutigt oder gar verzweifelt. Vermeide diesen Fehler unter allen Umständen.
Es ist besser, nichts während der Zyklen zu erwarten, als irgendetwas Phänomenales.

Ein kleiner Tipp noch von mir: Bevor du mit SSILD arbeitest, solltest du erst ein paar »Trockenversuche« hinter dir haben, was die Zyklen betrifft.

Die SSILD-Vorgehensweise:

1. Geh früh ins Bett, vorzugsweise vor 23 Uhr. Stell deinen Wecker so, dass er dich nach 4 oder 5 Stunden weckt.
2. Verlass das Bett für 5 bis 10 Minuten. Ich schlage dir vor, in dieser Zeit das Badezimmer aufzusuchen, den Mund auszuspülen, ein wenig herumzulaufen und dich zu strecken. Versuch dabei nicht zu wach zu werden.
3. Geh zurück ins Bett. Leg dich in einer angenehmen Position hin, vorzugsweise eine andere, die du normalerweise einnimmst. Dies soll einfach verhindern, dass du vorzeitig einschläfst. Solltest du jedoch zu den Menschen gehören, die eh schwer einschlafen, dann tut es auch die gewohnte Schlafposition.

4. Führ nun 4-6-mal *schnell* hintereinander den Zyklus durch. Dies dient als Aufwärmübung, sodass wenige Sekunden für jeden einzelnen Aspekt (Sehen, Hören, Fühlen) ausreichend sind.
5. Führ danach den Zyklus 3-4-mal *langsam* hintereinander durch. Dieser Schritt ist der Allerwichtigste. Du solltest dir zusätzliche Zeit für jeden Aspekt nehmen. Dank Schritt 4 solltest du an diesem Punkt hinreichend entspannt sein, was es dir erleichtert, dich auf die Sinne zu konzentrieren. Beispielsweise werden sich deine Augen entspannter anfühlen und möglicherweise gibt es visuelle Erscheinungen, wie Lichter, Farben oder Bewegungen. Vielleicht wirst du auch bemerken, wie äußere Geräusche immer mehr in den Hintergrund verschwinden. Lass dich jedoch davon nicht zu sehr begeistern. Beobachte, was du siehst still und ruhig und nach einer Weile wende deine Aufmerksamkeit dem nächsten Sinn zu. Was das Timing betrifft, so sind wir da sehr flexibel. Die Zeitdauer für einen Aspekt sollte jedoch im Allgemeinen nicht weniger als 30 Sekunden betragen (ein Zyklus also nicht weniger als 90 Sekunden).

   Während der langsamen Zyklen wirst du vielleicht von willkürlichen Gedanken leicht abgelenkt. Dies ist ein Zeichen dafür, dass du kurz davor bist einzuschlafen. Unterdrücke diese Gedanken nicht – sie sind deine Freunde. Stell dir vor, sie wären sanfte Wellen und lass sie dich tragen und wegspülen von der Küste der Wirklichkeit. Gelegentlich wirst du gewarnt werden und realisieren, dass du den Faden verloren hast, was die Übung betrifft. Keine Sorge. Fang einfach wieder am

Anfang eines Zyklus an, das ist vollkommen in Ordnung.

6. Nach den 3-4 langsamen Zyklen kehre zu deiner angenehmsten Schlafposition zurück und schlaf so schnell wie möglich ein. Denk nicht so viel und mach dir keine Sorgen, ob es funktionieren wird. Je schneller du einschläfst, desto besser wird es funktionieren. Hab Vertrauen!

Was passieren kann:

Die Charakteristik von SSILD ist, dass es weder eine WILD- noch DILD-Technik ist. SSILD ist ein Hybrid. Als solche ist es wichtig, sich mit den verschiedenen möglichen Szenarien vertraut zu machen, um die Chancen zu maximieren.

- Hypnagoge Erscheinungen: Diese können während der Zyklen auftreten. Ruhig bleiben, beobachten und nutzen. Wie, weißt du ja bereits.
- Falsches Erwachen: Auch hier weißt du, was zu tun ist – RC.
- DILD: Wenn du von SSILD einschläfst, steigst du in deine Träume mit einer höheren Aufmerksamkeit ein. Als Resultat kommt es zu Klarträumen. Dies nennt man auch DILD (Dream Initiated Lucid Dream – durch einen Traum initiierter Luzider Traum). Mit erhöhter Aufmerksamkeit werden dir Merkwürdigkeiten in deinen Träumen auffallen und du folglich klar werden. Es ist ebenfalls gut möglich, dass ein spontaner Klartraum eintritt – du wirst plötzlich klar ohne ersichtlichen Grund.
- Wirkliches Erwachen: Du wachst wieder auf, nachdem du SSILD getan hast. Du machst einen RC und es ist die

Wirklichkeit. Verzweifle nicht. Du hast immer noch Chancen. Versuch ruhig zu bleiben und entspann sogleich deinen Kopf. Erlaub ihm zurück in das Kissen zu sinken. Führ daraufhin einige zusätzliche mittellange Zyklen durch. In diesem Stadium ist es gut möglich, dass du starken hypnagogen Erscheinungen begegnest. Wenn nicht, dann schließ die Zyklen ab und schlaf ein. Diesmal hast du eine noch höhere Chance erfolgreich zu sein.

Fragen (F) und Antworten(A):

F: Kann ich SSILD auch zur gewohnten Zubettgehzeit machen?

A: Natürlich kannst du, aber es wird nicht funktionieren. Wenn du »normal« ins Bett gehst, startest du typischerweise mit vielen und langen Nicht-REM-Phasen, die alles andere als ideal für Klarträume sind. Das Acetylcholin-Niveau (ein wichtiger Neurotransmitter bezüglich des Klarträumens) ist in den ersten Schlafstunden außerdem sehr niedrig. Versuchst du in dieser Zeit klarzuträumen, so ist dies verschenkte Zeit. Dies ist übrigens der häufigste Fehler, den praktisch jeder Klartraumanfänger macht.

Anmerkung von mir: Hier bin ich nicht ganz einverstanden mit der Antwort von *cosmic.iron*. Es gibt viele Berichte von Klarträumern, die SSILD erfolgreich zur gewohnten Zubettgehzeit angewendet haben. Ich gehöre übrigens auch dazu. In jeder Schlafphase gibt es REM- bzw. Traum-Phasen. Klarträume sind somit schon in den ersten Schlafstunden gut möglich. Durch SSILD hatte ich schon Klarträume wenige Minuten nach dem Einschlafen. Ich schiebe

dies in erster Linie auf den WILD-Effekt, da SSILD auch effektiv als WILD-Einstieg verwendet werden kann.
Das Schlafphasen-Modell ist dazu in erster Linie ein Durchschnitts-Modell und nicht auf den Einzelnen zu 100 % anwendbar.

F: Sollte ich spät zu Bett oder früh aufstehen müssen, kann ich dann trotzdem SSILD machen?
A: Ich empfehle dir, SSILD nur zu machen, wenn du ausreichend Zeit hast. Auch wenn die Durchführung nicht lange dauert, so wirst du wertvolle Schlafzeit verlieren. Für Menschen, die nie genug schlafen, gibt es ja immer noch die arbeitsfreien Tage für SSILD.

F: Kann ich andere Atem-, Meditations- oder Entspannungstechniken mit SSILD kombinieren, sie während oder vor dem Prozess anwenden?
A: Wie ich schon erwähnte, geht es bei SSILD um Konditionierung. Du konditionierst deinen Geist und Körper in einen Zustand, der optimal dafür ist, dass Klarträume natürlich auftreten. Dieser Zustand ist allerdings sehr heikel. Mixt du andere Methoden dazu, so kann dies negative Auswirkungen darauf haben und den Erfolg schmälern oder gar verhindern. Wenn du einmal mit der Technik bestens vertraut bist, kannst du gerne eine eigene Vorgehensweise kreieren. Von dem Anfänger erwarte ich jedoch, dass er sich an die Instruktionen in dieser Anweisung hält.

F: Ich bekomme dieses Jucken ... Wieso soll ich regungslos liegen?

A: *Du musst nicht stillliegen*. Wenn es juckt, dann kratz dich. Wenn du dich drehen willst, dann dreh dich. Bei SSILD solltest du so angenehm liegen wie möglich. Mach einfach einen zusätzlichen Zyklus um die Unterbrechung zu kompensieren. Dies ist einer der Hauptvorteile gegenüber praktisch allen anderen Methoden.

Anmerkung von mir: Ich denke cosmic.iron spricht hier von den WILD-Techniken, bei denen man möglichst regungslos verharren soll.

F: Meine Augen fühlen sich angestrengt an und schmerzen bei dem Fokussieren auf das Sehen ...
A: Erinnere dich, du sollst nicht erwarten, etwas zu sehen. Entspann dich, entspann deine Augenmuskeln. Deine Augäpfel sollen ruhen, stillstehen. Mach ein paar schnelle Zyklen, wenn du damit Probleme hast.

F: Wenn ich SSILD mache, bekomme ich danach Schlafprobleme ...
A: SSILD kann, korrekt ausgeführt, Schlafstörungen kurieren. Es gibt eine bemerkenswerte Ähnlichkeit zwischen SSILD und Betty Erikssons Selbsthypnoseübung. Zurück zur Frage. Als Erstes müssen wir identifizieren, über was wir hier genau reden. »Echte Schlaflosigkeit« oder »Falsche Schlaflosigkeit«. Erinnere dich, dass SSILD dieses superrealistische Falsche Erwachen verursachen kann. Es ist sehr gut möglich für dich, in ein Falsches Erwachen zu geraten, während du gerade die Zyklen durchführst. In einem solchen Fall versuchst du, natürlich wieder einzuschlafen – obwohl du schon schläfst! Wenn du das nächste Mal wäh-

rend eines Zyklus nicht einschlafen kannst, dann mach einen Realitäts-Check, egal wie überzeugt du davon bist, wach zu sein. Menschen, bei denen SSILD wirklich zu Schlafmangel führt, empfehle ich, die Vorgehensweise folgendermaßen zu optimieren: 1. Reduzier den Umfang des Schlafs, bevor du aufwachst, um SSILD zu machen (Schritt 1). 2. Reduzier die Wachzeit, die du direkt vor der Übung verbringst (Schritt 2).

So, jetzt habe ich doch fast die gesamte Anweisung übersetzt und ich muss sagen – es gibt Dinge, die machen mehr Spaß.

Bevor ich gleich zu DILD komme, noch ein Bericht von meiner ersten SSILD-Erfahrung. Im Mai 2013 habe ich diesen im deutschen Klartraum-Forum gepostet. Erstens kannst du daraus lernen, dass es wichtig ist, Anweisungen vollständig zu lesen und zweitens sich daran zu halten. Interessante Erfahrungen macht man bisweilen jedoch auch, wenn man sich nicht daran hält.

Ich habe es beispielsweise beim normalen Einschlafen mit SSILD probiert und ich ging davon aus, dass man dabei regungslos liegen muss (muss man nicht, wie du jetzt weißt).

Mein SSILD-Ersterfahrungsbericht:

Um mich an den SSILD-Ablauf zu gewöhnen, habe ich schon gestern Nachmittag einen »Trockendurchgang« gemacht. Die ersten kurzen Zyklen waren dabei nicht so berauschend, sind jedoch meiner Empfindung nach wichtig für die folgenden längeren, in der interessante und fantastische Bilder auftauchten, als ich es zuließ.

Ich bin daraufhin nicht eingeschlafen, war jedoch wunderbar entspannt, als ich wieder aufgestanden bin. SSILD eignet sich also für mich auch als Entspannungsmethode.

Nun die nächtlichen Erfahrungen.
Bevor ich gegen 1:00 Uhr heute Morgen einschlief, machte ich etwa vier kurze und drei lange Zyklen SSILD.
Etwa 60 Minuten danach habe ich einen Traum, in dem ich vor einem riesigen Monitor sitze und Bilder bearbeitete (das tue ich übrigens zurzeit auch sehr intensiv am Tag). *Plötzlich ist der virtuelle Bildschirm eingefroren und dies bringt mich auf die Idee zu einem RC.*
Zu 99 % Prozent verwende ich da immer den »Finger durch die andere Hand«-Test.
Doch diesmal habe ich damit Probleme. Ich kann meine Hände nicht aufeinander zuführen.
OK, denke ich, du liegst ja auch im Bett und bist paralysiert. Schlagartig ändert sich die Umgebung und ich befinde mich bewusst in einer Schlafparalyse mit geschlossenen Augen in vollkommener Dunkelheit.
Interessanterweise habe ich dabei keine Angst und befinde mich schnell wieder in einem Traum, in dem ich dann, mit etwas Mühe, meinen RC machen kann, der funktioniert. Jetzt will ich etwas »Spaß« haben und »bestelle« mir eine hübsche Frau, die dann gleich mit dem Auto angefahren kommt und die Fensterscheibe herunterlässt (sie sitzt hinten links). Als ich sie sehe, denke ich interessanterweise: »Die kenne ich doch aus einem früheren Klartraum.« Ich spreche Sie an bezüglich Sex und ... Dieser ist jedoch anders und weniger »befriedigend« als in früheren Klarträumen, da ich

immer noch eine Lähmung meines Körpers verspüre (vielleicht war ich ZU wach?). Es folgt ein Falsches Erwachen und auch diesmal habe ich durch die Lähmung Probleme mit dem RC, der dann schließlich doch funktioniert.
Der vorherige Traum geht weiter (immer noch mit Lähmungserscheinungen) und es folgt, leider viel zu früh, ein richtiges Erwachen um 02:17 Uhr (ich sah direkt auf die Uhr).
Ich ging dann ins Badezimmer und schlief dann nach zwei längeren SSILD-Zyklen wieder ein. Ich hatte einen intensiven Traum (keinen Klartraum), wachte wieder auf, konnte mich an den Traum erinnern (war zu faul um ihn aufzuschreiben). Wieder ein längerer Zyklus, intensiver Traum, aufgewacht (zu faul zum Aufschreiben) usw. Insgesamt hatte ich vier intensive Träume, jeweils mit Erinnerung nach dem gleich darauf folgenden Aufwachen. Die Träume habe ich jedoch schnell wieder vergessen, auch den letzten, kurz nach dem endgültigen Aufstehen. Der eine Klartraum ist, wie ihr seht, noch gut präsent.

Mein erstes Fazit:
Ich finde die SSILD-Technik sehr, sehr interessant. Keine andere Methode hat bei mir je schon in der ersten Nacht so viel Wirkung gezeigt.
Die WILD-Erfahrung fand ich sehr aufschlussreich. Dass ich während der bewusst erlebten Schlafparalyse ganz ruhig blieb, hat mich einen großen Schritt weiter gebracht.
Auch hat SSILD großes Potenzial, was die Traumerinnerung betrifft, wenn man nicht, so wie ich, nachts und am Morgen so schreibfaul ist.

SSILD erinnert mich ein wenig an ADA (All Day Awareness). Man könnte es gut auch ANA (All Night Awareness) nennen.
Übrigens ist mir im Wachzustand kein Klartraum mit der Frau eingefallen, von der ich dachte, ich kenne sie aus einem früheren Klartraum. Dies dachte ich mir schon nach dem ersten Aufwachen. Vielleicht kann man sich ja in einem Klartraum an frühere erinnern, die man schon wieder vergessen hat?

SSILD ist meine Lieblingstechnik. Mit ihr allein hatte ich in den letzten 6 Jahren sicherlich an die 300 Klarträume.

Zur Klarheit führende Techniken

Unter den »zur Klarheit führenden Techniken« versteht man in erster Linie Methoden, die die Voraussetzungen schaffen, dass aus einem normalen Traum ein Klartraum wird. Diese werden unter dem Oberbegriff DILD (Dream Initiated Lucid Dream – durch einen Traum initiierter Luzider Traum) zusammengefasst.
Bis auf die WILD-Techniken sind dies quasi schon mal ALLE Techniken, Übungen und Experimente, die du bisher kennengelernt hast. Sie alle dienen dem Zweck im Traum bewusst zu werden, zu erkennen, dass man träumt. Schlafrhythmus bzw. Schlafunterbrechung, Traumtagebuch und Realitäts-Checks spielen dabei die größte Rolle.

Im Folgenden werden ich noch ein paar weitere DILD-Techniken beschreiben, die erwiesenermaßen großes Erfolgspotenzial haben.

MILD (Mnemonic Induction of Lucid Dreams – durch die Erinnerung induzierte Luzide Träume)

MILD wurde von Stephan LaBerge vom Lucidity Institut entwickelt. Nicht nur, dass diese Technik sehr effektiv ist, sie ist auch sehr gut geeignet für den Klartraumanfänger.
Voraussetzung ist jedoch eine gute Traumerinnerung. Man sollte sich schon durchschnittlich an einen Traum pro Nacht erinnern.

Ein **prospektives** (zukünftiges) **Gedächtnis** (Erinnern) ist ebenfalls hilfreich.
Ich merk schon, du willst zur nächsten Technik springen.
Keine Angst. Das ist nichts Schlimmes oder Kompliziertes.
Im Prinzip bin ich im Kapitel »Reality-Checks (RCs)« schon darauf eingegangen.
Es geht darum, eine Absicht für eine zukünftige Handlung zu setzen und diese dann zum beabsichtigten Zeitpunkt in der Zukunft selbstständig auszuführen.
Hier mal ein Beispiel:
Du setzt die Absicht: Jedes Mal, wenn ich in den Badezimmer-Spiegel schaue, mach ich einen RC.
Wie oft wirst du dich wohl an diese Absicht erinnern, wenn du dann in der Zukunft in ihn schaust, ohne jegliches Hilfsmittel wie beispielsweise ein Klebezettel?
Je besser dein prospektives Gedächtnis ist, je öfter wirst du dich daran erinnern.
Das zukünftige Erinnern kann man trainieren und die Beispiele aus dem RC-Kapitel sind schon mal ein guter Anfang.
Du könntest jedoch zusätzlich ein paar Wochen auf den Einkaufszettel, den Terminkalender (ob digital oder Old School) und die Alarm-Funktion des Smartphones verzichten, wenigstens bei den nicht ganz so wichtigen Dingen.

Ein besseres prospektives Gedächtnis im Wachleben führt zu einem besseren prospektiven Gedächtnis im Schlaf.
Mach doch am nächsten Wochenende einmal den folgenden Test:
Setz am Freitag- und/oder Samstagabend vorm Einschlafen die Absicht: Morgen früh wach ich um pünktlich um 7 Uhr auf!

Wenn du dies ohne Wecker oder andere Hilfe schaffst, dann funktioniert dein prospektives Gedächtnis im Schlaf schon sehr gut. Wenn nicht, dann trainier noch ein wenig.
Nicht nur für das WBTB oder WSIB ist ein gutes zukünftiges Erinnern sehr hilfreich – viele Klartraum-Techniken können davon profitieren, insbesondere, wenn dabei Affirmationen bzw. Autosuggestionen im Spiel sind.

Die MILD-Vorgehensweise[19]:

Die MILD-Technik verwendet das prospektive Gedächtnis – sich daran zu erinnern in der Zukunft etwas zu tun (zu bemerken, dass du träumst). Dr. LaBerge entwickelte diese Technik für seine Doktorarbeit und nutzte sie, um nach Belieben Klarträume zu erzeugen.
Die richtige Zeit, um MILD zu üben, ist nach dem Erwachen aus einem Traum, bevor man wieder einschläft. (Modifiziert von EWLD (Stephan LaBerge, Ph.D. & Howard Rheingold, *Exploring the World of Lucid Dreaming*[20]), S. 78)

Schritt 1: Absicht: Traum-Erinnerung

Setz vor dem normalen Einschlafen die Absicht, dass du aus deinen Träumen erwachst und dich an sie erinnerst.
Wenn du dann aus einem Traum erwachst, erinnere dich so vollständig wie möglich an ihn.

Schritt 2: Absicht: Den Traum als Traum erkennen

---

[19] Frei übersetzt von www.lucidity.com/LucidDreamingFAQ2.html#mild

[20] Dieses Buch gibt es mittlerweile auch auf Deutsch mit dem Titel: *Träume, was du träumen willst: Die Kunst des Luziden Träumens*

Konzentrier dich beim Wiedereinschlafen auf deine Absicht, dich daran zu erinnern, zu erkennen, dass du träumst.
Sag zu dir selbst wiederholt: »Das nächste Mal, wenn ich träume, werde ich mich daran erinnern, dass ich träume!«, wie ein Mantra. Gib den Worten eine wirkliche Bedeutung und konzentrier dich ausschließlich auf die Absicht. Wenn du bemerkst, dass du an etwas anderes denkst, lass es los und bring deinen Geist zurück zu deiner Absicht.

Schritt 3: Sieh dich selbst klar werden
Während du dich weiterhin auf deine Absicht konzentrierst – dich daran zu erinnern, dass du träumst, stell dir vor, dass du wieder in dem Traum bist, aus dem du gerade erwacht bist (oder einem anderen, den du kürzlich hattest, wenn du dich nicht an einen Traum beim Erwachen erinnerst). Stell dir vor, dass du diesmal erkennst, dass du träumst. Achte auf ein Traumzeichen – etwas im Traum, das deutlich zeigt, dass es ein Traum ist. Wenn du es siehst, sag zu dir selbst: »Ich träume!«, und setz deine Fantasie fort. Stell dir vor, du verwirklichst deine Pläne für deinen nächsten klaren Traum. Wenn du zum Beispiel in deinem Klartraum fliegen willst, stell dir vor, du fliegst, nachdem du in deiner Fantasie zu dem Punkt gekommen bist, an dem du klar wurdest.

Schritt 4: Wiederholen, bis deine Absicht gesetzt ist
Wiederhole die Schritte 2 und 3, bis du entweder einschläfst oder dir sicher bist, dass deine Absicht gesetzt ist. Wenn du beim Einschlafen an etwas anderes denkst, dann wiederhole das Verfahren, damit das Letzte, was du vor

dem Einschlafen im Geist hast, deine Absicht ist, dich daran zu erinnern, das nächste Mal zu erkennen, dass du träumst.

Abschließend zu MILD noch ein paar Anmerkungen von mir.
Nicht immer wirst du direkt aus einem Traum erwachen oder den gerade geträumten noch in Erinnerung haben. Habe also auf der Festplatte in deinem Kopf immer einen aus der Vergangenheit (Traumtagebuch) parat, den du schnell abrufen kannst.
Habe, und dies gilt nicht nur für MILD, schon bevor du zu Bett gehst, immer eine genaue Vorstellung von dem, was du in deinem nächsten Klartraum anstellen willst.
Auch wenn es der Plan nicht vorsieht, so kann es bei MILD zu einem direkten Einstieg aus dem Wachzustand (WILD) in einen Klartraum kommen. Dies ist jedoch etwas, wogegen man sich nicht unbedingt wehren sollte.

Die beiden nächsten DILD-Techniken stammen aus Robert Waggoners populärem Buch für fortgeschrittene Klarträumer, *Lucid Dreaming: Gateway to the Inner Self*[21] und können ebenfalls auf der *Lucid Dreaming Experience* Magazin-Webseite[22] gefunden werden.
Ich habe die beiden Techniken frei ins Deutsche übersetzt. Herzlichen Dank, Robert, dass ich sie in diesem Buch vorstellen darf.

---

[21] www.lucidadvice.com

[22] www.dreaminglucid.com/how-to-lucid-dream

Waggoners modifizierte Castaneda-Technik: Finde Deine Hände

Die konsequente Anwendung des Ansatzes von Carlos Castaneda, jede Nacht vor dem Schlafengehen, ist der Grund, warum ich meinen ersten Klartraum hatte. Ich glaube, es funktioniert, indem es eine einfache gedankliche Verbindung zwischen Reiz und Reaktion herstellt. Wiederholtes Üben verstärkt die Verbindung zwischen dem Reiz (dem Anblick der Hände) und der Reaktion (»Das ist ein Traum!«).

Die Vorgehensweise:

1. Vor dem normalen Einschlafen oder noch besser nach einem WBTB setz dich aufrecht auf dein Bett und entspann dich.
2. Schau mit sanftem Blick auf deine Hände und sag in einer liebevollen Art und Weise zu dir: »Heute Nacht, während ich träume, werde ich meine Hände sehen und erkennen, dass ich träume.«
3. Schau weiterhin sanft auf deine Hände und wiederhole weiter die Affirmation: »Heute Nacht, während ich träume, werde ich meine Hände sehen und erkennen, dass ich träume.«
4. Lass deinen Blick unscharf werden, indem du Deinen Augen erlaubst, sich zu kreuzen. Bleib entspannt und wiederhole weiter: »Heute Nacht, während ich träume, werde ich meine Hände sehen und erkennen, dass ich träume.«
5. Nach etwa fünf Minuten oder dann, wenn du dich zu schläfrig fühlst, beende ruhig das Training.

6. Wenn Du mitten in der Nacht aufwachst, erinnere dich an deine Absicht, deine Hände zu sehen und zu erkennen, dass du träumst. Versuch, dich an deinen letzten Traum zu erinnern. Hast du deine Hände gesehen?
7. Irgendwann in einem Traum werden plötzlich deine Hände vor dir auftauchen und du wirst sofort die Verbindung herstellen: »Dies ist ein Traum!« Versuch, ruhig zu bleiben und die Traumumgebung zu erkunden. Wenn du später aus deinem Klartraum erwachst, nimm dir einen Moment Zeit und schreib ihn in dein Traumtagebuch – schreib den gesamten Traum. Wie du gemerkt hast, dass du träumst. Was du getan hast, während du dir bewusst warst, dass du träumst, usw. Glückwunsch!

Als ich zum ersten Mal diese Anweisung las, sind bei mir ein paar Fragen offengeblieben. Aus diesem Grund noch ein paar Anmerkungen von mir:
Zu Schritt 2: Ich denke, es ist nicht wichtig, ob man dabei auf seine Handrücken oder Handinnenflächen schaut. Ich würde jedoch Letztere bevorzugen.
Zu Schritt 4: Anstatt die Augen zu kreuzen (schielen), kann man Folgendes tun, damit der Blick unscharf wird:
Entferne die Hände etwas voneinander. Um beide Hände dann sehen zu können, muss sich dein Blickfeld erweitern. Die Folge – ein sanfterer und unscharfer Blick, der deine Augen jedoch nicht anstrengen sollte. Im Traum wirst du deine Hände auch nicht kristallklar wahrnehmen.
Zu Schritt 5: Nach dem Training sollte natürlich das Einschlafen folgen. Die Affirmation »Heute Nacht, während ich träume, werde ich meine Hände sehen und erkennen, dass

ich träume.«, sollte man jedoch weiter im Geiste, quasi als Endlosschleife, weiterlaufen lassen, bis man eingeschlafen ist.

Zusätzlich: Um die Chancen auf einen Klartraum weiter zu erhöhen, ist es hilfreich, wenn du jedes Mal, wenn du am Tage zufällig auf deine Hände blickst, einen RC machst.

Tipp: Sicherlich ist dir schon aufgefallen, dass, wenn es ums Klarträumen geht, viel mit Affirmationen bzw. Autosuggestionen gearbeitet wird. Dies gilt auch allgemein, wenn es um das Erreichen von Zielen geht.

Wenn möglich, soll man eine Affirmation mehrmals hintereinander laut aussprechen und das mehrmals täglich für mindestens 21 Tage.

Vor vielen Jahren berichtete mir ein guter Freund von einer weiteren Variante, die ich sehr interessant finde.

Bei dieser spricht man die Affirmation zuerst 9-mal laut aus, danach 9-mal im Flüsterton und abschließend 9-mal im Geiste.

Dies hat den Vorteil, dass bei »laut«, »flüstern« und »im Geiste« jeweils ein anderer Teil des Gehirns angesprochen wird, was die Wirkungsweise verstärkt. Dies ist jedenfalls mein Erklärungsmodell.

Sollte dir für »9-mal« die Zeit nicht reichen, so sind 3- oder 6-mal eine gute Alternative. Selbst 1-mal ist besser als kein-mal.

Dreimal täglich ist eine gute Vorgabe für das Aufsagen von Affirmationen, vorzugsweise kurz nach dem Aufwachen, einmal während des Tages und noch mal vorm Zubettgehen oder noch besser Einschlafen.

Es gibt jedoch auch Affirmationen, bei denen es keinen Sinn macht sie kurz nach dem morgendlichen Aufwachen auszusprechen und damit sind wir schon bei der zweiten Technik von Robert Waggoner.

Suggestion – Autosuggestion

Leer deinen Geist. Entspann dich. Wiederhole aufmerksam eine der folgenden Affirmationen:
»Heute Nacht in meinen Träumen erkenne ich, dass ich träume, und werde bewusst.«
Oder:
»Wenn ich heute Nacht in meinen Träumen etwas Seltsames sehe, erkenne ich, dass ich träume und werde bewusst.«
Oder fülle die Lücke mit einem Traumzeichen aus, das in deinen Träumen sowohl häufig vorkommt als auch ungewöhnlich ist (zum Beispiel, wenn deine tote Tante Ruth in deinen Träumen häufig vorkommt):
»Wenn ich heute Nacht in meinen Träumen ... (meine verstorbene Tante Ruth) sehe, erkenne ich, dass ich träume und werde bewusst.«
Stell dir abschließend vor, wie du am Morgen glücklich deinen Klartraum notierst!

Ein paar Anmerkungen von mir zu dieser Technik.
Ich habe das Ende der Affirmationen »become consciously aware« mit »werde bewusst« übersetzt. Ich persönlich würde eher »werde klar« verwenden.

Diese Autosuggestionen sind natürlich eher etwas für den Nachmittag und die Zubettgehzeit bzw. für kurz vor dem normalen Einschlafen.
Solltest du diejenige, die du gewählt hast, zusätzlich noch vor dem Einschlafen nach einem WBTB oder WSIB am frühen Morgen anwenden wollen, so musst du diese noch etwas anpassen. Beispielsweise so:
»Das nächste Mal, wenn ich träume, erkenne ich, dass ich träume und werde bewusst/klar.«
»Das nächste Mal, wenn ich in meinen Träumen etwas Seltsames sehe, erkenne ich, dass ich träume und werde bewusst/klar.«
»Das nächste Mal, wenn ich in meinen Träumen ... (meine verstorbene Tante Ruth) sehe, erkenne ich, dass ich träume und werde bewusst/klar.«

The Rausis Method – Die Rausis-Methode

Die Rausis-Methode[23] stammt von dem Bewusstseins-Forscher, Mental-Coach und Hypnotiseur Jean Rausis[24].
Ich habe mir lange überlegt, wohin diese neuere Technik am besten passt und mich letztendlich für hier entschieden. Sie würde sich jedoch ebenfalls für die Rubriken »Schlafrhythmus« oder »Externe Hilfsmittel« eignen.
Herzlichen Dank an Jean Rausis für die Erlaubnis, seine Technik in diesem Buch vorstellen zu dürfen.

Das Setup:

---

[23] https://www.luciddreamsociety.com/the-rausis-method
[24] https://www.linkedin.com/in/jeanrausis

Um das Technische (Hardware, App) musst du dich kümmern. Wenn du die Anweisungen gelesen hast, weißt du, was du diesbezüglich brauchst. Ein Smartphone mit einer App, wie »Alarm Clock Xtreme« (Android) oder »Alarm Clock Bud« (iOS) wäre schon mal eine gute Wahl. Eine Kombination von Smartphone und normalem Wecker eine weitere Möglichkeit.

Du brauchst 2 verschiedene Alarmtöne und 2 Alarmzeiten. 3 Alarmzeiten, wenn du fürs Aufwachen am Morgen einen Alarm benötigst.

Der erste Alarmton sollte dich aufwecken, also der sein, den du normalerweise fürs Aufwachen verwendest. Der zweite sollte ein »Außengeräusch« sein, wie Glockenläuten, Vogelzwitschern, Meeresrauschen, Wasserfall usw.

Die Lautstärke des zweiten Wecktons sollte so eingestellt sein, dass er gut hörbar ist, dich jedoch nicht aufweckt. Er sollte automatisch nach 20 bis 30 Sekunden wieder ausgehen.

Den ersten Alarmton stellst du so ein, dass er dich etwa 2 Stunden vor und wenn nötig zum normalen Aufstehen weckt.

Musst du um 8 Uhr raus, dann wären dies 6:00 und 8:00 Uhr. Den Wecker oder das Smartphone solltest du so platzieren, dass du den Weckton ohne großen Aufwand ausstellen kannst. In deinem Schlafzimmer sollte es beim ersten Wecken so dunkel sein, dass du nicht zu wach wirst. Du solltest nach dem Aufwachen gleich wieder einschlafen können.

Der zweite Alarmton (Außengeräusch) sollte 3 Minuten nach dem ersten Wecken angehen. In unserem Fall wäre dies um 6:03 Uhr.

Die Technik:

Wenn das Smartphone oder der Wecker dich das erste Mal (6:00 Uhr) weckt, schaltest du den Weckton aus und versuchst schnell wieder einzuschlafen, mit der Absicht: »Im nächsten Traum höre ich … (z. B. Glockenläuten) und erkenne dadurch, dass ich träume.«
Oder alternativ: »Im nächsten Traum höre ich … (z. B. Glockenläuten), mach einen RC und werde klar.«

Das war es schon. Solltest du im Traum bewusst werden, dann empfiehlt Rausis als Erstes die Handfläche einer Hand genau zu betrachten, um den Klartraum zu stabilisieren. Erst wenn man diese klar und deutlich sieht, sollte man das Blickfeld nach und nach erweitern.

Natürlich sind alle Zeitangaben nur Ausgangswerte. Solltest du Probleme mit dem Wieder-Einschlafen nach dem ersten Wecken haben, so lass dich etwas früher (2,5 oder 3 Stunden vor dem Aufstehen) wecken.
Die größte Chance auf Erfolg hast du, wenn du während einer Traumphase geweckt wirst. Durch das kurzzeitige Wachsein beendest du diese nicht, sondern drückst quasi nur die Pausetaste. Sobald du wieder einschläfst, geht das Träumen weiter und das ist genau das, was wir wollen. Experimentier diesbezüglich mit der ersten Weckzeit.
Solltest du zwar wieder einschlafen können, jedoch nicht so schnell, dann experimentiere mit 5, 10 oder 15 Minuten anstatt der 3. Dies ist generell das Erste, was du tun solltest, wenn es nicht so klappt wie gewünscht.

Als Zweites könntest du die Lautstärke des zweiten Alarmtons (Außengeräusch) erhöhen oder einen anderen nehmen.
Auf dieses »Außengeräusch« könntest du dich natürlich zusätzlich noch konditionieren. Viele Klartraum-Apps haben eine Reality-Check-Funktion, die mit externen Audio-Dateien arbeitet. Diesen Timer könntest du so einstellen, dass er dich mit deinem gewählten »Außengeräusch« 5-10-mal am Tag an einen RC erinnert.

Laut Rausis hat seine Methode eine sehr hohe Erfolgsquote. Schließ nicht aus, dass es auch bei dir schon bei der ersten Anwendung funktioniert.

LILD (Lucid Induced Lucid Dream – Durch Luzidität induzierter Klartraum)

Das Ziel von LILD ist, in einem Klartraum den Grundstein für weitere zu legen, und sollte deshalb ganz oben auf deiner Liste mit Klartraum-Aktivitäten stehen.
Bevor du LILD in einem deiner nächsten Klarträume anwendest, mach erst einmal ein paar Trockenübungen mithilfe der folgenden Anweisung.

Die Technik:

Du bist in einem Klartraum, in dem es auch ein paar Traum-Charaktere gibt. Wähl einen von ihnen, der dir vertrauenswürdig erscheint, nimm Augenkontakt auf und wenn ihr euch sichtlich sympathisch seid, geh auf ihn zu. Ein Traum-Charakter muss kein menschliches Wesen sein.

Vielleicht ist es ein Tier oder eine Pflanze. Mit einer Person ist die Anwendung dieser Technik jedoch am einfachsten.
Wenn du vor dem gewählten Traum-Charakter stehst, dann frag ihn, ob er dazu bereit wäre, wenigstens 1-mal pro Nacht in einem deiner Träume zu erscheinen und dir zu sagen, dass du träumst. Er soll dich zudem zu einem RC animieren und solange »dranbleiben«, bis dir wirklich bewusst ist, dass du träumst.
Willigt er freudig ein, dann schließ den »Vertrag« mit einem Handschlag ab. Wenn nicht, dann versuch es bei einem anderen Traum-Charakter oder geh mit dem ersten in Verhandlung. Vielleicht möchte er ja eine Gegenleistung oder 1-mal pro Nacht ist zu viel für ihn, 3-4-mal die Woche jedoch machbar. Besiegel den Kompromiss mit einem Handschlag.
Nicht immer wird in einem Klartraum ein Traum-Charakter da sein. In einem solchen Fall, lass einfach einen erscheinen. Schließ die Augen und stell dir vor, dass, wenn du sie gleich wieder öffnest, die perfekte Person für den Job vor dir stehen wird. Damit du sie in deinen nächsten Träumen nicht übersiehst, wäre zusätzlich »attraktiv« und »nackt« sicher nicht verkehrt. Warum nicht das Nützliche mit dem Angenehmen verbinden?

Alternativ zu einer Person, könntest du auch ein Tier, eine Pflanze, einen Gegenstand oder den Traum selbst für den Job beauftragen. Oder sprich im Traum den Teil an, der für die Bewusstwerdung verantwortlich ist.
Eine weitere Möglichkeit wäre, ein Schild aufzustellen mit dem Schriftzug: »Das ist ein Traum! Mach einen RC!«

Beauftrage dein Unterbewusstsein danach, dass dieses Schild ab jetzt in jedem deiner Träume da sein soll.

Sicherlich fallen dir noch weitere alternative Möglichkeiten ein. Wähl eine für dich passende aus und bereite dich mit ein paar Trockenübungen auf den Ernstfall vor.

Leider hat LILD bei mir noch nicht funktioniert und ehrlich gesagt, habe ich es bisher erst ein einziges Mal probiert. Der Versuch fing mit einem unangenehmen Trübtraum an:

Trübtraum: *Ich liege auf einer Liege in einem Labor und bin mit Elektroden an irgendwelche Geräte angeschlossen. In einer kleinen Kammer sind Menschen (Forscher) an Messgeräten. Die Forscher wollen mithilfe von elektronischen Geräten einen Klartraum induzieren.*
Spürbar drehen sie an einem Gerät die Energie nach oben, was sich bei mir wie eine Elektrostimulation anfühlt. Diese geht von den Elektroden an den Oberarmen aus.
Mein Körper fängt an zu zittern und zu vibrieren. Die Stimulation wird immer stärker und unangenehmer und ich bitte die Forscher den Pegel herunterzudrehen, was sie jedoch gefühlt nicht tun.
Ich beginne mir die Elektroden von den Oberarmen zu reißen. Es kommen jedoch sofort zwei Forscher die mich festhalten und beruhigen wollen.
Mein Körper vibriert immer stärker und ich flüchte (springe) in den Klartraum. Es ist so, als ob ich eine Grenze (Schwelle) durchbreche.

Klartraum: *Von der einen auf die andere Sekunde bin ich total erleichtert, bemerke aber, dass mit dem Eintritt plötz-*

lich ein hässlicher kleiner Zwerg auf meiner Brust sitzt und Grimassen macht.
Dabei tanzt er auf meiner Brust, als wäre er auf Ecstasy.
Ich frag mich, was ich jetzt tun könnte und mir fällt die Aufgabe ein, die wir uns im letzten Hangout vorgenommen haben: Einen Traumfreund finden.
Da ich nicht weiß, wie lange meine Klarheit vorhält und auch sonst niemand da ist, frag ich also den Zwerg: »Hey, willst du mein Traumfreund sein und immer, wenn ich träume, da sein und mir sagen, dass ich träume?«
Der Zwerg nickt begeistert und sagt laut: »Dann bin ich ja dein Traumkobold!«
Plötzlich ist er weg und ich beschließe zu fliegen. Ich fliege nach oben und werde einige Sekunden später wach.

Paradoxe Intervention bzw. Intention

Eine Paradoxe Intervention wird oft dann angewendet, wenn es darum geht, ein verhärtetes Muster aufzubrechen. Bei massiven Einschlafproblemen verbietet man z. B. dem Patienten oder Klienten einzuschlafen. Dieser soll, wenn er abends im Bett liegt, alles dafür zu tun, *nicht* einzuschlafen. Dabei soll er sich wirklich Mühe geben. In vielen Fällen sorgt dies für eine Durchbrechung des negativen Musters und er schläft ein.

Nehmen wir einmal an, du hast schon so einige Klartraum-Techniken jeweils über einen längeren Zeitraum probiert, jedoch bis jetzt noch keinen Erfolg gehabt. Klar, dass du frustriert und vielleicht sogar wütend auf das Klarträumen

bist. Dies ist der optimale Zeitpunkt, es mal mit einer Paradoxen Intention zu versuchen.
Anstatt: »Heute Nacht will ich klarträumen!«, ist jetzt deine Absicht: »Heute Nacht will ich auf keinen Fall klarträumen!«
Für ein paar Tage solltest du genau diese paradoxe Absicht haben, täglich einige Male im Geiste bekräftigen und mit ihr einschlafen.
Verzichte an diesen Tagen auf die Anwendung von irgendwelchen Klartraum-Techniken. Traumtagebuch und RCs sind ebenfalls tabu. Da du keine Klarträume haben willst, beschäftige dich nicht mit dem Thema.

Selbst ein Klartraum-Profi durchlebt immer mal wieder eine Klartraum-Flaute bzw. -Durststrecke. Wenn dir dies passieren sollte, denk an die Paradoxe Intervention.

Weitere Möglichkeiten

Natürlich gibt es noch andere Methoden, die in Bezug auf DILD hilfreich sein können, wie Meditation (erhöht die Aufmerksamkeit) oder Selbsthypnose mit Autosuggestionen, wie:
»Ich erinnere mich klar und deutlich an meine Träume.«
»Ich kann jede Nacht Klarträume haben.«
»Jedes Mal, wenn ich träume, wird mir bewusst, dass ich träume.«
»Ich kann meine Träume bewusst steuern.«
»Ich lass alle Widerstände los, die meine Klarträume einschränken oder verhindern.«

»In meinen Träumen heute Nacht werde ich fliegen und dabei erkennen, dass ich träume.«

Tipp: Sollte eine »mündliche« Autosuggestion bzw. Affirmation selbst nach Wochen nicht den gewünschten Erfolg bringen, dann nimm dir einen Notizblock und schreib sie 27-mal, jeden Tag für mindestens 21 Tage. Solltest du schneller zum Ziel kommen wollen, dann kannst du sie gerne auch 54- oder 108-mal täglich schreiben.

Alle Mentaltechniken, die für das Erreichen irgendeines Zieles hilfreich sind, sind es natürlich auch in Bezug auf das Ziel Klarträumen.

Ungewöhnlich aber mit Potenzial

In dieser vorletzten Rubrik möchte ich dir noch drei weitere Möglichkeiten vorstellen. Die beiden letzten gründen auf bewährten Methoden, die ich auf das Klarträumen angepasst und stilmäßig noch etwas verändert habe.

Switchwords for Lucid Dreaming – Schaltwörter fürs Klarträumen

In den sechziger Jahren des letzten Jahrhunderts erschien ein Buch von James T. Mangan mit dem Titel: *The Secret of Perfect Living* (in Deutsch: *Das Geheimnis der vollkommenen Lebensfuhrung*). Die englische Version wurde 2006 neu aufgelegt.

In diesem empfehlenswerten Buch, das meiner Meinung nach damals seiner Zeit voraus war, beschreibt Mangan sein Konzept von universellen Schaltwörtern.

Meine Interpretation davon ist die Folgende:

Stell dir einmal vor, es gäbe in dir eine riesige Untergrundfabrik mit unzähligen Maschinen, deren Aufgabe es ist, deine Sorgen zu vertreiben und deine Wünsche zu erfüllen.

Jedem Aspekt des Lebens ist eine solche Maschine zugeordnet.

Manche von ihnen laufen tadellos, manche stehen auf »Stand-by«, und es gibt auch solche, die schon seit langem abgeschaltet sind, nicht gewartet werden und langsam verrotten.

Nach Mangan haben all diese Maschinen einen jeweiligen »Wort-Schalter«, mit dem sie angeschaltet werden können.

Mangan kannte wahrscheinlich nicht das Klarträumen, jedenfalls gab es in seinem Buch keine diesbezüglichen Schaltwörter. Die Folgenden stammen von Kat Miller, einer EFT-Kollegin aus den USA[25]. Diese Switchwords sind in englischer Sprache. Ich habe es mal mir einer Übersetzung versucht, jedoch mit mäßigem Erfolg. Bei den Schaltwörtern geht es weniger um die Sprache. Solange dir die Absicht dahinter klar ist, so sind die Originale, da energetisch stärker geladen, immer effektiver als eine Übersetzung, insbesondere eine schlechte.

Für das Klarträumen gibt es zwei sogenannte Switchpairs (Schaltpaare). Es sind also nicht nur jeweils ein Wort, sondern zwei.

GO-CRYSTAL – gewinne Kontrolle über Situationen und Charaktere während des Träumens. Für sich allein als Schaltwort steht hinter »CRYSTAL« die Absicht, Situationen und Dinge zu klären. »GO« setzt einen Prozess in Gang.

CRYSTAL-WAIT – macht Träume lebendiger, symbolhafter und unvergesslicher. Hinter »WAIT«, für sich allein, steht die Intention, ein Geheimnis zu lernen.
An diesem »WAIT« sind meine Übersetzungsversuche gescheitert.

---

[25]http://blueiris.org/community/index.php?option=com_content&view=article&id=83&Itemid=122

Die Vorgehensweise:

Vor dem normalen Einschlafen oder noch besser nach einem WBTB, wiederhole laut, flüsternd oder im Geiste immer wieder diese zwei Switchpairs, bis du einschläfst: »GO-CRYSTAL – CRYSTAL-WAIT – GO-CRYSTAL – CRYSTAL-WAIT – GO-CRYSTAL – usw.«

Allein mit dieser Methode müsste es dir gelingen, innerhalb eines Monats deinen ersten Klartraum zu haben. Führst du zusätzlich noch ein Traumtagebuch und machst deine Realitäts-Checks, geht es natürlich schneller.

Es gibt zusätzlich noch ein Schaltpaar, das dir bei der Erinnerung deiner Träume helfen kann: **CRYSTAL-ON**. »KLARHEIT AN« wäre eine mögliche Übersetzung.
Wenn du also in der Nacht oder am Morgen aufwachst, einen RC gemacht hast und dich nur noch verschwommen an einen oder mehrere Träume erinnern kannst, dann wiederhole laut, flüsternd oder im Geiste immer wieder: »CRYSTAL-ON – CRYSTAL-ON – usw.«, bis du den Traum oder die Träume wieder klar vor Augen hast.

Ich könnte mir gut vorstellen, dass dir dieses letzte Switchpair helfen kann, die Klarheit in einem Klartraum zu steigern, zu stabilisieren oder zu erhalten.

Bewusst sein – Träumen

Im Prinzip könnte man diese beiden Zustände als Polarität bezeichnen.

Es gibt so einige Möglichkeiten Gegensätzlichkeiten miteinander zu verschmelzen. In meinem letzten Buch *Nullpunkt-Heilung* geht es in erster Linie um dieses Thema.

Was wäre wohl das Ergebnis einer Verschmelzung von »Bewusst sein« und »Träumen«? Mit »Bewusst im Traum« liegst du genau richtig und definiert nicht dieser Zustand einen Klartraum?

Vorgehensweise:

Vor dem normalen Einschlafen, nach einem Aufwachen in der Nacht (nach einigen Stunden Schlaf) oder noch besser nach einem WBTB am frühen Morgen, leg dich, falls dies nicht schon der Fall ist, auf den Rücken. Breite die Arme nach links und rechts aus (wenn du nicht allein schläfst – aufpassen) und wiederhole leise oder im Geiste immer wieder: »Bewusst sein – Träumen – Bewusst sein – Träumen – Bewusst sein – usw.«

Während du dies tust, führe laaaangsam die Arme und Hände aufeinander zu, bis sich die Hände letztlich vor deiner Brust in Gebetshaltung vereinigen. Sobald sich die Hände berühren, beende das Rezitieren von: »Bewusst sein – Träumen«. Reib nun deine Hände, wiederhole dabei immer wieder leise oder im Geiste: »Bewusst im Traum – Bewusst im Traum – usw.« und stell dir dabei vor, wie du dadurch das Energiefeld dieses Ergebnisses verstärkst und vergrößerst. Über deine Hände und Arme hinweg umschließt und durchdringt es letztlich deinen ganzen Körper.

Ist dies geschehen, so beende das Reiben der Hände, nimm deine gewohnte Schlafposition ein und schlaf mit »Bewusst im Traum – Bewusst im Traum – usw.« im Geiste ein.

Der energetische »Bewusst im Traum«-Zustand wird nicht lange vorhalten. Eine Stunde, vielleicht etwas weniger oder mehr. Für das Einschlafen zur normalen Zeit ist dies eventuell zu kurz, da die erste Traumphase möglicherweise erst nach etwa 70-80 Minuten beginnt. Wie du jedoch weißt, ist dies nach einer Schlafunterbrechung nach mehreren Stunden Schlaf (oder Nachmittagsschläfchen) anders und dann kann diese Technik Wirkung zeigen.

Parallele Dimensionen

Ob Parallele Dimensionen bzw. Alternative Realitäten wirklich existieren, die Quantenphysik ist sich, was die »Viele Welten Theorie« betrifft, uneins. Unmöglich scheint es auf alle Fälle nicht zu sein.
Gehen wir einmal davon aus, es gäbe eine unendliche Menge paralleler Dimensionen. Einige sind der unsrigen sehr ähnlich, andere unterscheiden sich zu der, in der wir leben, in vielen Aspekten. In vielen von ihnen wirst du existieren, in vielen andererseits nicht.
Gehen wir einmal von einer Milliarde (und das ist tief gegriffen) Doppelgängern von dir in den jeweiligen Alternativen Realitäten aus, so ist nach dem Wahrscheinlichkeitsgesetz mindestens einer von ihnen ein Klartraum-Meister. Ein alternativer »Zwilling« von dir, der jede Nacht klarträumt, aus welchen Gründen auch immer er dieses Können in höchstem Maße besitzt und du (noch) nicht.

In der folgenden Fantasiereise geht es darum, deinen Klartraum-Meister-Doppelgänger in seiner Realität aufzusuchen, damit er seine Klartraum-Fähigkeiten mit dir teilt. Letzteres geschieht in Form einer Übertragung, bei der dein alternatives Ich natürlich seine Fähigkeiten behält. Computertechnisch ist es also kein »Ausschneiden und Einfügen«, sondern ein »Kopieren und Einfügen«.

In meiner Beschreibung wähl ich dazu sehr einfache und, ich denke mal, jedem bekannte Symbole, wie Türen, Fernbedienung und Handauflegen. Dies soll dich jedoch nicht daran hindern, deine Trance etwas aufzupeppen. *Star Trek, Stargate* und *Sliders* (in dieser TV-Serie geht es um Dimensionssprünge) liefern diesbezüglich eine Menge Inspirationen.

Wähl für die folgende Fantasiereise einen Zeitpunkt, in dem du eh schon entspannt im Sessel sitzt, auf der Couch oder im Bett liegst. Sorg dafür, dass du, um sicherzugehen, in den nächsten 20-30 Minuten nicht gestört wirst.

Mach es dir bequem und spann einmal alle Muskeln deines Körpers auf einmal für einige Sekunden an, lass los, schließ die Augen und mach drei tiefe Atemzüge.

Stell dir vor, du befindest dich auf der obersten Stufe einer wunderschönen Treppe, die du nun Schritt für Schritt langsam hinuntergehst. Stufe für Stufe entspannst du dich mehr und mehr und mehr und mehr.
Das Ende der Treppe ist gleichsam der Beginn eines kurzen Ganges, der wiederum an einer prachtvollen Tür endet. Es ist die dir schon bekannte Tür zu deinem Unterbewusstsein.

Während du auf sie zu schreitest, nimmst du vor ihr, auf der rechten Seite des Ganges eine weitere Tür wahr, mit der Aufschrift: »Parallele Dimensionen«. Neugierig öffnest du sie und erblickst dahinter eine endlos erscheinende Wiese, auf der in ein paar Metern Entfernung lediglich ein kleiner Tisch steht, auf dem sich etwas befindet. Du gehst näher an den Tisch heran und erkennst, was dieses Etwas ist. Eine kleine Fernbedienung mit Bedienungsanleitung.

Die Fernbedienung hat neben zwei Knöpfen – einer ist grün mit der Aufschrift »Hin«, einer rot mit der Aufschrift »Zurück« – auch noch ein kleines eingebautes Mikrofon.

Um eine Parallele Dimension zu besuchen, musst du laut Bedienungsanleitung in das Mikrofon den gewünschten Zielort einsprechen und danach den grünen Knopf (»Hin«) drücken. Für das Zurückkehren in die eigene Realität ist der rote Knopf (»Zurück«) zuständig.

Da dein Ziel klar ist, sprichst du mit lauter und verständlicher Stimme in das kleine Mikro: »Zu meinem alternativen Ich, der in seiner Welt ein Meister des Klarträumens ist!«, und drückst den grünen Knopf.

Wie durch Zauberhand erscheint plötzlich, nur ein paar Schritte von dir entfernt, ein Türrahmen, hinter dem du schon von deinem Doppelgänger in seinem Wohnzimmer erwartet wirst. Er winkt dir zu, du gehst durch den Türrahmen, nachdem du die Fernbedienung eingesteckt hast, und befindest dich nun in seiner Realität, wo er dich herzlich begrüßt.

Deine, besser gesagt seine Stimme, erklingt in deinem Kopf:

»Ich weiß, du hast viele Fragen zum Klarträumen, doch in meiner Welt haben wir gelernt, wie wir unsere Erfahrungen und Fähigkeiten ganz einfach über eine Berührung und einer klar definierten Intention weitergeben können. Du wirst nur

die Dinge erhalten, die du brauchst, um ein genauso guter Klarträumer zu werden wie ich. Da du praktisch ich bist, wird dafür letztendlich sehr wenig notwendig sein. Öffne einfach deinen Geist und lass es geschehen.«

Du lässt dich darauf ein, denn wenn man schon jemandem vertrauen kann, dann wohl sich selbst.

Du schließt die Augen und fühlst gleich darauf seine Hand auf deinem Kopf.

Möglicherweise nimmst du in den nächsten Sekunden Bilder, Stimmen, Gefühle und Emotionen im Zeitraffertempo wahr. Vielleicht geht das Ganze aber zu schnell, um irgendetwas zu bemerken.

Nach kurzer Zeit hörst du wieder seine Stimme in deinem Kopf: »Es ist getan. Es wird jedoch ein paar Stunden, vielleicht auch Tage dauern, bis die Veränderungen im Unterbewusstsein abgeschlossen sind. Vertraue darauf, dass dir schon in Kürze dein gesamtes Klartraum-Potenzial zur Verfügung steht.

Ich wünsche dir viele fantastische Klarträume.«

Du bedankst dich ganz herzlich bei ihm, und wenn du willst, kannst du deinem Doppelgänger gerne noch ein paar Fragen stellen.

Bist du dann bereit zur Rückkehr, nimmst du die Fernbedienung und drückst auf den roten Knopf. Der Türrahmen erscheint und du siehst durch ihn die dir jetzt schon bekannte Wiese. Du trittst hindurch in deine Realität und legst die Fernbedienung wieder auf den kleinen Tisch.

Wenn du möchtest, kannst du gerne noch ein wenig in dieser schönen Umgebung verweilen.

Geh danach oder gleich wieder durch die Tür, durch die du die Wiese betreten hast (vergiss sie nicht zu schließen), den

Gang entlang und dann die Treppe nach oben, wobei du Stufe für Stufe mehr und mehr und mehr und mehr in die Wirklichkeit zurückkehrst, klar und erfrischt.
Auf der obersten Stufe öffnest du die Augen und dehnst abschließend den ganzen Körper.

Natürlich kann eine solche Fantasiereise auch ohne ein gesprochenes oder »telepathisches« Wort ablaufen. Da du jetzt die Intention und ein mögliches Vorgehen kennst, so kannst du eine eigene Geschichte schreiben. Nimm diese anschließend mit einem Audiogerät auf und lass dich mit deiner eigenen Stimme durch deine Reise führen.
Zieh einen derartigen Dimensionssprung für einen deiner nächsten Klarträume in Erwägung, aber erst nach mehrmaligem Aufsuchen einer alternativen Realität im Wachzustand.

Diese Methode ist sicherlich ein wenig abgefahren. Nicht selten liefert jedoch »abgefahren« gute Resultate, da die Erwartungshaltung meist sehr gering ist.
Solltest du mit den anderen Techniken keinen Erfolg haben, warum nicht mal was Abgefahrenes probieren?

Traum-Programmierung

Schon in meinem letzten Buch *Nullpunkt-Heilung* bin ich auf das Thema Traum-Programmierung eingegangen, damals natürlich im Zusammenhang mit der Nullpunkt-Heilungs-Technik.

Was das Klarträumen betrifft, so ist die Traum-Programmierung eine weitere DILD-Möglichkeit. Träume und damit die schnellen Augenbewegungen sind dabei das Mittel, um ganz gezielt eventuelle Hindernisse aus dem Weg zu räumen. Diesbezügliche Anweisungen (Affirmationen), die man am Tage und kurz vor dem Einschlafen wiederholt, sehen beispielsweise in Bezug auf die Fähigkeit zum Klarträumen so aus:

»In meinen Träumen heute Nacht lass ich alle bewussten und unbewussten Einschränkungen los, die meine Fähigkeit zum Klarträumen einschränken.«

»Heute Nacht habe ich Träume, die bewirken, dass ich mein volles Klartraumpotenzial zur Verfügung habe.«

Wie du siehst, ist die erste Anweisung problemorientiert, die zweite zielorientiert formuliert. Bei der ersten geht es darum, dass *ich* im Traum etwas loslasse, bei der zweiten, dass der *Traum* etwas bewirkt.

Verwende die Variante, die sich für dich am besten anfühlt, oder vielleicht die erste für ein paar Tage und danach die zweite, und lass dich überraschen.

Im Folgenden gebe ich dir weitere Affirmationen bezüglich des Klarträumens an die Hand, mit denen du experimentieren kannst:

»In meinen Träumen heute Nacht lass ich allen Stress los, der in meinem Geist und Körper gespeichert ist.«

»Heute Nacht habe ich Träume, die bewirken, dass ich mich von Tag zu Tag und in jeder Hinsicht immer gelassener und ausgeglichener fühle.«

»In meinen Träumen heute Nacht lass ich alle Widerstände los, die in mir gegen das Führen eines Traumtagebuchs sprechen.«

»Heute Nacht habe ich Träume, die meine Bereitschaft zum Führen eines Traumtagebuchs steigern.«

»In meinen Träumen heute Nacht lass ich alles los, was meine Traumerinnerung einschränkt.«

»Heute Nacht habe ich Träume, die meine Traumerinnerung deutlich verbessern.«

»In meinen Träumen heute Nacht lass ich alles los, was die Effektivität meiner Realitäts-Checks einschränkt.«

»Heute Nacht habe ich Träume, die die Effektivität meiner Realitäts-Checks deutlich verbessern.«

»In meinen Träumen heute Nacht lass ich alles los, was die Lebendigkeit und Erkennbarkeit meiner Träume einschränkt.«

»Heute Nacht habe ich Träume, die die Lebendigkeit und Erkennbarkeit meiner Träume optimieren.«

»In meinen Träumen heute Nacht lass ich alles los, was das Erkennen eines Traumes behindert.«

»Heute Nacht habe ich Träume, die meine Fähigkeit, einen Traum zu erkennen, deutlich verbessern.«

»In meinen Träumen heute Nacht lass ich alles los, was die Klarheit meiner Träume verringert.«
»Heute Nacht habe ich Träume, die die Klarheit meiner Träume deutlich erhöhen.«
»In meinen Träumen heute Nacht lass ich alles los, was die Dauer meiner Klarträume verringert.«
»Heute Nacht habe ich Träume, die die Dauer meiner Klarträume deutlich erhöhen.«
»In meinen Träumen heute Nacht lass alle einschränkenden Erfahrungen und Glaubenssätze bezüglich des Klarträumens los.«
»Heute Nacht habe ich Träume, die mein Glaubenssystem in Bezug auf das Klarträumen optimieren.«
»In meinen Träumen heute Nacht lass ich alles los, was mich daran hindert, die perfekte Klartraum-Technik für mich zu finden.«
»Heute Nacht habe ich Träume, die mir helfen, die perfekte Klartraum-Technik für mich zu finden.«

Natürlich sind dies alles nur Formulierungsbeispiele, die du für dich und dein Klartraum-Problem/Ziel passend, abändern kannst.

Wie? Wann? Wie oft? Wie lang?

Dies sind sicherlich deine Fragen bezüglich der Anwendung. Leider gibt es, gerade was die beiden letzten betrifft, keine allgemeingültigen Antworten.
Was das »Wie« betrifft, so leg einfach die linke Hand auf die Mitte der Brust, atme einmal tief ein und aus, und wiederhole die jeweilige Anweisung laut, leise oder im Geiste.

Kurz vor dem Einschlafen ist die beste Zeit dazu. Zusätzlich zwei- bis dreimal am Tag im entspannten Zustand, ist sicherlich förderlich.
Sprich den Satz mindestens dreimal hintereinander aus. Fünf bis zehn Minuten lang vor dem Einschlafen ist eine bewährte Option.
Mindestens vier Tage bzw. Nächte in Folge, ist meine Antwort auf die Frage nach dem »Wie lang«. Solltest du mit beiden Varianten (Problem und Ziel) arbeiten wollen, so immer zuerst ein paar Tage mit der »Problem-Loslass-Form« und danach erst das Ziel.
Beginn möglichst erst mit der nächsten Traum-Programmierung, wenn die vorherige angeschlossen ist. Paralleles Arbeiten mit verschiedenen Sätzen ist zumeist kontraproduktiv.

Die Traum-Programmierung ist in unserem Kulturkreis noch wenig bekannt und schon gar nicht erforscht. Bei einigen Naturvölkern ist sie jedoch schon seit Jahrhunderten Teil des taglichen Lebens.

Meine eigenen Erfahrungen und Resultate bezüglich Traum-Programmierung *im Allgemeinen* lassen sich in vier Punkten zusammenfassen:

- Das jeweilige Problem wurde nicht immer aufgelöst bzw. das Ziel erreicht. Ich muss jedoch sagen, dass ich dabei nicht gerade diszipliniert vorgegangen bin. Ich bin mir auch sicher, dass ich so manche positive Veränderung gar nicht bewusst mitbekam, da diese sehr subtil auf der unbewussten Ebene stattgefunden haben.

- Sehr interessante und spannende Träume, auch wenn sie manchmal, insbesondere wenn es um sie Auflösung von Ursachen und Widerständen ging, nicht gerade schön waren.
- Verbesserte Traumerinnerung: In der Regel konnte ich mich nach dem Aufwachen noch mindestens an einen Traum erinnern.
- Einige Male führte sie zu einem Klartraum.

8. Klartraum-Hilfsmittel

Es gibt so einige Mittelchen, die bezüglich Traumerinnerung, Intensivierung der Träume und des Klarträumens hilfreich sein können. Grob könnte man diese in interne (Substanzen) und externe Hilfsmittel (z. B. Klartraummasken) unterteilen.

Im deutschen Klartraum-Wiki[26] findest du beispielsweise eine ganze Liste von diesbezüglichen Möglichkeiten, die sich, was ihr Klartraumpotenzial betrifft, in erster Linie auf Erfahrungsberichte von Usern aus den Klartraumforen stützen.

Für all diese Hilfsmittel gibt es keine Erfolgsgarantie. Zudem sind die meisten von ihnen mit Kosten verbunden und so einige der Substanzen gesundheitlich nicht gerade unbedenklich. Wenn du bei einem gewählten Hilfsmittel kein gutes Gefühl hast, dann lass es.

Ich gebe hier keine Empfehlung, dies oder das zu nehmen, sondern liste nur einige mögliche Hilfsmittel hier auf. Einige davon habe ich selbst getestet, andere sind mir in den letzten Jahren zu Augen und Ohren gekommen.

---

[26] http://www.klartraum-wiki.de/wiki/Hilfsmittel

Interne Hilfsmittel

Unter den internen Hilfsmitteln verstehe ich in erster Linie Substanzen, Wirkstoffe und Nahrungsergänzungsmittel, die das Klarträumen unterstützen können. Ob dies durch eine Verbesserung der Traumerinnerung oder intensivere lebhafte Träume geschieht, ist dabei eher nebensächlich. Bevor du jedoch die Einnahme eines diesbezüglichen Mittels in Erwägung ziehst, mach dich mit dessen Dosierung, Wirkung und Nebenwirkungen vertraut. Geh davon aus, dass nicht wenige der mit dieser Substanz erzielten Erfolge wohl eher dem Placeboeffekt zuzuschreiben sind. Nicht selten wird auch dem Wirkstoff fälschlicherweise das Auslösen eines Klartraums zugeschrieben, was mir selbst zweimal passiert ist.

Wegen irgendeiner Beschwerde nahm ich für ein paar Wochen das Schüßlersalz Nr. 9, dreimal am Tag, morgens, mittags und am Abend. An einem Tag hatte ich die abendliche Einnahme vergessen und erinnerte mich erst kurz vor dem Einschlafen wieder daran. Ich nahm dann schnell noch das Mittel ein und hatte in der Nacht einen Klartraum. Zufall? Am nächsten Tag ging ich der Sache auf den Grund. Ganz bewusst nahm ich meine dritte »Pille« erst kurz vor dem Einschlafen und wieder – Klartraum! Ich glaubte nun wirklich, dass dieses einfache und günstige Schüßlersalz das Klartraummittel für mich, ja für vielleicht alle wäre, da ich in dieser Zeit weder ein Traumtagebuch führte, Realitäts-Checks machte, noch irgendwelche Klartraum-Techniken anwendete.

Doch es blieb bei den zwei Klarträumen, auch wenn ich es noch drei Wochen lang in der gleichen Art und Weise mit »Nr. 9« probierte.

Zwei Monate später machte ich eine ähnliche Erfahrung mit Maca-Kapseln und einem Vitamin B Komplexpräparat.

Wie du siehst, lassen sich scheinbare Erfolge mit irgendeinem Wirkstoff schwer duplizieren, schon gar nicht über viele Tage oder Wochen. Es gibt da einfach zu viele Variablen.

Im Folgenden werde ich auf die Substanzen kurz eingehen, die mir bei der Internetrecherche aufgefallen sind, da es zu ihnen in den Foren nicht nur einen oder zwei Erfolgsberichte gibt.

Ich selbst habe ein paar Mittelchen ausprobiert, die ich für eher unbedenklich halte, doch, wie ich zugeben muss, mit mäßigem Erfolg.

Galantamin

Auch wenn Galantamin möglicherweise der Wirkstoff ist, der am zuverlässigsten Klarträume auslösen kann, so führe ich diesen hier nur der Vollständigkeit halber auf.

Wenn du dich jedoch intensiver mit dem Klarträumen beschäftigst, so wird dir diese Substanz früher oder später über den Weg laufen.

Ich persönlich habe mich gegen ein diesbezügliches Präparat entschieden, erst recht, nachdem ich mich über die möglichen Nebenwirkungen informiert habe.

Galantamin wird in erster Linie in der Demenz- und Alzheimerbehandlung eingesetzt, und ist in Deutschland verschreibungspflichtig. Mein Ratschlag: Lass lieber die Finger davon. Wenn du deine Acetylcholin-Konzentration im Gehirn erhöhen willst (steigert die Erinnerungsfähigkeit), und das tut Galantamin, so versuch es doch mal mit einem **Salbei- oder Rosmarintee** in der Schlafunterbrechungsphase beim WBTB. Vielleicht hilft dir dies, dich im folgenden Traum zu erinnern, dass du träumst.

5-HTP

5-HTP ist eine Aminosäure und Vorläufersubstanz des Neurotransmitters Serotonin. Es fördert den Tiefschlaf in der ersten Nachthälfte und dieses wiederum führt zu einer Verlängerung der REM-Phasen in der zweiten (REM-Rebound). Gerade in Verbindung mit WBTB kann es somit deine Chancen auf einen Klartraum erhöhen.
5-HTP sollte jedoch nicht mit Vitamin B5 kombiniert werden, da es sonst nicht bis ins Gehirn gelangt, sondern schon im Blut in Serotonin umgewandelt wird.

Eine Aminosäuren-Alternative sehe ich in dem schon erwähnten Eiweißshake zur WBTB-Zeit. Laut Forenberichten sind hierbei insbesondere die **Protein-Isolate für Bodybuilder** auf Sojabasis empfehlenswert. Diese sollte man jedoch nicht mit Kohlenhydraten kombinieren.
Eine pflanzliche Alternative zu 5-HTP sehe ich am ehesten in **Baldrian**, da es von der Wirkung ähnlich ist. Ob jedoch eine empfohlene Dosis von 750-1500 mg Baldrianextrakt unbedenklich ist, wage ich zu bezweifeln.

Vitamin B6

Vitamin B6 in hoher Dosierung (200-300 mg) vor dem Einschlafen eingenommen, gilt als *das* »Klartraum-Vitamin«. Es soll nicht nur die Intensität der Träume steigern, sondern auch die Traumerinnerung. Vielleicht bedingt das eine auch nur das andere.
Du solltest jedoch wissen, dass Vitamin B6 in solch hoher Dosierung und vielleicht noch über einen längeren Zeitraum zu neurologischen Problemen führen kann.
Ich persönlich habe bisher nur mit einer Nacht-Dosis von 100 mg experimentiert und diese hat für mich nicht ausgereicht, um irgendwelche Veränderungen meines Traumerlebens festzustellen.
Ich habe danach gelesen, dass es eher ein Mythos sei, dass Vitamin B6 das Klarträumen fördern soll und Vitamin B5 in Verbindung mit Cholin eine bessere Wahl wäre. Getestet habe ich diese Kombination allerdings noch nicht. Vitamin B5 allein vor dem Schlafengehen genommen, hatte keinen erkennbaren Einfluss auf meine Traumerinnerung und bescherte mir auch keine Klarträume.
Vitamine der Vitamin B-Gruppe sind jedoch allgemein hilfreich, wenn es um Stress geht. Diesbezüglich würde ich jedoch eher ein Komplexpräparat vorziehen.

MSM (Methylsulfonylmethan)

MSM ist eine organische Schwefelverbindung und kommt in vielen pflanzlichen und tierischen Organismen vor. Dies bedeutet, dass wir MSM zu einem Prozentsatz mit unserer Nahrung aufnehmen.

MSM wird nicht selten zur Entgiftung eingenommen, meist in Form von Tabletten, Kapseln oder Pulver. Hierbei sollte jedoch darauf geachtet werden, dass MSM die Giftstoffe im Körper zwar löst, jedoch deren Ausscheidung zusätzlich mit Chlorella oder Spirulina (Algenarten) unterstützt werden sollte.

Was hat das Ganze mit Klarträumen zu tun?

Nimmt man MSM (1000-2000 mg) direkt vor dem Einschlafen, so besteht, gerade in den ersten Wochen der Einnahme, die große Chance auf intensive und abgefahrene Träume. Die wahrscheinliche Ursache hierfür sehen viele in der Entgiftung des Gehirns, primär der Amygdala.

Abgefahrene Träume sind nicht nur hilfreich für die Traumerinnerung, sie können zudem das Erkennen des Traums als Traum erleichtern.

Ich persönlich hatte schon so einige Klarträume, die ich MSM zuschreibe, meist in Kombination mit einem Brain Booster, wie z. B. Maca. Die MSM-Dosis habe ich im Vorfeld von 500 mg schrittweise bis auf 2000 mg erhöht.

Leider ist der Traum- und Klartraum-Effekt nach meiner Erfahrung nur sehr kurz. Für einen allerersten Klartraum oder zur Überwindung einer Durststrecke, kann MSM jedoch sehr hilfreich sein.

Koffein, Tein

Koffein und Tein können hilfreich sein, das Bewusstsein beim WILDen wachzuhalten. Sie können jedoch ebenfalls, vor dem Einschlafen getrunken, zu Schlaflosigkeit führen. Um das perfekte Timing und die optimale Dosierung zu finden, ist oft längeres Experimentieren gefragt. Etwas

sanftere Alternativen zu Kaffee, Cola und Koffeintabletten sind beispielsweise Guarana oder Grüner Tee.
Im deutschsprachigen Klartraum-Forum findet man auch einige Erfolgsberichte zu Matcha-Tee. Gerade dieses Grünteepulver (wird mit heißem Wasser aufgeschäumt) soll, eingenommen zur WBTB-Zeit, klartraumfördernd sein.
Guayusa-Tee gilt ebenfalls als Geheimtipp in der Klartraum-Community.

Exotisches

Das bekannteste Klartraum-Kraut ist wohl das **Aztekische Traumkraut** mit dem schönen Namen Calea Zacatechichi. Diese Pflanze wurde schon vor Jahrhunderten von den Azteken zur Trauminduktion eingesetzt. Wenn man sich dafür entscheidet, sollte man sich jedoch besser den Extrakt besorgen. Ich selbst konnte mich bisher noch nicht dazu überwinden, dieses Kraut und das Folgende zu testen. Als Tee sollen beide echt übel schmecken.
Die **Afrikanische Traumwurzel** (Silene Capensis) ist eine Wurzel, die man kauen oder gemahlen mit Wasser vermischt zu sich nehmen kann. Sie fördert das Träumen sehr stark und ist damit ein sehr potentes Klartraum-Mittel.
Solltest du dich über die beiden genannten und weitere exotische Traummittel informieren wollen, so empfehle ich dir die Seite: www.klartraum-kraut.de.

Weitere Möglichkeiten

Die folgenden Mittelchen habe ich persönlich getestet, jedoch, wie schon beschrieben, mit mäßigem Erfolg. Dies wären **Ginkgo, Maca, Johanniskraut, Rhodiola Rosea (Rosenwurz), Gotu Kola** und **Ginseng**. Aufgrund ihrer Wirkungsweise haben sicherlich alle sechs Traum- oder Klartraumpotenzial, doch für ein langes Experimentieren fehlte mir leider die Zeit.

Was mir bezüglich des intensiveren Träumens gut geholfen hat, war ein sogenanntes **Traumkissen**. Dies ist ein kleines Kissen, gefüllt mit verschiedenen Kräutern, das man (übers Internet) kaufen oder selbst anfertigen kann. Zieht man Letzteres vor, so kann man die Kräutermischung selbst zusammenstellen. Zur Schlaf- und Traumförderung sollten Beifuß, Hopfen, Baldrian, Salbei, Rosmarin, Johanniskraut und Lavendel enthalten sein.

Das Kissen kann man dann unter das normale Kopfkissen legen oder über das Kopfteil hängen. Allergiker sollten natürlich nur solche Bestandteile wählen, die sie gut vertragen.

Wichtig:

Solltest du dich für die Einnahme irgendeiner Substanz entscheiden, Pille, Tee, Kraut, was auch immer, dann sollte die Einnahme immer mit einer klaren Intention verbunden sein. Was willst du damit erreichen? Mach ein mentales Bild davon, welches positive Emotionen bei dir auslöst, und projiziere dieses auf die Pille, das Getränk, das Kraut, das Kissen usw.

Interne Hilfsmittel sollten eine Ergänzung zu einer Klartraum-Technik oder einer Kombination von Techniken sein – nie diese ersetzen.

Externe Hilfsmittel

Unter den externen Hilfsmitteln verstehe ich Geräte und visuelle, auditive oder kinästhetische (Fühlen) Stimuli, die in Verbindung mit Realitäts-Checks förderlich für das Klarträumen sein können.

Klartraum-Masken

Klartraum-Masken sind Geräte, ähnlich einer Schlafmaske, die nach bestimmten Zeitintervallen oder ausgelöst durch die schnellen Augenbewegungen, Licht- und/oder Tonsignale aussenden. Drei dieser Masken werde ich dir im Folgenden vorstellen.

Remee

Die einfachste und günstigste dieser Masken ist wohl der »Remee«. Eine Funktionsbewertung zu dieser Neuheit auf dem Klartraum-Markt kann ich leider nicht abgeben, da ich sie nicht getestet habe.

Mein erster Eindruck, nachdem ich mich schlaugemacht habe, ist weder positiver noch negativer Natur. Es gibt verschiedene Farbdesigns und mit ca. 30 Gramm ist sie sehr leicht. 6 LEDs sind eingebaut und einige Einstellungen kann man manuell ändern. Richtig programmieren kann man sie jedoch nur übers Internet, ähnlich dem eTAN-Verfahren bei der Bank oder Sparkasse. Dies ist schon mal der erste Nachteil. Ohne Computer und Internet kann man, so wie ich es sehe, die Maske nicht voll ausnutzen. Zudem sind keine REM-Detektoren eingebaut. Die Maske sendet ihre Lichtsignale nach programmierten Zeitintervallen und nicht aufgrund der schnellen Augenbewegungen. Dies kann im Endeffekt ein Vorteil sein, da diese REM-Detektoren sehr sensibel sind und nicht immer wie gewünscht funktionieren, insbesondere wenn die Maske im Schlaf mal ein wenig verrutscht.

Es gibt auch keine Tonsignale, wie dies bei den beiden anderen Masken der Fall ist. Für mich als Auditiven ein dicker Minuspunkt.

Ich habe mich natürlich mal im Internet nach Erfahrungsberichten mit Remee umgesehen. Positiv wurden hier die angenehmen Trageeigenschaften bewertet und eine Verbesserung der Traumerinnerung. Klarträume jedoch Mangelware. Viele Benutzer waren diesbezüglich enttäuscht.

Kann ich erwarten, dass mir eine Klartraum-Maske für knapp 100 Euro (inkl. Versand) Klarträume bringt? Eigentlich schon, jedoch meiner Meinung nach nicht alleine, was ebenfalls für die folgenden beiden Masken gilt.

Licht- und Tonsignale werden in der Regel von unserem Unterbewusstsein in die Träume integriert. Meine erste Erfahrung mit dem Novadreamer war beispielsweise, dass in einem Traum plötzlich die Sonne anfing rötlich zu »blinken« und ich dieses jedoch nur beiläufig zur Kenntnis nahm. Wenn ich mich nun einige Tage oder Wochen lang auf ähnliche Lichtsignale im Alltag mit Realitäts-Checks konditioniert hätte, so wäre ich sicher nicht auf diese Illusion hereingefallen. Ich hätte einen RC im Traum gemacht und das Resultat wäre ein Klartraum gewesen.

Mit Klartraummasken muss man arbeiten. Es gilt die richtigen Einstellungen und Programme zu finden, sich auf die Signale zu konditionieren und die Erfolgschancen zu erhöhen durch Kombinationen mit WBTB und WILD oder DILD.

Novadreamer

Der Novadreamer war die erste Klartraum-Maske auf dem Markt, entwickelt vom Lucidity Institut und Stephen La-Berge. 2004 wurde die Produktion jedoch eingestellt. Über Auktions-Plattformen im Internet kann man ab und an noch ein gebrauchtes Exemplar erstehen. Das Folgemodell Novadreamer 2 soll bald erscheinen und die Klartraum-Welt ist schon sehr neugierig. Allerdings gibt es diese »Bald«-Vorankündigung schon seit Jahren.
Aus all diesen Gründen verzichte ich auf eine Beschreibung des Novadreamer, nicht zuletzt, weil der folgende REM-Dreamer ihm sehr ähnlich ist.

REM-Dreamer

Direkt nachdem die Produktion des Novadreamers beendet wurde, kam 2004 mit dem REM-Dreamer der ELI Company aus Polen eine neue Klartraum-Maske auf den Markt. Mittlerweile gibt es eine Pro-Version, die das Abspielen von Sprachmitteilungen erlaubt. Meine Beschreibung bezieht sich jedoch im Wesentlichen auf die Nicht-Pro-Version.
Im Vergleich zum Novadreamer (ich bezahlte im Jahr 2000 gut 600 Dollar für ihn) ist der REM-Dreamer mit knapp 170 Euro (Stand Juli 2019) wahrhaft ein Schnäppchen. Von der Funktionalität sind beide in etwa gleich, nur dass der REM-Dreamer zusätzlich ein kleines LCD-Display besitzt

(erleichtert die Programmierung) und über eine Zweiwegekommunikation verfügt.

Die Augenbewegungen werden mithilfe eines Infrarotsensors überwacht. Erkennt dieser, dass der Schläfer träumt (schnelle Augenbewegungen), so teilt er dieses dem Träumer über Licht- und/oder Tonsignale mit. Es gibt drei Voreinstellungen für den leichten, mittleren und tiefen Schläfer und es besteht zusätzlich die Möglichkeit für ganz individuelle Einstellungen. So kann man die Dauer und Intervalle der Signale einstellen, sowie die Lautstärke des Tons und die Stärke des Lichts. Letzteres kann man beispielsweise auf 0 stellen, sodass man nur noch Tonsignale empfängt. Für Menschen mit Epilepsie oder einer Neigung zu Krampfanfällen ist dies sehr nützlich.

Es gibt einen Realitäts-Check-Knopf auf der Vorderseite, mit dem man erstens beim Erwachen testen kann, ob man vielleicht doch noch träumt (Falsches Erwachen) und auch für Tests im Wachzustand ist dieser sehr hilfreich.

Schaltet man den sogenannten Dream-Alarm (Traumalarm) ein, so weckt einen der REM-Dreamer mitten im Traum. Gerade wenn es um WILD, MILD, DEILD oder die Traumerinnerung geht, ist dies eine tolle Einrichtung.

Am Morgen kann man dann noch feststellen, wie viele Serien von Signalen man in der Nacht erhalten hat und damit die Empfindlichkeit des REM-Sensors optimieren.

Die schon angesprochene Zweiwegekommunikation ist dann noch das Tüpfelchen auf dem I. Ist diese eingeschaltet, so sendet der REM-Dreamer seine Signalserien in 30-Sekunden-Intervallen fortwährend in ansteigender Intensität. Die Chance ist damit sehr groß, dass man die Signale irgendwann als Traumzeichen identifiziert und erkennt,

dass man sich in einem Traum befindet. Mit Augenbewegungen von oben nach unten über wenige Sekunden kann man dann die immer intensiver werdenden Signale abschalten. Die schnellen Augenbewegungen, die man bei einem Träumer wahrnimmt, entsprechen nämlich den Augenbewegungen, die dieser im Traum macht. Faszinierend, oder?
Hinweis: Beim Dream-Alarm und der Zweiwegekommunikation kann man die Lichtsignale nicht auf 0 reduzieren.

Die neueste Version des REM-Dreamers (knapp 190 Euro, Stand Juli 2019) mit der Bezeichnung **REM-Dreamer Pro,** enthält noch eine weitere, sehr nützliche Funktion. Mit dieser ist es nun möglich, Sprachmitteilungen aufzunehmen und abzuspielen. Nachdem die Aufmerksamkeit im Traum durch die Licht- und Tonsignale schon einmal geweckt wurde, erhält man gleich darauf über den eingebauten Minilautsprecher noch eine Sprachnachricht, die einen darauf hinweist, dass man träumt. Diesbezüglich kann der REM-Dreamer Pro zusätzlich mit externen Lautsprechern oder Kopfhörern verbunden werden.

Möglicherweise ist der REM-Dreamer (Pro) nicht ganz so angenehm zu tragen wie der Remee, doch was die Funktionalität betrifft, ist er diesem haushoch überlegen. Was man jedoch den Remee-Entwicklern zugutehalten muss, ist, dass durch sie das Klarträumen 2012 in den USA einen Boom erfuhr sowie eine wachsende Popularität in den Medien.

Schlafmaske

Auf die Vorteile einer einfachen Schlafmaske bin ich schon im bisherigen Verlauf dieses Buches eingegangen. Deshalb folgt hier nur eine kurze Zusammenfassung.

Eine Schlafmaske unterstützt die Ausschüttung des Schlafhormons Melatonin, wodurch ein besserer Schlaf gewährleistet wird.

Wenn man trotz Schlafmaske etwas sieht, so bedeutet dies, dass man träumt. Bevor man (wieder) einschläft, spricht man wiederholt im Geiste die Affirmation aus: »Sobald ich etwas sehe, weiß ich, dass ich träume und mach einen RC.«

Zusätzlich kann eine Schlafmaske die Traumerinnerung verbessern. Nach dem Aufwachen gibt es keine visuellen Ablenkungen, die Trauminhalte löschen könnten.

Empfehlenswert ist eine sogenannte 3D-Schlafmaske, bei der der Stoff nicht direkt auf den Augen aufliegt.

Instadreamer

Noch nicht auf dem Markt, jedoch schon in aller »Klartraum-Munde« ist das neuste Klartraum-Gerät mit dem Namen *Instadreamer*. Dieser soll im Oktober 2019 auf den Markt kommen. Wenn du dieses Buch liest, ist es entweder bald soweit oder er ist schon da.

Der führende Kopf hinter dem Projekt ist Jean Rausis.

In der Klartraum-Community ist die Meinung zu diesem neuen Gerät höchst kontrovers. Nicht wenige sind der Auffassung, dass es nichts bringen wird, andere verbinden damit große Hoffnung. Ich persönlich gehöre eher zu den Hoffnungsvollen.

Der Instadreamer ist keine Klartraum-Maske, sondern ein Klartraum-Armband. In dieses sind Detektoren für die Schlafphasenerkennung eingebaut. Überwacht werden Puls, Bewegung und Temperatur des Schläfers.
Das Armband arbeitet ausschließlich mit Vibrations-Signalen.
Es gibt zwei Modi. Einen für die Nacht und einen für den Tag.

Tagmodus:

Im Tagmodus wird der Träger des Armbands mehrere Male (wie oft, entscheidet der Träger) pro Tag durch Vibrations-Signale zu einem Reality-Check animiert. Nach wenigen Tagen ist er auf diese Art von Vibration konditioniert. Das Signal führt dann automatisch zu einem Reality-Check.

Nachtmodus:

Zu Beginn des Schlafs (erste Schlafphase) erfolgt die Schlafphasen-Kalibrierung. Durch diese »weiß« das Armband, wann sich der Träger in den nächsten Schlafphasen in einer Traumphase befindet. Am bestmöglichen Zeitpunkt des Traums vibriert dann das Armband, was im optimalen Fall einen Reality-Check zur Folge hat. Dieser zeigt dem Träumer, dass er träumt und er kann nun seinen Traum gestalten.
Die Stärke der Vibration ist einstellbar und mit einer App soll man auch Daten auslesen können.
Die Beschreibung des Instadreamer in diesem Buch ist natürlich ohne Gewähr, da das Gerät zum Zeitpunkt der Veröffentlichung noch nicht auf dem Markt war. Es gab zudem noch keine Erfahrungsberichte von »neutralen« Anwendern.

Sollte der Instadreamer so funktionieren wie angekündigt, so ist er sicherlich die knapp 200 Dollar wert. Die Zeit wird es zeigen.

Klartraum-Apps

Auf dem iOS- und Android Markt gibt es viele Klartraum- bzw. Lucid Dreaming Apps.
Vor einigen Jahren habe ich mich mit diesem Thema beschäftigt, jedoch schnell festgestellt, dass dies für mich persönlich nichts ist. Wäre ich 20-30 Jahre jünger gewesen, so hätte ich vielleicht die eine oder andere App mehr oder länger getestet. Heute habe ich wieder ein Klapphandy und bin vollkommen zufrieden damit.
Klartraum-Apps können jedoch hilfreich und eine kostengünstige oder kostenfreie Alternative zu einer teuren Klartraum-Maske sein. Leider bin ich hier nicht mehr auf dem neusten Stand und einige der Apps, die ich damals kurz getestet habe, sind auch nicht mehr erhältlich.
In Erinnerung geblieben sind mir eigentlich nur drei Apps, auf die ich im Folgenden kurz eingehe.

DreamZ

DreamZ ist eine englischsprachige Applikation fürs iPhone. Da ich ein solches nicht besitze, kann ich zu dieser App keine Funktionsbewertung abgeben. Ähnlich dem REM-Dreamer Pro kann sie Licht- und Tonsignale aussenden und Sprachnachrichten während des REM-Schlafes abspielen. Die App kann also feststellen, wann man sich in einer REM-Phase befindet, und zwar über die Bewegungen der Matratze. Klingt für mich ziemlich abgefahren, doch

scheinbar gibt es im REM-Schlaf ein anderes Bewegungsmuster (keine Bewegung), als in den anderen Schlafphasen. Die weiteren Funktionen der App sind ein Traumtagebuch, ein Wecker, der den Schlafenden in einer Leichtschlafphase oder Traumphase weckt und man kann auch Statistiken zur Schlaf- und Traumdauer abrufen.
Sollte diese App wirklich funktionieren, dann ist sie sicherlich für Klarträumer mit iPhone eine bedenkenswerte Alternative zu einer Klartraum-Maske und mit knapp 4,50 Euro (Stand Juli 2019) sehr günstig.

Sleep as Android

Sleep as Android ist zwar jetzt nicht die Android Version von DreamZ, jedoch eine gute Alternative. Die Schlafüberwachung erfolgt per Ultraschall und die App unterstützt zudem die ein oder andere Smartwatch und eine kleine Auswahl von Fitnesstrackern (z. B. Mi Band). Sleep as Android und Mi Band gelten übrigens als günstige Alternative zum Instadreamer. Die Rezensionen für die App klingen vielversprechend und es gibt neben einer kostenpflichtigen (ca. 4 Euro, Stand Oktober 2017) auch eine kostenfreie abgespeckte Version.

Awoken

Für Smartphone-Besitzer mit Android-Betriebssystem, die auf die Schlafüberwachung verzichten können, ist sicherlich die App Awoken eine gute Wahl, besonders für Reality-Checks und Traumtagebuch. Nicht nur am Tag kann dich die App an die Ausführung von RCs erinnern, es gibt auch sogenannte »Dream Clues«, leise Töne, die, sollten sie in einer Traumphase ertönen, dich eventuell zu einem RC im

Traum animieren. Dazu gibt es noch eine Traumzeichen-Funktion innerhalb des Traumtagebuchs.
Awoken ist kostenfrei und gerade für Klartraum-Anfänger sicherlich hilfreich.

RC-Software

Für alle, die viel am PC unterwegs sind, ist ein Countdown-Timer eine gute Software, die einen durch Alarmton oder eine Sprachnachricht immer wieder an einen RC erinnert. Im Internet[27] fand ich vor Jahren eine passende kostenlose Version, die ich als sehr hilfreich erachte. In der Software sind 14 mögliche Alarmsignale enthalten, von Piepen über Glockengeläut bis zu Vogelgezwitscher. Wenn du dich jedoch mit Audioaufnahme und -bearbeitung etwas auskennst, so kannst du auch ein eigenes Signal installieren, vielleicht zusätzlich sogar mit einer Sprachbotschaft.
Solltest du die (selbst angefertigte) Audio-Datei zusätzlich für die Nacht verwenden wollen, so wähl für dein Alarmsignal etwas, worauf du auch im Alltag reagieren würdest, etwas das deine Neugierde weckt, etwas Ungewöhnliches. Auf Alltagslaute reagieren wir in der Regel kaum noch. Gefahr sollte dieses Geräusch jedoch nicht signalisieren, sonst wird dich das Signal vermutlich aufwecken. Letzteres kann ebenfalls passieren, wenn du eine Sprachbotschaft mit deinem Namen beginnst.
Eine solche sollte dich nicht nur neugierig machen, sondern auch zum Nachdenken anregen. »Du träumst«, wäre

---

[27] http://free-countdown-timer.com/countdownclock.html

diesbezüglich nicht so hilfreich wie beispielsweise. »Könnte es sein, dass du träumst? Check das mal!«

Für die Nacht

Innerhalb von 5 bis 10 Tagen solltest du dich auf ein Signal (plus Sprachbotschaft) am Tage konditioniert haben. Diese Audio-Datei kannst du dann zusätzlich für die Nacht verwenden. Was du dazu benötigst, ist ein Audiobearbeitungsprogramm, wie beispielsweise das kostenfreie Audacity, einen MP3-Player, einen kleinen Lautsprecher oder Kopfhörer, die man gut während des Schlafs tragen kann.

Um das Ganze zu vereinfachen, solltest du nur die letzten beiden REM-Phasen nutzen.

Ein Beispiel: Um 8 Uhr musst du aufstehen. 5 Schlafphasen wären 7,5 Stunden. Die optimale Einschlafzeit wäre also um 00:30 Uhr. Gegen 5:00 Uhr würden somit die beiden letzten Schlafphasen beginnen und gegen 5:30 Uhr solltest du dann deine ersten Signale erhalten.

In Audacity oder einem anderen Programm müsstest du somit als Erstes 5,5 Stunden (19.800 Sekunden) Silence (Stille) generieren und dann dein Signal (plus Sprachbotschaft) einfügen. Jedoch nicht nur einmal, sondern 5-7-mal hintereinander, mit einer kurzen Stille dazwischen von 1-2 Sekunden. Danach 5-7 min Stille – 5-7 Signale – 5-7 min Stille – 5-7 Signale – 5-7 min Stille usw., bis du bei etwa 7 h 20 min angekommen bist. Mit der Wiederholen-Funktion (Effekte) von Audacity ist das alles kein Hexenwerk. Wenn doch, dann kennst du sicherlich jemanden, der die Audioarbeit für dich erledigen kann.

Als MP3 abspeichern (Lame-Plug-in erforderlich bei Audacity) und auf den MP3-Player überspielen.

Direkt vor dem Einschlafen schaltest du den Player ein, der dafür am besten am Stromnetz hängt. Ob du einen kleinen Lautsprecher oder Kopfhörer (z. B., wenn du nicht allein schläfst) verwendest, ist deine Sache. Zur Lautstärke lässt sich Folgendes sagen. Wachst du von den Signalen auf, war es zu laut. Registrierst du sie nicht im Traum, war es zu leise. Hier musst du etwas experimentieren.
Natürlich kannst du die MP3-Datei auf eine CD brennen, wenn du einen CD-Player besitzt, der MP3-CDs abspielt. Vielleicht befindet sich ja noch ein alter DVD-Player in deinem Besitz.
Mit der Konditionierung auf ein Signal (plus Sprachnachricht) am Tage und dem Abspielen dessen in den REM-Phasen, hast du auf alle Fälle eine gute Chance, Klarträume zu induzieren.

Armbanduhr

Eine Armbanduhr mit Stundensignal kann ebenfalls eine gute Hilfe sein, wenn es ums Klarträumen geht. Jedes Mal, wenn diese zur vollen Stunde piept, kann man einen RC machen und sich damit auf diesen Ton konditionieren. Legt man die Uhr während des Schlafs neben sich auf den Nachttisch und diese piept zufällig in einer Traumphase, so führt dieses eventuell zu einem RC im Traum.
Es gibt sogar Armbanduhren mit einstellbaren Zeitintervallen, die zusätzlich noch einen Vibrationsalarm besitzen, auf den man sich konditionieren kann und der den Partner nicht möglicherweise weckt.

Partner

Eine Sprachbotschaft in einer Traumphase kann auch der Partner übernehmen. Am besten ist es natürlich in einem solchen Fall, wenn beide klarträumen wollen. Dann kann man sich abwechseln.

Oft ist es ja so, dass einer der Schlafpartner früher aufwacht, als der andere. Wenn nicht, kann sich ja einer von beiden 30-40 min früher wecken lassen, jedoch so, dass es der andere nicht mitbekommt. Das Zimmer sollte nicht ganz abgedunkelt sein, sodass der Wache die geschlossenen Augen des Schlafenden sehen kann.

Nehmen wir einmal an, du bist wach und dein Partner schläft. Sollte er auf dem Rücken schlafen oder dir zugewandt sein, so ist alles klar. Liegt er jedoch von dir abgewandt, dann steh bitte nicht auf und lauf ums Bett herum, um seine Augen zu sehen. Davon könnte er wach werden. Geh in einem solchen Falle davon aus, dass er träumt.

Wenn du die schnellen Augenbewegungen unter den Augenlidern bei deinem Partner registrierst oder du davon ausgehst, dass er träumt, dann flüster ihm wiederholt im Abstand von 3-5 min zu: »Könnte es sein, dass du träumst? Check das mal!«, oder etwas Ähnliches.

Diese Methode funktioniert natürlich am besten, wenn man dem Partner auch im Wachzustand zuhört. Ein nettes Spielchen ist sie allemal.

Brainwave- (Gehirnwellen) Entrainment

Brainwave-Entrainment ist praktisch gleichzusetzen mit der bewussten Veränderung der Gehirnwellenfrequenzen, um einen anderen Bewusstseinszustand zu erreichen. Meditation ist beispielsweise ein dafür geeignetes Mittel.

Ein schnellerer Weg sind diesbezüglich die **Binaural Beats** und **Isochronic Tones**. Was das Klarträumen betrifft, können diese den Schläfer in die Gehirnfrequenz führen, die für die Bewusstwerdung im Traum hilfreich ist.

Der Unterschied zwischen Binaural Beats und den Isochronic Tones besteht darin, dass die Binaural Beats mit Frequenzunterschieden arbeiten (Kopfhörer erforderlich) und die Isochronic Tones mit der Frequenz selbst. Für Letztere sind keine Kopfhörer notwendig. Zwei Lautsprecher in einiger Entfernung links und rechts vom Kopf aufgestellt (z. B. auf den Nachttischchen) sind völlig ausreichend. Schläft man nicht allein, dann gibt es auch hier die Kopfhörermöglichkeit.

Im Internet, in erster Linie auf YouTube, findet man einige Anbieter von Binaural Beats und Isochronic Tones fürs Klarträumen. Nicht selten sind auch Kombinationen von beiden, bei denen jedoch wieder (Schlaf-) Kopfhörer erforderlich sind.

Ich habe auch schon von Klarträumern gehört, die Binaural Beats oder Isochronic Tones (oder eine Kombination von beiden) erfolgreich einsetzen, indem sie sie vor dem Schlafengehen oder beim WBTB anhören.

Subliminals

Subliminals sind visuelle oder auditive Botschaften, die unter unserer bewussten Wahrnehmungsgrenze liegen. Bei den visuellen Subliminals arbeitet man mit Bildern oder geschriebenen Suggestionen, die ganz kurz eingeblendet werden, so, dass man diese bewusst nicht oder kaum sieht. Bei den Auditiven reduziert man die Lautstärke der Sprachbotschaften soweit, dass diese kaum noch hörbar sind. Es gibt auch noch die Silent Subliminals, bei denen man die auditiven Suggestionen auf eine Frequenz anhebt, die ein erwachsener Mensch nicht bewusst wahrnehmen, also hören kann.

Mittlerweile gibt es Software[28], mit deren Hilfe man selbst Silent Subliminals anfertigen kann. Bevor man hierfür jedoch Geld ausgibt, sollte man vielleicht erst einmal die kostenlosen Angebote aus dem Internet nutzen.

Hypnose

Hypnosen fürs Klarträumen gibt es mittlerweile schon so einige. Gerade auf YouTube hat man schon fast die Qual der Wahl.

Persönlich bin ich nicht der Typ, der sich ein- bis zwei Mal am Tag auf die Couch oder am Abend ins Bett legt, um eine Hypnose zu anzuhören. Solltest du jedoch mit solchen gute Erfahrungen gemacht haben und die Zeit haben, so findest du sicherlich etwas Passendes für dich.

---

[28] beispielsweise Silent Subliminals XXL

ASMR (Autonomous Sensory Meridian Response – Autonome sensorische Meridianreaktion)

Mit ASMR bezeichnet man ein Kribbeln, das auf der Kopfhaut beginnt und sich über die Wirbelsäule körperabwärts ausbreitet. Man kann es mit einer angenehmen statischen Aufladung vergleichen.
Dies wird in der Regel durch Audios erreicht, wobei der Sprecher im Flüsterton spricht, und/oder etwas isst, streichelt oder knetet. Es geht also nicht nur um das Gesprochene, sondern nicht selten auch um Geräusche.
Bei mir persönlich lösen gute ASMR-Audios ein Gefühl aus, als ob jemand mein Gehirn kitzeln würde.
Solche Audios gibt es zuhauf in Form von Videos auf YouTube und auch wenn Kopfhörer für die ASMR-Erfahrung nicht unbedingt vorgeschrieben sind, so sind sie doch hilfreich für ein intensives Erleben. Am besten schließt man während des Hörens auch noch die Augen.

Vor ein paar Jahren habe ich 4 ASMR-Videos fürs Klarträumen getestet, die insgesamt 2 Klarträume bei mir ausgelöst haben. Ich bin zwar beim Anhören immer nach 10-15 Minuten eingeschlafen (Mittagsschläfchen), doch scheint sich dies nicht negativ ausgewirkt zu haben.

Fürs Klarträumen gibt es auf YouTube leider zurzeit (August 2019) nur englischsprachige ASMR-Videos und ich habe bisher nur die 4 vom Kanal *TheOneLilium ASMR*[29] (Playlist: My Lucid Dreaming Series) getestet.

---

[29] https://www.youtube.com/user/TheOneLilium

Visuelle Hilfen

Filme und Bilder können ein tolles Hilfsmittel sein, wenn es ums Klarträumen geht.
Wenn dir im Alltag nichts oder nur wenig Außergewöhnliches oder Unerwartetes begegnet, so können sie dir die Gründe für deine täglichen Realitäts-Checks liefern.
Jeder Film und jedes Bild, der bzw. das surreale, fantastische, magische und traumhafte Elemente beinhaltet, ist dafür geeignet.
Allein ansehen genügt jedoch nicht. Sobald du etwas Außergewöhnliches oder Unerwartetes in einem Film oder auf einem Bild wahrnimmst, mach einen RC.

Ich persönlich kenne nur zwei Filme, in denen das Thema Klarträumen die Hauptrolle spielt. Dies sind der Hollywood-Blockbuster *Inception* und der Zeichentrickfilm *Waking Life*. Dazu kommt noch eine Episode (Staffel 4, Episode 13) aus der Science-Fiction Serie Star Trek Voyager mit dem Titel *Wache Momente (Waking Moments)*.

Olfaktorische Hilfen

Fast noch mehr als auf visuelle oder auditive Reize, reagieren wir auf die olfaktorischen. Gerüche sind eng mit unserem Erinnerungszentrum im Gehirn verbunden. Selbst Kaufhäuser nutzen diesen Umstand, insbesondere zur Weihnachtszeit. Ob wir jemanden mögen oder nicht, hängt nicht selten davon ab, ob wir ihn »riechen« können.
Düfte für die Induzierung von Klarträumen zu nutzen ist sicherlich nicht neu, doch erst, seit es automatische Raumsprays gibt, sehr einfach.

Mit Batterien betriebene Duftzerstäuber gibt es so einige auf dem Markt. Einige reagieren auf Bewegung und andere verteilen ihren Duft nach festgelegten Intervallen. Nur die Letzteren sind für unseren Zweck geeignet. Es sollte auf alle Fälle ein angenehmer und für dich neuer Duft sein, geeignet für Wohn-, Arbeits- und Schlafzimmer.

Am besten erkläre ich die Vorgehensweise anhand eines Beispiels:

Nehmen wir einmal an, du hast ein solches automatisches Raumspray gekauft mit Intervallschaltung für 9, 18 und 36 Minuten.

Am längsten hältst du dich am Tage in deinem Wohnzimmer auf, wo du den Zerstäuber so platzierst (Intervall auf 36 Minuten), dass du den Duft nach dem Ausstoßen wahrnehmen kannst. Jedes Mal, wenn dies passiert, machst du einen Realitäts-Check. Damit konditionierst du dich in den nächsten 5 bis 10 Tagen auf diesen Geruch. Danach nimmst du das Raumspray vor dem Zubettgehen mit in dein Schlafzimmer, änderst das Intervall auf 9 oder 18 Minuten und stellst es dort so hin, dass dir der Duft im Wachzustand auffallen würde. Um nicht die ganze Nacht »beduftet« zu werden, schalte das Gerät erst einmal ab. Sorg dafür, dass du 2,5 bis 3 Stunden vor der normalen Aufstehzeit geweckt wirst. Ein Wecker mit zwei Alarmen ist da ganz hilfreich, auch für das normale WBTB.

Wenn du dann aufwachst, oder nach einem WBTB, schalte den Zerstäuber ein und leg dich wieder schlafen. Mit dem 9 oder 18 Minutenintervall (hier heißt es experimentieren, was am besten funktioniert), ist nun die Chance sehr groß, dass so einige Sprühstöße in die folgenden REM-Phasen fallen und zu Realitäts-Checks im Traum führen.

Konditioniere dich am Tage weiter auf den Duft, um die Chancen noch weiter zu erhöhen. Einfacher hast du es mit zwei Zerstäubern, einen fürs Wohn- und einen fürs Schlafzimmer. Der Duft sollte natürlich derselbe sein.

Klartraum-Foren

Gerade wenn es ums Klarträumen geht, ist ein Austausch unter Gleichgesinnten sehr unterstützend. Eine diesbezügliche Möglichkeit ist die Mitgliedschaft in einem Klartraum-Forum. Mit über 6000 Mitgliedern ist das deutsche Klartraum-Forum[30], das größte im deutschsprachigen Raum. Hier kannst du auftauchende Fragen stellen, dir Tipps und Ratschläge holen, dich über Neuigkeiten in der Klartraumwelt und Klartraum-Treffen informieren, »traumhafte« Bilder ansehen, Klartraumgeschichten lesen, usw. Ein solches Forum hilft dir zudem, am Ball zu bleiben, sorgt in klartraumarmen Zeiten für die notwendige Motivation.
Alternativ zum gibt es das deutsche KT-Forum[31], das österreichische Klartraum-Forum[32] und verschiedene *Klartraum-Gruppen* bei Facebook.

Klartraum-Gruppen

Natürlich wäre es nützlich und erstrebenswert, Teil einer Klartraumgruppe zu sein, die sich regelmäßig physisch trifft, um über ihre Träume und Klarträume zu reden. Per-

---

[30] http://www.klartraumforum.de
[31] https://kt-forum.de
[32] http://www.luzider-traum.at

sönlich weiß ich jedoch, wie schwierig es ist, eine solche Gruppe in Wohnnähe zu finden oder selber zu initiieren. Audio- oder Videotreffen, beispielsweise über Skype, Discord, Teamspeak usw., können diesbezüglich eine gute Alternative darstellen. Nicht selten führte bei mir schon ein Gespräch am Tag übers Klarträumen mit einem Freund oder Bekannten zu einem Klartraum in der folgenden Nacht.

Es muss auch nicht unbedingt eine Gruppe sein. Ein Klartraum-Freund oder eine Klartraum-Freundin steigert eure Erfolgschancen schon erheblich.

Klartraum-Seminare

Immer mal wieder werden im deutschsprachigen Raum Klartraum-Vorträge oder -Seminare angeboten. In welchem Umfang dies bei mir der Fall sein wird, wird die Zeit zeigen.

Onlinekurse findet man schon einige im Internet. Diese haben den Vorteil, dass sie dich über die ersten Wochen begleiten, Fragen, die während des Experimentierens auftauchen beantwortet werden und du zudem über längere Zeit Teil einer Gruppe bist. Jedenfalls sollte ein Onlinekurs zum Klarträumen dies alles bieten.

YouTube

Material zum Thema Klarträumen findest du ohne Ende auf YouTube, ob in englischer oder deutscher Sprache. Gerade was Techniken betrifft, so kann ein Video dir manchmal

zusätzliche hilfreiche Informationen an die Hand geben, die die Erfolgschancen steigern.
Neben einigen Technik-Tutorials findest du auf meinem Kanal[33] sogenannte Klartraum-Hangouts, in denen ich mit anderen Klarträumern über das Thema rede.
Nach dem Erscheinen dieses Buches werde ich wieder Klartraum-Hangouts anbieten, voraussichtlich im monatlichen Abstand. Darin werde ich natürlich auch auf die Fragen der Leser dieses Buchs eingehen. Deine kannst du mir gerne per E-Mail[34] oder über Facebook[35] stellen.

Jedes einzelne der hier beschriebenen Hilfsmittel kann deine Chancen auf deinen ersten oder nächsten Klartraum erhöhen. Solltest du ein solches in Erwägung ziehen, dann beginne mit einem der kostenlosen oder günstigen. Im Klartraumbereich bedeutet »teurer» nur selten »besser«.
Wenn man die letzten vier Möglichkeiten (Klartraum-Forum, -Gruppe, -Seminar, YouTube) einmal außen vor lässt, so ist es ratsam, nie mehr als zwei Hilfsmittel zur selben Zeit zu verwenden. So kannst du im Erfolgsfall einfacher feststellen, was letztlich geholfen hat. Eine Kombination eines Mittels aus der internen und eines aus der externen Gruppe halte ich durchaus für sinnvoll.

Wichtiger Hinweis:
Lass dich bitte nicht von der Vielzahl der Möglichkeiten überwältigen. Entscheide dich gegen oder besser für ein

[33] https://www.youtube.com/user/Magic1691
[34] info@christianreiland.de
[35] https://www.facebook.com/christianreiland

Traumtagebuch, für 7-10 Realitäts-Checks, für *eine* Klartraum-Technik (in Verbindung mit WBTB), mit der du beginnen willst und optional noch für ein oder zwei Hilfsmittel.

Es wird vielleicht eine längere Zeit des Experimentierens notwendig sein, um nicht nur einen Klartraum pro Monat oder Woche zu haben. Nicht nur ein, sondern mehrere Klarträume pro Nacht sind möglich, wenn du *deine* Technik, eventuell in Verbindung mit *deinem* Hilfsmittel gefunden hast.

9. Klartraum-Vorbereitung

Mit den bis hier beschrieben Techniken und Hilfsmitteln sollte es dir leicht fallen, Klarträume zu induzieren. Was das Klarträumen an sich betrifft, ist dies jedoch erst die halbe Miete. Dieses und das nächste Kapitel sind dazu da, das Bild zu komplettieren, um das Optimale aus einem Klartraum herauszuholen. Eine gute Vorbereitung ist diesbezüglich schon einmal ein erster wichtiger Aspekt.

Klartraum-Planung

Es ist hilfreich, einen Plan zu haben, was man im nächsten Klartraum tun will.

Nehmen wir mal an, du verzichtest darauf und wirst dir plötzlich im Traum bewusst, dass du träumst. Nicht nur, dass du dann wahrscheinlich erst einmal wertvolle Zeit mit der Frage: »Was mach ich jetzt?«, verschwendest, dieses Nachdenken kann unter Umständen deine Klarheit beenden oder sogar zum Aufwachen führen.

Mach dir also bis spätestens kurz vor dem Einschlafen klar, was du in einem eventuellen Klartraum tun willst. Nimm dir *eine* Sache vor, mit der du starten willst. Alles Weitere ergibt sich in der Regel während des Klartraums.

Setz eine Intention in Wort: »In meinem Klartraum heute Nacht werde ich fliegen!«, und Bild: Was willst du sehen, wenn du fliegst? Wie soll die Landschaft aussehen?

Diese Vorstellung sollte einfach sein. Verzichte auf Personen, Tiere, Gebäude, irgendwelche Gegenstände usw. Ein wolkenloser blauer Himmel und eine grüne Wiese sind im Prinzip alles, was du zum Fliegen brauchst. Im Klartraum wird dein Unterbewusstsein weitere Details beisteuern.
Begib dich am Tag 2-3-mal und vor dem Einschlafen noch 1-mal in diese Vorstellung und sprich währenddessen wiederholt deine Absicht im Geiste oder laut aus. Tu so, als befändest du dich schon in diesem Klartraum und füll ihn mit Emotionen der Begeisterung und Freude.
Für alle Vorstellungen dieser Art gilt: Erleb sie assoziiert! Das heißt, du erlebst das Geschehen so, wie im wirklichen Leben. Du siehst dich nicht selbst in der Vorstellung, wie beispielsweise in einem Film (dissoziiert), sondern nimmst alles aus deiner Perspektive wahr. Nur so kannst du das Vorgestellte mit allen Sinnen erfahren.

Eine einfache Traumsequenz kannst du auch gut für den Einstieg in einen WILD nutzen. Während du regungslos liegst, bleib mit dem Fokus in der Vorstellung, in der du hoch im Himmel fliegst, unter dir die grenzenlose grüne Wiese. Steigst du mit dieser Szene bewusst in den Klartraum ein, so befindest du dich schon im Flug und hast dir das Abheben gespart.

Alles, was du dir vorstellen kannst, ist möglich in einem Klartraum.
Ich weiß natürlich nicht, welchen Plan du für deinen ersten oder nächsten Klartraum hast. Beherzige als Anfänger jedoch die Parole: »Keep it simple!«

Hast du deine ersten Klartraum-Erfahrungen gemacht, dann kannst du in der Vorbereitung einen Schritt weiter gehen.

Klartraum-Vorlagen

Die gewünschte Umgebung in einem Klartraum zu erschaffen mag zwar interessant und herausfordernd sein, jedoch auch viel Zeit in Anspruch nehmen. Zeit, die man lieber für andere Dinge nutzen würde.
Die folgende Idee, dieses Problem zu umgehen, kam mir schon vor Jahren. Experimentiert habe ich mit ihr jedoch noch nicht. Seit heute steht sie jedoch ganz oben auf meiner To-do-Liste.
Es gibt sicherlich mehr als die zwei folgenden Vorgehensweisen, wobei die erste auch gut ins nächste Kapitel passen würde.

Speicherung im Klartraum:

Stell dir vor, du bist in einem Klartraum und hast schon deine gewünschte Umgebung (Landschaft, Personen, Objekte usw.) erschaffen. Vielleicht befindest du dich aber mehr oder weniger zufällig gerade an einem Ort, der dir sehr gut gefällt. Was auch immer zutrifft, dein Wunsch ist es, immer mal wieder an diesen Ort in deinen zukünftigen Klarträumen zurückzukehren. Doch wie könntest du dafür sorgen?
Jedes Text-, Bild- oder Video-Bearbeitungsprogramm hat eine Speicherfunktion. Mit dieser ist es möglich, den aktuellen Stand der Bearbeitung oder das Endresultat auf der Festplatte abzuspeichern. Dass der Bio-Computer (Gehirn)

zwischen unseren Ohren ebenfalls ein Speichermedium ist, ist wohl unbestritten. Dass wir auf dieses im Klartraum unbegrenzten Zugang haben – davon geh ich aus. Der direkte Draht zum Unterbewusstsein macht dies möglich.
Wie oft hast du in deinem Leben schon die Speicherfunktion deiner Programme verwendet? Sehr oft? Unzählige Male?
Geh davon aus, dass deinem Unterbewusstsein deren Zweck und Funktion mittlerweile bekannt sind.

Ich fass einmal zusammen:
Wir haben eine 3D-Umgebung, einen Bio-Computer und die offene Schnittstelle Unterbewusstsein.
Was noch fehlt, ist ein unverwechselbarer kurzer Dateiname für die Umgebung und ein Eingabegerät. Ersteres ist deine Aufgabe, bei Letzterem geh davon aus, dass die Sprachsteuerung aktiviert ist.

Schritt 1: Zurück in den Klartraum. Du möchtest die erschaffene oder zufällige Umgebung (Szene) für spätere Zwecke abspeichern. Wähl für diese einen passenden Namen bzw. Titel.
Danach sag laut: »Unterbewusstsein, Umgebung (Szene) ... (Dateiname) speichern!«, oder »Unterbewusstsein, bitte speichere diese Umgebung (Szene) unter ... (Dateiname)!«
Als »Trekkie«, der vertraut mit dem Prinzip des »Holodecks« ist, würde ich folgenden Sprachbefehl wählen: »Computer, Programm ... (Programmname, z. B. *Christian Alpha 1*) speichern!«

Damit dein Unterbewusstsein deine Anweisungen versteht, liegt es an dir, diese für dich passend zu formulieren. Im Endresultat sollten sie leicht von der Zunge gehen.

Schritt 2: Geh direkt nach dem Aufwachen noch einmal zurück zur gespeicherten Umgebung (Szene) bzw. zum gespeicherten Programm. Ruf sie bzw. es einfach mit: »Unterbewusstsein, öffne/lade Umgebung (Szene) ... (Dateiname)!«, oder: »Computer, starte Programm ... (Programmname, z. B. *Christian Alpha 1*)!«, in die Erinnerung zurück.
Je entspannter du bist, je besser wird dies funktionieren. Deine Augen sollten dabei geschlossen sein.
Mach dir keinen Kopf, wenn es nicht (so richtig) klappt. Im nächsten Klartraum ist die Erfolgschance ungleich größer.
Sollte es jedoch funktionieren, dann hast du jetzt die Möglichkeit noch Veränderungen vorzunehmen. Im oberen Bereich der Szene könntest du beispielsweise noch den Datei- oder Programmnamen als Text platzieren. Dies könntest du übrigens schon im Klartraum tun.
Bist du fertig mit den Änderungen, dann speicher diese Version unter dem gleichen Datei- oder Programmnamen ab. Zur Sicherheit notiere diesen direkt nach dem Aufstehen. Es schadet sicher auch nicht, wenn du das Aufrufen im Wachzustand noch einige Male wiederholst.

Schritt 3: Im nächsten Klartraum folgt der ultimative Test. Schließ in ihm kurz die Augen und sag laut: »Unterbewusstsein, öffne/lade Umgebung (Szene) ... (Dateiname)!«, oder: »Computer, starte Programm ... (Programmname, z. B. *Christian Alpha 1*)!«

Öffne danach wieder die Augen und mit ein wenig Glück findest du dich in der gespeicherten Umgebung wieder.

Das Zurückkehren in eine Szene eines bereits erlebten Klartraums wird von nicht wenigen Klarträumern immer mal wieder praktiziert. Es gibt Projekte, die einfach zu groß für nur einen Klartraum sind. Um nicht wieder von vorne beginnen zu müssen, ist es wichtig, den letzten Stand des Projektes aufzurufen zu können.
Wie bei einer Daily Soap gelingt es, primär nativen Klarträumern, in der neuen »Folge« an das Ende der letzten anzuknüpfen.

Speicherung im Wachleben:

Der Vorteil dieser zweiten Vorgehensweise ist, dass du dafür erst einmal keinen Klartraum brauchst.

Schritt 1: Sorg dafür, dass du in den nächsten 20-30 Minuten nicht gestört wirst. Gibt es eine Wunschszene, in die du in deinen zukünftigen Klarträumen immer mal wieder einsteigen willst? Gib dieser Szene einen Titel bzw. Namen und notiere diesen. Leg dich anschließend bequem hin, schließ die Augen und atme ein paar Mal tief ein und aus.

Schritt 2: Lass nun vor deinem inneren Auge deine Wunschszene entstehen. Solltest du damit Probleme haben, dann leg die Handfläche einer Hand an den Hinterkopf (der Daumen ruht dabei auf dem Nacken direkt unter der Schädelbasis) und schildere leise oder laut, was du sehen möchtest. Die diesbezüglichen visuellen Sinneseindrücke

werden nicht lange auf sich warten lassen. Denk daran, alles aus deiner persönlichen Perspektive zu schildern bzw. zu erschaffen.
Platziere im oberen Bereich der Szene noch den Datei- oder Programmnamen als Text.

Schritt 3: Wenn du mit deiner Wunschszene zufrieden bist, dann speicher sie ab. Wie dies geht, weißt du ja schon. Atme danach ein paar Mal tief ein und aus und öffne die Augen.

Schritt 4: Solltest du noch Zeit haben, dann schließ noch einmal die Augen und öffne/lade die gespeicherte Szene bzw. starte das gespeicherte Programm mit dem von dir gewählten Sprachbefehl. Vielleicht ist es nötig, »verlorengegangene« Teile der Umgebung wieder bzw. neu zu erschaffen.
Bist du fertig mit den Änderungen, dann speicher diese Version unter dem gleichen Datei- oder Programmnamen ab.

Schritt 5: Wiederhole Schritt 4 zu späteren Zeitpunkten noch einige Male, bis das Aufrufen der Szene bzw. des Programms zufriedenstellend funktioniert. Du gibst den Sprachbefehl und die gespeicherte Umgebung erscheint klar vor deinem geistigen Auge.

Schritt 6: Im nächsten Klartraum folgt der ultimative Test. Schließ in ihm kurz die Augen und öffne/lade die gespeicherte Szene bzw. starte das gespeicherte Programm mit dem von dir gewählten Sprachbefehl.

Öffne danach wieder die Augen und mit ein wenig Glück findest du dich in der gespeicherten Umgebung wieder.

Solltest du mit dieser zweiten Speicher-Technik Erfolg haben, dann liegt es nahe, weitere Wunschszenen zu kreieren und unter einem einzigartigen Datei- bzw. Programmnamen zu speichern. Eine von ihnen sollte einen universellen Ausgangsort beinhalten.

Universeller Ausgangsort

Wie könnte ein solcher aussehen?
Stell dir mal eine große kreisrunde Steinplattform auf einer Wiese vor. Es ist ein sonniger angenehm warmer Tag. In der Mitte der Plattform befindet sich ein kreisrundes Meerwasserbecken mit Verbindung zu allen Weltmeeren, in dem sich ein paar Delfine tummeln.
Am Rand der Plattform gibt es neben einem Stargate mit DHD (Dial Home Device) zwei Portale. Eins für Zeitreisen und eins für die Reise in Alternative Realitäten bzw. Parallele Universen. Ein Transporter, mit dem man sich an jeden Ort auf der Erde beamen kann, sowie ein Replikator für Essen und Getränke sind natürlich auch da. Ebenfalls ein großer Spiegel, den man neben seiner Funktion als Portal zusätzlich zur Kommunikation mit dem Unterbewusstsein verwenden kann.
Zudem gibt es noch ein großes Zelt, in dem der Traumpartner auf einem riesigen Bett wartet. Ein kleineres Zelt für Heilung, Therapie, Problemlösung und Massage ist gleich daneben.

Was wäre noch abgefahren? Wie wäre es mit einem riesigen 3D-Bildschirm mit Sprachsteuerung? Durch diesen hat man Zugang zu Spielen, Filmen und Serien.

Ich glaub, du weißt jetzt, was ich mit Universeller Ausgangsort meine und es ist dir klar, welche Vorteile ein solcher hat. Sei kreativ!
Mach eine Liste mit all den Dingen, die du dir auf deiner Plattform wünschst. Mithilfe einer Zeichnung kannst du diese zusätzlich noch platzieren.
Für die erste Speicherung im Wachleben (oder im Klartraum), wähl 2 bis 3 Dinge. Nach und nach kannst du die Szene ergänzen und schließlich vollenden.

Bisher ging es in diesem Kapitel im Wesentlichen um Zeiteinsparung im Klartraum. Der Zweck der folgenden Vorbereitungs-»Technik« ist es, die Chance auf einen Klartraum zu erhöhen.

Klartraum-Ritual

Nimm dir vor dem Zubettgehen 20-30 Minuten Zeit, in denen du dich auf deinen ersten oder nächsten Klartraum einstimmst.
Schalt alle Geräte mit Bildschirm aus und sorg dafür, dass du nicht bei deinem Ritual gestört wirst.
Wenn du möchtest, zünde eine Kerze an und leg entspannende Musik auf. Gib dir die Erlaubnis ganz im Hier und Jetzt zu sein.

Erleb nun mit allen Sinnen deinen gewünschten Klartraum. Ein paar Nasen-RCs während dieser Vorstellung können hilfreich sein.
Stell dir anschließend vor, wie du morgen früh erfrischt und voller Energie aufwachst und als Erstes, das Erlebte in dein (Klar-) Traumtagebuch schreibst. Danach, wie du später deinem Partner, Freunden oder Arbeitskollegen von deinem fantastischen Klartraum erzählst.
Geh 20-30 Minuten lang immer wieder durch diese Vorstellungen.
Lösch danach die Kerze, schalt die Musik aus und geh zu Bett.

Wenn du immer dieselbe Musik für die Vorstellung einer bestimmten Klartraum-Aktivität verwendest, so macht es nach einiger Zeit Sinn, diese Verbindung zu nutzen. Lass die Musik dann zusätzlich einfach leise als Endlosschleife laufen, während du schläfst. Die Wahrscheinlichkeit ist hoch, dass sie, über kurz oder lang, einen Traum auslöst, der der Vorstellung entspricht. Da diese zusätzlich an RCs gekoppelt ist, besteht zudem eine gute Chance auf einen Klartraum.

Wichtiger Hinweis:
Die meisten der in diesem Kapitel vorgestellten Vorschläge für die Klartraum-Vorbereitung sind experimenteller Natur. Sicherlich ist dir nach dem Lesen klar, welche Vorteile sie bieten können.
Um Klarträume zu haben, sind sie jedoch nicht von *großer* Wichtigkeit und damit optional.

Solltest du jedoch ein experimentierfreudiger Mensch sein und dich die ein oder andere Idee ansprechen, dann hau rein.
Dem Anfänger würde ich jedoch raten, erst zu diesem Kapitel zurückzukehren, wenn es mit Klarträumen einigermaßen klappt und wieder Zeit fürs Experimentieren vorhanden ist. Von diesem Kapitel sollte er jedoch mitnehmen: Hab immer einen Plan von dem, was du in deinem nächsten Klartraum tun willst!

Zum Abschluss noch ein kurzer Erfahrungsbericht, in dem schon der Trübtraum sehr interessant für mich war.

Trübtraum:
Ich befinde mich auf einem Flughafen vor einem Hangar. Vor diesem sehe ich ein aufgebautes Stargate und in kurzer Entfernung davor ein Kontrollpult . Ich gehe zu dem Pult, schaue auf die Kontrollen und berühre den einen oder anderen Regler.
Auch wenn ich nicht glaube, dass ich irgendeine Einstellung verändert habe, so wird plötzlich das Stargate erst mit einer Aluminium-Rolle und zusätzlich noch mit einem Vorhang verhüllt. War ich das?
Ich dreh mich um und erblicke einen Mann, der da wohl schon länger steht. Es ist Sheldon, der theoretische Physiker aus TBBT (The Big Bang Theory).
Ich frage ihn, ob das Stargate schon verhüllt war, als er hier angekommen ist. Er verneint dies, doch ich glaube immer noch nicht, dass ich dafür verantwortlich bin – vielleicht ist es ja auch ein Traum? Der FdH-RC bestätigt mir das Letztere.

Klartraum:
Die Umgebung verändert sich und ich befinde mich plötzlich in einer riesigen Höhle.
Ich fliege nach oben durch eine Schicht von Staubkörnern und lasse mich aus ca. 15 Metern wieder fallen. Der Fall endet ohne Aufschlag etwa 5 cm über dem Boden der Höhle, in deren Mitte ich einen schweren Steintisch entdecke, mit zwei ebenso massiven Steintischbeinen. Ich beschließe, etwas zu experimentieren und versuche den Tisch mit einem kräftigen Karateschlag in zwei Hälften zu teilen.
Ich schlage so fest zu, wie ich kann, und die Handkante trifft genau die Mitte des Tisches.
Kein Schmerz, doch der Tisch ist genauso heil wie zuvor.
Ich versuche etwas anderes. Ich drücke mit beiden Händen fest auf den Tisch, mit der Absicht diesen in den Boden zu drücken. Der Tisch senkt sich und ohne großen Kraftaufwand schaffe ich es, dass er letztlich ebenerdig mit dem Boden ist.
Danach fliege ich aus der Höhle und erkunde noch einige Minuten die Umgebung, bevor ich aufwache.

10. Willkommen im Klartraum

In dem Moment, in dem du im Traum erkennst, dass du träumst, öffnest du die Tür zu einer Welt der unbegrenzten Möglichkeiten. In dieser sind weder die physikalischen Gesetze gültig, noch gibt es irgendwelche Einschränkungen physischer Art.

»Traum-Körper«

Dein Traum-Körper kann alles tun und sein, was du ihm vorgibst.
Er gleicht damit einem Hologramm, einer dreidimensionalen Abbildung aus Licht und Energie. Ebenso wie die ihn umgebende Traumwelt, ist er veränderbar.
In einem Klartraum kann man die eigene Erscheinung nur schwer überprüfen, da dort ein Spiegel oft nur ein verschwommenes oder gar kein Spiegelbild zeigt.
Da unser Selbstbild jedoch im Unterbewusstsein gespeichert ist, wird unser Aussehen wohl diesem gleichen. Diesbezügliche Veränderungen im Klartraum vorzunehmen ist meiner Erfahrung nach kein leichtes Unterfangen. Solltest du dir also einmal vornehmen, deine Erscheinung im Klartraum zu verändern, z. B. ein spezielles Tier zu sein, vier Arme zu haben oder das Geschlecht zu wechseln, so braucht dies schon ein wenig Klartraumerfahrung und Vorbereitung.

Nicht nur, aber gerade für Verwandlungen, die gegen ein »feststehendes« unterbewusstes Bild stehen, sind Visualisierungen im Wachzustand ein bewährtes Mittel.
Sicherlich hast du schon einmal einen Film gesehen, in dem sich ein Mensch in ein Tier, ein älteres in sein jüngeres Ich, oder ein Mensch sich in eine andere Person verwandelt.
Was würde dieses Individuum an sich selbst von dieser Veränderung wahrnehmen, wenn es keinen Spiegel hätte?
Wenn du dich also auf einen solchen Verwandlungs-Klartraum vorbereitest, solltest du beim Visualisieren diese assoziierte Wahrnehmungsposition einnehmen.
Was würdest du beispielsweise sehen bei einer Metamorphose in einen Elefanten?
Den Rüssel, die Stoßzähne, wenn du nach links und rechts schaust, die ledrigen Schultern, ein Teil des Bauchs, und blickst du nach unten, die beiden Elefantenbeine und -füße.
Bist du ein richtig großer Elefant, so würde sich auch die Perspektive ändern und dir das, was dich umgibt, kleiner erscheinen.
Die Verwandlung könnte bei der Visualisierung sowie im Klartraum beispielsweise eine diesbezügliche Pille auslösen, die du in deiner Tasche hast. Auf die Verwendung von Hilfsmitteln im Klartraum komme ich später zu sprechen.

Nichts in einem Klartraum ist den physikalischen Gesetzen unterworfen und somit auch nicht dein Traumkörper. In Science-Fiction-Filmen habe ich mich immer gewundert, wenn Personen mühelos durch Wände gingen, jedoch nicht folgerichtig im Boden versanken.
Letzteres wird auch nicht im Klartraum passieren, außer du willst es. Ein Gang durch eine Wand ist, wie das schon

häufig angesprochene Fliegen, ein einfaches Unterfangen im Klartraum für einen Anfänger und gleichzeitig ein guter Traum-Test.

»Jetzt ist ALLES möglich!«, sollte einer deiner ersten Gedanken sein, wenn du dich in einem Klartraum wiederfindest. Erkennst du, dass du träumst, ist dies der erste Satz, den du laut aussprechen solltest, um all die wundervollen Möglichkeiten optimal nutzen zu können.

Klartraum-Steuerung

Wie du einen Klartraum bewusst steuern kannst, erkläre ich dir am besten mithilfe eines Beispiels.
Nehmen wir einmal an, du hast dir vorgenommen in deinem ersten oder nächsten Klartraum zu fliegen. In einem Traum hast du das Gefühl, dass dieses ein solcher sein könnte, machst einen Realitäts-Check und bist dir danach sicher.
Du erinnerst dich an deine Flug-Absicht, springst hoch ...
Ohne eine Flug-Steuerung wirst du im besten Falle irgendwo in der Luft hängen bleiben. Wahrscheinlicher ist jedoch, dass du, wenn auch sanft, wieder zurück auf die Erde schwebst. Unnormale Aktivitäten und somit auch das Fliegen, widersprechen den gespeicherten Erfahrungen in deinem Unterbewusstsein. Ohne eine bewusste Kontrolle deinerseits führt dieses einfach das ihm bekannte Programmmuster aus: Hochspringen – Landen.
Um zu fliegen, musst DU die Steuerung übernehmen. In der Regel ist die Vorstellung des Fluges dazu ausreichend. Du stellst dir also vor, wie du langsam oder schnell höher und

höher fliegst, nach rechts und nach links, nach oben oder nach unten.
Ein Ziel vor Augen zu haben kann ebenfalls hilfreich sein. Dieses könntest du anvisieren, mit der Absicht schnell dahin zu fliegen.
Eine Ergänzung oder Alternative zum Vorstellen sind Sprachkommandos, im Geiste oder laut ausgesprochen: »Höher – tiefer – nach rechts – nach links – langsamer – schneller!« Ich persönlich verwende zumeist diese Art der Steuerung, ab und zu in Verbindung mit der visuellen Vorstellung.

Wahrscheinlich schon nach deinem ersten Klartraum wirst du wissen, was am besten für dich funktioniert.
Solltest du ein Klartraum-Neuling sein, so ist es wichtig, dass du dich beim Fliegen nur auf dieses konzentrierst und nicht vielleicht noch versuchst, so nebenbei z. B. die Landschaft zu verändern.
Ich hatte einmal Sex während des Fliegens und bin dabei böse abgestürzt. Allerdings bin ich auch im realen Leben nicht gerade multitaskingfähig.

Fliegen ist natürlich nur eine Superkraft, die du in einem Klartraum haben kannst. Wir leben in einer Zeit der Superhelden und haben damit viele Vorbilder mit übermenschlichen Fähigkeiten. Dank Kino-Filmen und TV-Serien haben wir zusätzlich eine genaue Vorstellung von diesen Kräften, die wir nutzen können.
Welcher Superheld möchtest du sein? Stell dir in deinem nächsten Klartraum vor, du hättest dessen Fähigkeiten.

Ich persönlich greife sehr wenig bewusst in meine Klarträume ein. Ich gebe ein Kommando, schaue was passiert, und nur, wenn sich der Klartraum nicht wunschgemäß, interessant oder spannend weiterentwickelt, greife ich wieder ein.

Gerade wenn du deine bewussten Träume nutzen möchtest, um interessante Dinge über dich zu erfahren, zur Traumdeutung oder zur Erkundung deiner Traumwelt, so ist das ausschließliche Einnehmen der Beobachterrolle sehr hilfreich.

Klartraum-Gestaltung

Ob Himmel, Landschaften, Pflanzen, Tiere, Menschen oder Gegenstände, in einem Klartraum kannst du alles verändern, neu gestalten oder erschaffen. Die einzige Grenze liegt in deiner Vorstellungskraft. Je genauer die Vorstellung, desto besser das Ergebnis.

Du stellst dir vor, was du sehen willst oder was passieren soll und es wird erscheinen bzw. geschehen. Auch hierbei können (zusätzliche) Sprachkommandos hilfreich sein.

Sollte jedoch nicht passieren, dann gibt es einige Tricks, die dir helfen könnten.

Dazu ein Beispiel:

Du möchtest, dass eine bestimmte Person in deinem Klartraum erscheint. Du stellst dir vor, wie dieses vor deinen Augen geschieht, und gibst dazu noch eine diesbezügliche Sprachanweisung. Doch nichts passiert.

Bevor du einen neuen Versuch startest, dreh dich erst einmal um 360 Grad. Vielleicht steht die Person ja außerhalb deines Blickfeldes, z. B. direkt hinter dir.

Schau während des Drehens auch in die Ferne. Man übersieht leicht etwas Entferntes, wenn man erwartet, dass es in der Nähe ist.

Immer noch nicht da? Dann schließ die Augen und wiederhole die Vorstellung (plus Sprachkommando).

Dass etwas sich direkt vor deinen offenen Augen materialisiert, ist deinem Unterbewusstsein sicherlich fremd. Dass sich was verändert, während du die Augen geschlossen hast, schon eher möglich.

Immer noch nichts? Dann wiederhole das mit den geschlossenen Augen und dreh dich dabei um 360 Grad. Sollte auch dies nicht funktionieren, dann versuch es mal mit 180 Grad.

Egal ob nur geschlossene Augen oder geschlossene Augen mit Drehung – die Wahrscheinlichkeit besteht, dass sich die Umgebung ändert. Sei darauf gefasst.

Es klappt immer noch nicht? Dann stell dir vor (plus Sprachkommando), dass die Person bereits hinter dir steht. Du musst dich nur umdrehen. Bei dieser Vorstellung, wie auch bei den Folgenden, musst du die Augen nicht schließen.

Du stellst dir vor (plus Sprachkommando), die Person kommt von außerhalb deines Sichtfelds, von links, rechts oder von oben in dein Sichtfeld, zu Fuß, auf einem Fahrrad, in einem Auto, in einem Ballon, auf einem fliegenden Teppich usw. Vielleicht kann sie auch selbst fliegen.

Du stellst dir vor (plus Sprachkommando), sie steht bereits hinter einem Baum, einem Zaun, einer Mauer, einer Tür usw., oder kommt von dahinter hervor.

Zusätzlich kann es hilfreich sein, wenn du, während deine Augen geschlossen sind, einmal mit den Fingern schnippst. Wenn es ums Zaubern geht, muss ich nicht selten an die Fernsehserie *Bezaubernde Jeannie* denken.
Bei kleinen Zaubereien hat sie immer kurz gezwinkert, begleitet mit einem leichten Kopfnicken – bei großen, zusätzlich noch die Arme im 90-Grad-Winkel vor der Brust verschränkt.

Hast du schlussendlich herausgefunden, was für dich funktioniert, so kannst du deinen Klartraum nach deinen Wünschen gestalten. Viel Spaß dabei!

Ortswechsel im Klartraum

Um einen schnellen Ortswechsel in einem Klartraum vorzunehmen, brauchst du keinen Transporter, kein Portal, oder Stargate. Eine geschlossene Tür ist dafür vollkommen ausreichend.
Stell dich vor diese, mit der Vorstellung (plus Sprachkommando), dass sich dahinter dein Zielort befindet. Danach musst du nur noch die Tür öffnen und »eintreten«.
Als Neuling wählst du am besten einen Ort, der eh schon in deinem Unterbewusstsein abgespeichert ist.
Was war bisher dein schönster, glücklichster, spannendster oder romantischster Moment in deinem Leben? Wo fand dieser statt?
Solch emotionale Augenblicke sind in dir mit allen dazugehörenden Einzelheiten gespeichert.
Denk einfach an diesen Moment, bevor du die Tür öffnest.

Nicht immer wird eine Tür in einem Traum da sein. Natürlich kannst du nach einer suchen oder eine erschaffen. Du kannst dir jedoch auch die Zeit sparen, indem du dich einfach auf deinen Wunschort oder Lieblingsmoment einstimmst, während du dich (mit geschlossenen Augen) ein paar Mal um dich selbst drehst. Die Chance ist groß, dass du dich danach an diesem Ort wiederfindest.

Ob Tür oder Drehen, spannend wird es, wenn du es deinem Unterbewusstsein überlässt, für den Ort zu sorgen. Mit der Absicht auf einen Ortswechsel, könntest du beispielsweise vor der Tür oder während der Drehung laut sagen: »Überrasch mich!«

Oder du sprichst lediglich das laut aus, was du gleich tun willst:

»Ich will mit Delfinen schwimmen?«

»Ich will ein Formel-1-Auto fahren?«

»Ich will ... (Problem) lösen?«

»Ich will Party machen?«

»Ich will bei ... (TV-Serie oder Film) mitspielen?«

Dein Unterbewusstsein wird für das sorgen, was für die gewünschte Aktivität nötig ist.

Hilfsmittel im Klartraum

Aktivitäten, die im realen Leben unmöglich sind, widersprechen auch im Klartraum den Glaubensmustern, die in unserem Unterbewusstsein fest verankert sind.
Nehmen wir mal als Beispiel das Reisen in eine vergangene oder zukünftige Zeit. Auch wenn dieses vielleicht in Jahrzehnten oder Jahrhunderten einmal möglich sein sollte, so ist es dies zurzeit de facto nicht. Diese Überzeugung kann uns natürlich auch im Klartraum im Weg stehen, wenn es ums Zeitreisen geht.
Sollte dies einmal bei dir der Fall sein, so kannst du mit einem geschickt gewählten Hilfsmittel diese Hürde umgehen. Wenn du an Zeitreisen denkst, welche Zeitreisemaschine kommt dir als Erstes in den Sinn?
Ist es das Auto (DeLorean) von Doc Brown bzw. Marty McFly aus *Zurück in die Zukunft*? Oder ist es die *Zeitmaschine* aus dem gleichnamigen Film?
Egal welches »Beförderungsmittel« dir einfällt, dessen Bild ist ebenfalls auf deiner Unterbewusstseins-Festplatte gespeichert, mit dem Vermerk, dass mit einem solchen Gerät das Zeitreisen möglich ist. In einem Klartraum kannst du dieses bewusst erscheinen lassen und die Zeitreise kann beginnen.

Ein Zauberstab ist ein weiteres Hilfsmittel, um etwas erscheinen, verschwinden, schweben, fliegen zu lassen oder zu vergrößern, zu verkleinern, zu verwandeln.

Unser Unterbewusstsein weiß nicht erst seit *Harry Potter* – mit einem Zauberstab und passendem Spruch ist alles möglich.
Für das Öffnen eines Tors zu einer alternativen Realität gibt es wie bei *Sliders* eine diesbezügliche Fernbedienung.
Ein tragbares Beamgerät oder eine Teleportationsplattform bringt dich in Sekundenschnelle an jeden gewünschten Ort.
Selbst fürs Fliegen und/oder übermenschliche Kräfte gibt es eine Pille, wie in der TV-Serie *Immer, wenn er Pillen nahm.*

Mach dir am besten eine kleine Liste mit Aktivitäten, die du in deinen Klarträumen ausüben willst, und schreib hinter jede von ihnen ein bis zwei passende Hilfsmittel.
Bedien dich, was diese betrifft, aus deinem Superhelden-, Fantasy- und Science-Fiction-Arsenal. Wähl Maschinen und Geräte, mit denen du schnell dein Ziel erreichen kannst. Eine Reise im Raumschiff Enterprise zu einem anderen Planeten mag sehr spannend und faszinierend sein, jedoch auch zeitraubend. Ein Sternentor (*Stargate*) ist diesbezüglich sicherlich eine schnellere und bessere Option.

Für das Materialisieren bzw. Erscheinenlassen von Gegenständen hast du schon so einige Techniken in deiner Trickkiste. Bei einem kleinen Hilfsmittel (Pille, Fernbedienung, Zauberstab usw.) stellst du dir einfach vor, dass sich dieses bereits in irgendeiner Tasche deiner Hose oder Jacke befindet.

Klartraum-Stabilisierung

Ein kleiner Teil der Klartraum-Community ist der Meinung, dass Klarträume von Grund auf stabil sind. Natürlich kann dies der Fall sein, wenn man zu 100 % diese Überzeugung hat. Jedoch frag ich mich dann, warum haben selbst Klartraum-Pioniere wie Stephen LaBerge, Stabilisierungstechniken erforscht und in ihren Büchern beschrieben?
Es könnte jedoch ebenfalls sein, dass die Ursache von instabilen Klarträumen in diesen Techniken liegt. Vielleicht hat ja ein Klarträumer, der nie was davon gehört oder gelesen hat, wirklich nur stabile Klarträume.
Wie auch immer. Für den überwiegenden Teil der Klarträumer gehen Klarträume in der Regel viel zu schnell zu Ende, sind viel zu schnell vorbei. Ich bin fast täglich in Klartraumgruppen und -Foren unterwegs, und erst zweimal kam die Frage: »Wie kann ich einen Klartraum, der nicht enden will, abbrechen?«
Sollte mir dies einmal passieren, würde ich entweder versuchen einzuschlafen oder laut schreien: »Aufwachen!«, und bewusst die Augen öffnen.
Letzteres wäre auch mein Mittel der Wahl, sollte sich einmal ein Klartraum zu einem Klar-Albtraum entwickeln und ich nicht genügend Kontrolle haben, diesen zum Guten zu verändern.

Stabilisierungstechniken – ich bin jetzt wieder beim Thema – können ein vorzeitiges Eintrüben (der Klartraum wird

wieder zum Traum), traumloses Weiterschlafen oder Aufwachen verhindern.
Dafür ist es jedoch unerlässlich zu erkennen, wann die Klarheit schwindet.
Untrügliche Zeichen hierfür sind ein Verblassen der Traumwelt, es wird plötzlich zunehmend dunkler oder heller oder »Etwas« zieht dich zurück (ins Dunkle oder Helle).
Für eine Stabilisierung ist es in der Regel zu spät, wenn sich die Traumwelt vollkommen aufgelöst hat und/oder du schon die Matratze deines Bettes unter deinem Körper spürst.

Wehret den Anfängen!

Insbesondere Klartraum-Neulinge berichten nicht selten, dass sie schon wenige Sekunden nach der Traumerkennung aus dem Klartraum rausfliegen und aufwachen.
Zu erkennen, dass man träumt, ist ohne Zweifel ein aufregender Moment, doch ist zumeist genau diese Aufregung die Ursache für ein schnelles Aufwachen.
Es gilt demnach cool zu bleiben direkt nach dem Klarwerden. Mach es zur Routine, dass du erst einmal tief durchatmest und deine Sinne auf Trab bringst: Was siehst du? Was hörst du? Was spürst du? Hilfreich ist es auch, irgendetwas anzufassen, und solltest du noch keinen RC gemacht haben, so ist jetzt ein guter Zeitpunkt.
Während dieser Startroutine sprich wiederholt laut das Motto: »Ich habe alle Zeit der Welt!«, aus. Führ das, was du tust, langsam aus – mit Bedacht.

Erst wenn der Klartraum stabil ist – du wirst es merken – erinnere dich an das, was du dir vorgenommen hast – und tu es.
Je gelassener du zu Beginn und während eines Klartraums bist, desto weniger besteht die Gefahr eines Rausfliegens. Solltest du jedoch merken, dass die Traumwelt beginnt sich aufzulösen, so gibt es noch so einige Tricks zur (Re-) Stabilisierung. Je früher du eine der Folgenden einsetzt, desto besser.

Um sich selbst drehen

Sich einige Male wie ein Kreisel um sich selbst drehen, ist, jedenfalls für mich, die effektivste Technik die Klarheit zu erhalten. Du kannst sie ebenfalls verwenden, um dich bewusst zu einem anderen Ort zu teleportieren.
In einem meiner längsten Klarträume wendete ich diesen Trick etwa siebenmal zur Stabilisierung an. Jedes Mal befand ich mich nach dem Drehen an einem anderen Ort, einmal sogar in einer cartoonartigen Landschaft.

Hände reiben

Das Reiben der Hände ist eine weitere effektive Aktivität, um nicht zurück in einen normalen Traum zu fallen, oder gar aufzuwachen. Die Wachheit wird durch die Anregung der Sinne (in erster Linie des Fühlens) gesteigert.

Klartraumstabilisierungs-Pille

Eine solche Pille hast du immer in irgendeiner Tasche dabei. Dessen solltest du dir sicher sein. Findest du jedoch keine, so kann dir gewiss ein Traum-Charakter (falls gerade anwesend) aushelfen. Einen solchen könntest du zudem bitten, dich wachzuhalten und dir ein Zeichen zu geben, wenn deine Klarheit schwindet.

Bewegen der Augäpfel

Lass deinen Blick bewusst schweifen, von oben nach unten, unten nach oben, links nach rechts, rechts nach links, bis der Klartraum wieder stabil ist.

Realitäts-Check

Auch ein erneutes Testen der Realität kann dir helfen, klar zu bleiben.
Durch einen RC kannst du zudem deine Klarheit erhalten, wenn es sich um ein *Falsches Erwachen* handelt. Vergiss dies nie!

»Crystal-On«

Wenn die Umgebung im Klartraum zu verblassen scheint, kann dir dieses Schaltwort-Paar, wiederholt im Geiste oder laut ausgesprochen, wieder zu mehr Klarheit verhelfen.

Blick-Fixierung

Schau auf ein unbewegliches Objekt in deinem Blickfeld. Fixier dieses mit deinen Augen und selbst, wenn es verschwinden oder sich auflösen sollte, bleib mit deinem Fokus auf diesem Punkt, bis der Klartraum wieder stabil ist.
Jahrzehntelang war dieses Vorgehen für mich ein No-Go, da man dadurch ja augenscheinlich die schnellen Augenbewegungen (REM) unterbricht und damit die Traumphase beendet. Dutzende eigene Erfahrungen bestärkten diese Überzeugung. Immer wieder flog ich raus, wenn ich im Klartraum etwas länger als ein paar Sekunden anstarrte.
Heute bin ich mir sicher, dass ich dringeblieben wäre, wenn ich den Fokus beim Rausfliegen beibehalten hätte.
Die erste positive Erfahrung mit der Blick-Fixierung machte ich erst vor wenigen Jahren, nachdem ein Klartraumforscher diese Art der Stabilisierung in einem Video empfahl.
In einem Klartraum begann sich die Umgebung langsam aufzulösen. Ich stand einige Meter entfernt von einem Kiosk, vor dem ein kleines Schild auf dem Boden stand. Mit meinem Blick fixierte ich dieses und auch wenn es sich, wie der Rest der Szene, auflöste, blieb ich mit meinem Fokus auf dieser Stelle, ohne die Augen zu bewegen. Es wurde heller und für einige Sekunden war nur strahlendes Weiß um mich herum. Schnell bildete sich jedoch eine neue Umgebung und erst als diese nach meinem Gefühl stabil war, beendete ich die Blick-Fixierung.

Seit dieser Erfahrung wende ich diese Methode immer mal wieder an. Wenn ich früh damit beginne, kann ich sogar manchmal die Szenerie retten und fast immer den Klartraum verlängern.

Als Klarträumer solltest du wenigsten zwei dieser Techniken parat haben. Diese werden dir so manchen Klartraum retten.
Sollten jedoch alle Stricke reißen, so gibt es immer noch **LDEILD** (Kapitel 7). Diese Technik sollte auf keinen Fall in deiner Stabilisierungs-Trickkiste fehlen.

Sex im Klartraum

Fliegen und Sex, nicht unbedingt in dieser Reihenfolge, sind wohl die Nr. 1 und 2 der Aktivitäten für die meisten Klarträumer.
Während das Fliegen noch eine leichtere Übung ist, so ist Sex im Klartraum eine etwas größere Herausforderung.
Ob dieser schlechter oder besser ist als in der Realität, lässt sich nur individuell beantworten. Meiner Meinung nach ist er anders, jedoch auf keinen Fall schlechter.
Auf jeden Fall ist es der sicherste (safest) Sex, mit einer anderen Person, den man haben kann.

Ich weiß natürlich nicht, ob du mit meinen Problemchen, was den Klartraum-Sex betrifft, konfrontiert wirst, jedoch ist es sicherlich nützlich, darauf vorbereitet zu sein.

Um wertvolle Zeit einzusparen, solltest du erst einmal dafür sorgen, dass du bereits nackt bist. Kleidung ist zwar beim Klartraumsex nicht unbedingt hinderlich, doch ohne macht es einfach mehr Spaß. Sag einfach im Geiste oder laut: »Ich bin nackt!«, und deine Kleider werden sich auflösen bzw. verschwinden.
Stell dir danach vor und/oder beschreibe, was geschehen soll, wie beispielsweise: »Es kommt eine attraktive nackte Frau (ein attraktiver nackter Mann) um die Ecke (auf mich zu), die (der) heißen Sex mit mir haben will!«
Mit einer solchen Vorstellung, bzw. Formulierung sorgst du erstens für die Attraktivität (dein Unterbewusstsein weiß,

was du darunter verstehst), zweitens dafür, dass deine zukünftige Sexpartnerin (zukünftiger Sexpartner) nackt ist und drittens für ihre (seine) Bereitschaft zum Sex. Du verlierst also nicht unnötige Überredungszeit.
Sollte die Frau oder der Mann trotzdem keine Lust auf Sex mit dir haben, dann erkläre ihr oder ihm, dass es ein Traum ist – sie oder er sich also keine Gedanken machen muss. Mit dieser Vorgehensweise war ich bisher immer erfolgreich.

Sex im Klartraum ist sehr aufregend. Dennoch solltest du dabei cool bleiben, um nicht vorm »Happy End« aufzuwachen.
Um das Herz-Kreislauf-System nicht zu sehr anzuregen, lass den Traumpartner den Hauptteil der »Arbeit« übernehmen.
Um die Emotionalität etwas herunterzuschrauben, sprich mit ihm oder ihr.
Intimer als Sex ist meiner Erfahrung nach das Küssen im Klartraum. Verzichte nicht darauf. Du wirst es mir danken.

Nach dem Sex solltest du dich bei deinem »Traumpartner« für das Erlebte bedanken. Bitte sie oder ihn (dies könntest du auch schon vorher oder währenddessen tun), in deinen nächsten Träumen wieder zu erscheinen und dich daran zu erinnern, dass du träumst. Es muss ja nicht bei einem One-Night-Stand bleiben.

Klartraumbericht (bei dem leider einige Stellen der Zensur zum Opfer fielen):

Ich befinde mich in einem Krankenhaus der Achtzigerjahre (so General Hospital-mäßig).

Um ein wenig Spaß in die Sache zu bringen, ziehe ich mich nackt aus, was keinen zu stören scheint. Eine männliche Reinigungskraft meinte sogar lächelnd: »Aber Hallo!«

Ich gehe an die Rezeption, an der eine junge Frau (Achtzigerjahre-Style und genau mein Typ) und ein Pfarrer stehen.

Ich schnappe mir die junge Frau, setze sie auf den Tresen und bemerke, dass sie wohl vergessen hat, ihre Unterwäsche anzuziehen. Ich finds gut und ... (Zensur)

Sie wirkt etwas überrascht, es gibt jedoch auch keine Abwehrreaktionen ihrerseits.

Nach wenigen Minuten bin ich jedoch so aufgeregt (habe Herzklopfen), dass ich kurz aufwache. Ich bewege mich nicht und es gelingt mir, wieder bewusst in den Traum einzusteigen.

Gleiches Krankenhaus, nur befinde ich mich jetzt in einem Krankenzimmer mit mehreren Menschen, darunter auch die junge Frau und der Pfarrer.

Ich rede mit der Frau und erfahre, dass der Pfarrer ihr Vater ist. Ich sage zu ihr: »Oh, das schockiert mich jetzt doch ein wenig. Sollte eine Pfarrerstochter nicht wenigstens ein Höschen anhaben?« Wir beide lachen, ich nehme sie an der Hand und führe sie aus dem Zimmer.

Im Gang frage ich sie, ob sie nicht Lust hätte, mit dem fortzufahren, was wir an der Rezeption begonnen hatten. Sie ist damit einverstanden und es kommt zu einem langen heftigen Kuss. Dieser war so genial, dass ich ihn wohl nie mehr vergessen werde. Jedoch war dies wohl auch der Grund, warum ich gleich darauf aufwache.

Vom Klartraum in eine Außerkörperliche Erfahrung

Gibt es so etwas wie Außerkörperliche Erfahrungen (AKE) oder Astralreisen (AR)?
Für den überwiegenden Teil der Klartraum-Community – jedenfalls ist dies mein Eindruck – ist eine AKE oder AR nur eine andere Art von Klartraum. Die AKE-Gemeinde sieht das natürlich ganz anders.

Jurgen Ziewe, der Autor von *Multidimensional Man*[36], ist ein Experte, was KT, AKE und AR betrifft.
Vor einigen Jahren postete er in einer Facebookgruppe eine Anleitung, wie man einen Klartraum in eine Außerkörperliche Erfahrung umwandelt.
Herzlichen Dank, Jurgen, für die Erlaubnis, diese Methode in diesem Buch veröffentlichen zu dürfen.

Vom Klartraum voll wach werden auf einer höheren Dimension.
Dies ist eine Technik, die ich schon jahrelang benutze um einen Klartraum in eine AKE umzuwandeln. Ein Klartraum unterscheidet sich von einer Außerkörperlichen Erfahrung dadurch, dass man sich in einem Klartraum in einer persönlichen Vorstellungswelt befindet, die weitgehend vom Unterbewusstsein bestimmt ist. Der Klartraum spielt einfach nur mit Traumelementen, die für andere keine Reali-

---

[36] https://www.multidimensionalman.com

tät haben. Bei einer AKE ist diese Traumwelt durchbrochen und man befindet sich in einem Konsensus-Bereich, der von andern geteilt oder miterfahren werden kann.

Hier ist eine sehr kraftvolle Technik, um aus einem Klartraum voll auf einer höheren Dimensionsebene wach zu werden:
Sobald du in einem Traum klar wirst, wende *sofort* die Aufmerksamkeit vom Traum ab, indem du auf den Boden schaust, dann einen Stein, Erde, Gras oder eine Pflanze, was immer du vor dir siehst, in die Hand nimmst und genau anschaust, bis du jede Einzelheit sehen kannst.
Dies unterbricht das Traumgeschehen und lässt dich auf der Astralebene aufwachen. Im Klartraum befindet man sich meistens sowieso schon auf der Astralebene. Ich habe das gemerkt, wenn ich in meinen AKEs die Leute studiert habe. Ich konnte sofort die Träumer und Klarträumer von den Bewohnern oder Astralreisenden unterscheiden. Die Klarträumer sahen einfach »verträumt« aus, aber manchmal hatten sie schon was von der Umwelt mitgekriegt und in ihren Traumablauf mit eingebaut.

Ich benutze diese Methode ebenfalls, um meine Astralreisen zu verlängern. Oft wird man leicht wieder in ein Traumgeschehen oder einen Traumhandlungsablauf verwickelt. Sobald ich das merke, konzentriere ich mich auf den Boden und nehme etwas in die Hand. Meine längste Astralreise hat in dieser Weise sechs Stunden angehalten, bei vollem Wachbewusstsein.

Eines musst du berücksichtigen. Viele der Wunderkräfte, die man im Klartraum hat, hat man meistens nicht in einer AKE.

Als ich Jurgens Anweisung gestern zwecks Bearbeitung erneut las, fielen mir einige Parallelen zwischen seinen und meinen Erfahrungen auf.
Ab und zu treffe ich in meinen Klarträumen auf Traumcharaktere, die sich anders als all die anderen verhalten. Diese Personen scheinen ein eigenes Bewusstsein zu haben.
Ein Beispiel: In einem Klartraum traf ich auf einer Strandpromenade eine Frau, die eine große Ähnlichkeit mit Mila Kunis (Schauspielerin) hatte. Wir waren uns gleich sympathisch und beschlossen und etwas näher kennenzulernen. Wir gingen zusammen die Promenade entlang und redeten sicherlich 20-30 Minuten lang über Gott und die Welt.
Immer wieder kam mir dabei der Gedanke, dass diese Frau »echt« ist, ein eigenes Bewusstsein besitzt. Dass irgendwo auf der Welt jemand gerade klarträumt und wir uns den gegenwärtigen Traum gerade teilen (Shared Dream).
Es gab auch keine große sexuelle Spannung oder den Wunsch meinerseits auf Sex (sehr untypisch für mich), auch wenn ich sie sehr attraktiv fand. Es war wie ein echtes erstes Kennenlernen.
Leider habe ich vergessen, sie nach ihrer Telefonnummer oder E-Mail-Adresse zu fragen. Ich hätte meine Vermutung gerne überprüft.

Ich hatte ebenfalls schon Klarträume, in denen meine Superkräfte nicht vorhanden oder stark eingeschränkt waren

– meist nach einem iWILD (siehe WILD > The Phase > Indirekte Technik), in der Regel nach Anwendung einer Trennungstechnik.

Diese »Klarträume« unterschieden sich in vielerlei Hinsicht von den normalen. Sie fühlten sich auch irgendwie echter an.

Beispiel (Klartraumbericht): Nach einem langen Traum finde ich mich in meinem Bett wieder und kann mich bewegen. Ich stelle mir vor, dass ich im Bett von links nach rechts schaukele, von rechts nach links usw. Ich singe dazu: »Row, row, row the boot, gently ...« (Diese Technik kenne ich erst seit einem Tag.)

Ich falle nach rechts aus dem Bett – Bums! Am Boden sitzend mache ich mehrere Finger-durch-Hand-RCs, die sich eigenartig, irgendwie echt anfühlen. Ich sehe die Fingerspitze bis zum Nagelanfang in der Haut der anderen Hand verschwinden. Ich spüre dabei auch den Druck des Fingernagels und ein leichtes Schmerzgefühl. Was ist das jetzt? Bin ich in meinem eigenen Körper in einem Traum gelandet? Die Umgebung ändert sich. Ich befinde mich im Gras sitzend vor einem Wald. Wieder mache ich FdH-RCs mit demselben Ergebnis. Ich stelle mir vor, wie aus dem Wald eine Frau auf mich zukommt, doch es tut sich nichts. Ich bin wohl doch wach – was Sekunden später auch wirklich der Fall ist. Ich kann dies erst mal nicht so recht glauben und mache noch einige negative RCs, die es mir bestätigen.

Ist eine Außerkörperliche Erfahrung oder Astralreise nur eine andere Art von Klartraum oder sind dies eigenständige Phänomene?

Auf diese Frage gibt es meiner Meinung nach keine richtige oder falsche Antwort.

Zum Abschluss dieses Kapitels möchte ich noch eine Klartraumerfahrung mit dir teilen, bei der man ebenfalls spekulieren könnte: War es ein KT, eine AKE oder AR?
Diese Erfahrung war so einmalig, dass ich sie dir nicht vorenthalten möchte:

Es ist schon viele Jahre her, als ich mich nach einem WILD-Einstieg in einer schwarzen Leere befand. Nichts, aber auch überhaupt Nichts war zu sehen, nicht einmal mein Körper.
Es war, als ob nur mein Bewusstsein sich in dieser Leere befand, sonst Nichts und doch Alles. Ich fühlte eine Leichtigkeit, die ich so noch nie gefühlt hatte, war mit Allem verbunden, ein Teil von Allem. Beschreiben könnte man meine Gefühle in diesem Moment wohl am ehesten mit »Grenzenlose Freiheit«, »Frieden«, »Sein« und »Zuhause«.

Für ein solches spirituelles Erlebnis gibt es in Klartraum-Kreisen eine Bezeichnung: **Void-Erfahrung** (»Void« ist das englische Wort für »Leere«.)
Wenn ich mich an meine Void-Erfahrung erinnere, so könnte ich mir vorstellen, dass dies vielleicht der Ort ist, wo unsere Reisen beginnen und enden. Ich würde es mir wünschen.

11. Wie fang ich an?

Als ich in den Achtzigerjahren des letzten Jahrhunderts anfing, mich mit dem Klarträumen zu beschäftigen, gab es noch kein Internet. Die wenigen deutschsprachigen Klartraumbücher waren die einzigen Informationsquellen, die zur Verfügung standen.
Soweit ich mich erinnern kann, waren damals Reality-Checks, Traumtagebuch und Autosuggestion die einzigen im deutschsprachigen Raum bekannten Klartraum-»Techniken«. Alles war sehr überschaubar.
Die heutige Vielzahl an Techniken hat sicherlich ihre Vorteile, jedoch kann sie, gerade den Klartraum-Neuling, überwältigen und verwirren.
Umso wichtiger ist es, gerade zu Beginn einen erfolgversprechenden Plan zu haben. Zwei mögliche Ansätze stelle ich dir im Folgenden vor.

Modern

Wenn ich heute neu oder wieder mit dem Klarträumen beginnen würde, dann würde ich erst mal die folgende einfache Strategie wählen:

- Reality Checks (Kapitel 6)
- SSILD (Kapitel 7)
- Stabilisierungstechniken (Kapitel 10)
- LDEILD (Kapitel 7)

Für welche der Klartraumtechniken man sich auch entscheidet, mit **Reality-Checks** sollte man vertraut sein.
Wie sonst will man testen, ob man sich in einem Traum befindet oder nicht? Selbst WILDer haben nicht selten DILD-Klarträume. Außerdem können RCs zur Stabilisierung verwendet werden und sie können dir bei regelmäßiger Anwendung (zusätzliche) Klarträume verschaffen.
Dies sind schon mal drei Gründe, RCs zu trainieren. Nimm dir vor, wenigstens 2-3 Wochen lang deinen RC 7-10-mal pro Tag zu üben. Danach bist du mit ihm vertraut und kannst entscheiden, ob du ihn weiter ausführen willst, oder nur zu speziellen Anlässen.

SSILD ist für mich die beste und einfachste der modernen Klartraumtechniken.
Zusätzlich zum WBTB (am besten am Wochenende), mach SSILD möglichst vor jedem Einschlafen. Dies gilt auch, wenn man mal kurz während des normalen Nachtschlafs oder Mittagsschläfchen aufwacht und weiterschlafen möchte.
Bei diesen Kurz-Aufwachern kannst du auf die schnellen Zyklen verzichten – die Konzentration dazu hast du in diesen Situationen wahrscheinlich eh nicht – und direkt mit den langsamen Zyklen loslegen. Vielleicht schaffst du nur einige Sekunden den visuellen Teil, bevor du wieder einschläfst, jedoch schon dies vergrößert deine Chance auf einen Klartraum oder führt nicht selten »wenigstens« zu einer besseren Traumerinnerung.
3-4 Wochen solltest du SSILD testen, bevor du ein Fazit ziehst – ob du damit weitermachst oder eine andere Technik probierst.

Mach dich ebenfalls mit den **Stabilisierungstechniken** vertraut. Wähl 2-3 von ihnen für dich aus. Diese solltest du »im Schlaf« beherrschen.

Studier die **LDEILD-Technik**. Selbst wenn der Klartraum schon verloren ist, kann sie dir einen schnellen Neueinstieg verschaffen.
Es sollte generell deine Absicht sein, bewegungslos mit geschlossenen Augen liegen zu bleiben, wenn du (wieder) aufwachst, ob aus dem normalen Schlaf, einem Traum oder Klartraum. Schlaf so oft wie möglich (wieder) ein, mit der Intention: »Wenn ich das nächste Mal aufwache, bleibe ich bewegungslos mit geschlossenen Augen liegen!«, oder: »Wenn ich das nächste Mal aufwache, erinnere ich mich daran, bewegungslos mit geschlossenen Augen liegen zu bleiben!« Sollte SSILD nämlich nicht bei dir funktionieren, so bist du damit schon voll im Training für die *Indirekte Technik* (The Phase). Nach SSILD wäre diese *meine* zweite Wahl.

Was hältst du von dieser Strategie? Ist doch umsetzbar – oder? Bist du mit deinem RC, deinen Stabilisierungstechniken und LDEILD vertraut, dann besteht deine einzige Aufgabe nur noch darin, SSILD anzuwenden.
Aber vielleicht magst du es ja lieber ...

Konservativ

- Traumtagebuch (Kapitel 5)
- Reality-Checks (Kapitel 6)
- MILD (Kapitel 7)
- WBTB am Wochenende, im Urlaub, in den Ferien (Kapitel 7)
- Stabilisierungstechniken (Kapitel 10)
- LDEILD (Kapitel 7)

Ich bin mir ziemlich sicher, dass Stephen LaBerge eine ähnliche Strategie empfehlen würde. Alle Bestandteile (bis auf LDEILD) bilden seit Jahrzehnten das Klartraum-Fundament.
Traumtagebuch, RCs, MILD und WBTB sind erprobte Methoden, um Klarträume auszulösen.
Im Vergleich zur »modernen« Strategie ist bei diesem konservativen Plan der zeitliche Aufwand wegen dem Traumtagebuch etwas höher. Doch vielleicht möchtest du ja eh mehr über dein Traumleben erfahren.

Für das Klarträumen ist eine bessere Traumerinnerung sicherlich von Vorteil. Mit einem **Traumtagebuch** hast du zusätzlich noch die Möglichkeit, dein(e) Traumzeichen zu identifizieren. Hast du erst mal eins gefunden, so kannst du auf dieses deine **Reality-Checks** anwenden. Die Chance ist groß, dass du dies kurzfristig ebenfalls in deinen Träumen tun wirst, mit Resultat: Klartraum!
Sollte ein regelmäßiges Führen eines Traumtagebuchs für dich nicht in Frage kommen, dann tu es mal für 3 Wochen, oder solange, bis du dein Traumzeichen ermittelt hast.

Denk daran, dass diese mit der Zeit wechseln können und deshalb nicht mehr funktionieren. Sollte dies der Fall sein, dann bleibt dir nichts anderes übrig, als wieder deine Träume zu notieren.
Eine gute Traumerinnerung ist vorteilhaft für die Anwendung von **MILD**. Nicht immer wirst du direkt aus einem Traum aufwachen, doch ein kürzlich erlebter Traum, an den du dich im Detail erinnerst, tut es in der Regel auch. Hab also immer einen auf der Festplatte, wenn du mit MILD arbeitest.
Somit kannst du MILD wie SSILD praktisch vor jedem Einschlafen anwenden. Die größten Erfolgschancen hast du natürlich nach einigen Stunden Schlaf, direkt nach dem Aufwachen aus einem Traum und nach einem **WBTB**. Schlafunterbrechungen beim Mittags- oder Nachmittagsschläfchen sind ebenfalls perfekte Zeitpunkte fürs MILDen.
Wie schon bei der ersten Strategie, mach dich vertraut mit deinen **Stabilisierungstechniken** und **LDEILD**.

Mit einer dieser beiden Strategien kannst du nun starten, oder du bastelst dir eine eigene, die in jedem Fall RCs, Stabilisierungstechniken und LDEILD beinhalten sollte.
Ich wünsche dir viel Erfolg!

12. Lebenshilfe Klartraum

In diesem letzten Kapitel bewegen wir uns weitgehend auf unerforschtem Terrain.
Klarträume sind viel seltener als Trübträume und es gibt sicher nur wenige native bzw. natürliche Klarträumer, die bereit wären, an wissenschaftlichen Studien teilzunehmen.
Wie soll man mit diesen Voraussetzungen erforschen, ob und bis zu welchem Grad das Klarträumen im medizinischen und therapeutischen Bereich eine zusätzliche Hilfe sein könnte?
Schließt man mal das Thema Albträume aus, so gibt es nur wenige Erfahrungsberichte, in denen ein Klartraum der Grund für die Heilung oder Verbesserung einer physischen oder psychischen Beschwerde sein soll.
Inwieweit diesen Berichten zu trauen ist, ist schon mal eine Sache. Ob die Beschwerde am nächsten Tag nicht vielleicht auch ohne den Klartraum verschwunden wäre, eine andere.

Ich persönlich bin davon überzeugt, dass das Klarträumen sehr wohl ein hilfreiches Selbsthilfe-Instrument sein kann, ob nun bei körperlichen oder emotionalen Beschwerden oder zum Zweck der Ursachenforschung, Problemlösung und Selbsterkenntnis.
Warum nicht einfach im Klartraum das Unterbewusstsein oder sich selbst nach der Ursache und der Lösung des Problems fragen? Bei der Selbstbefragung ist es von Vor-

teil, wenn man dabei in eine spiegelnde Oberfläche schaut. Dies kann ein Spiegel oder ein ruhiges Gewässer sein.

Bei Beschwerden mit Krankheitswert sollte man natürlich erst mal den Arzt, Heilpraktiker oder Therapeuten aufsuchen. Das Klarträumen kann jedoch sicher auch hier eine zusätzliche Hilfe sein.

Fantasiereisen sind ein erprobtes Mittel zur Verbesserung der Symptomatik bei vielen Beschwerden. Sie sind ebenfalls gute Vorlagen für Aktivitäten im Klartraum und leicht umzusetzen, wenn man im Wachleben schon einige Male damit »gearbeitet« hat.
Welche Anwendung wird wohl bessere Resultate bringen? Die im Wachzustand oder die im Klartraum?

Da man im Klartraum direkten Zugang zum Unterbewusstsein hat, werden Affirmationen bzw. Autosuggestionen viel besser angenommen. Selbsthypnose und Hypnose können Ähnliches leisten, jedoch meiner Meinung nach auf einem weitaus niedrigeren Wirkungsniveau. Dazu sind bei der Hypnose ein erfahrener Therapeut oder wenigstens eine für das spezifische Thema angefertigte Audio-Datei vonnöten.
Und eins kommt noch dazu, was nur der Klartraum bieten kann. Die *direkte* Kommunikation mit inneren Widerständen, die sich in irgendeiner Form beim Aussprechen einer Affirmation zeigen werden. Mit diesen »Manifestationen« könnte man dann direkt arbeiten. Die diesbezüglichen Möglichkeiten wären vielfältig und würden wohl ein eigenes Buch füllen.

Im Folgenden werde ich auf einige spezifische Einsatzbereiche eingehen, die vom Klarträumen schon profitieren oder profitieren könnten.

Albträume

In klartraumarmen Zeiten war der Wunsch bei mir nach wiederkehrenden Albträumen groß. Kein Witz.
Erst einmal ist es wesentlich leichter einen Albtraum als Traum zu entlarven, als dies bei einem normalen Traum der Fall ist. Albträumer haben statistisch öfter das Gefühl, dass das Geträumte nicht real ist.
Zusätzlich ähneln sich Albträume in vielerlei Hinsicht. Muster sind häufiger und leichter zu erkennen. Vielleicht gibt es ein wiederkehrendes Monster, man fällt immer wieder von einer Klippe oder eine bestimmte Person tut einem was Böses.
Mit diesen Informationen (Traumzeichen) hast du dann natürlich einen tollen Ansatzpunkt für deine RCs. Ein Monster könntest du beispielsweise diesbezüglich auch malen.

Tipp: Solltest du einmal in einem Albtraum klar werden, jedoch nicht so klar, um ihn verändern zu können, so kannst du ihn beenden, indem du dich entscheidest aufzuwachen. Sag einfach laut »AUFWACHEN!« und öffne bewusst die Augen.

Zum Thema Albträume wiederhole ich noch mal kurz die Krokodil-Episode aus der Einleitung:

Ich lande schließlich vor einer Höhle, die ich gleich darauf betrete. In dieser ist es dunkel, kühl und feucht. Ich geh ein paar Schritte weiter und bemerke plötzlich, dass ich mich nicht alleine in der Höhle befinde. Ein riesiges Krokodil sieht

mir, wenn auch eher gelangweilt, aus einigen Metern Entfernung direkt in die Augen. »Oh mein Gott!«
Mein erster Impuls ist wegzulaufen, doch ich erinnere mich an Paul Tholeys Ratschlag, in einem solchen Falle in Konfrontation und Kommunikation mit der Traumgestalt zu gehen.
Ich gehe also so selbstbewusst wie nur möglich langsam auf das Ungetüm zu und frage es wiederholt: »Was willst du von mir? Wer bist du?« Auch wenn ich keine Antwort bekomme, so schrumpft es doch mit jedem kleinen Schritt, den ich näherkomme, mehr und mehr. Schlussendlich habe ich zwar kein Quietscheentchen vor mir, jedoch ein kleines grünes Quietschekrokodilchen.

Ich kann mich nicht erinnern, jemals wieder einem Krokodil im Traum begegnet zu sein.

Bei der Bearbeitung von wiederkehrenden Albträumen mithilfe des Klarträumens geht es im Wesentlichen darum, Muster zu durchbrechen. Statt beispielsweise vor einem Angreifer wegzulaufen, geht man auf ihn zu. Zusätzlich könnte man ihn umarmen und solange festhalten, bis er sich verändert oder auflöst.

Ich fasse mal zusammen:

Setup:

Du hast einen wiederkehrenden Albtraum.

Vorgehensweise:

Schritt 1: Du identifizierst das wiederkehrende Muster (Traumzeichen).

Schritt 2: Etwa 5-mal pro Tag visualisierst du das Traumzeichen, fragst dich dabei: »Wach ich oder träum ich«, und führst gleich danach deine RC-Folge aus.
Abschließend stellst du dir vor, einer der RCs wäre positiv ausgefallen (es wäre ein Traum) und du würdest das tun, was du dir vorgenommen hast. Du gehst in der Vorstellung auf den Angreifer (Monster) zu, fragst ihn, wer er ist und was er will, und/oder umarmst ihn solange, bis er sich in etwas Ungefährliches verwandelt oder sich auflöst.
Geht es in deinen wiederkehrenden Albträumen um das Fallen von z. B. einer Klippe, dann stell dir vor, wie du statt zu fallen einfach zum Boden schwebst oder fliegst.

Schritt 3: Du führst Schritt 2 solange aus, bis du in deinem Albtraum erkennst, dass du träumst. Dies wird wahrscheinlich schon nach wenigen Tagen der Fall sein und du wirst dann genau wissen, was zu tun ist.

Führst du einmal deinen Albtraum zu einem guten Ende, wird dich dieser höchstwahrscheinlich zukünftig nicht mehr quälen. Es kann jedoch sein, dass der Albtraum in einer anderen Form wieder auftaucht. Dann heißt es, wieder bei Schritt 1 beginnen. Nimm dir jedoch diesmal vor, den Traum oder den Angreifer nach der Ursache und der Lösung des Problems zu fragen. Vielleicht musst du ja erst in deinem Wachleben Veränderungen vornehmen, damit die Albträume aufhören.

Für die Auflösung von Albträumen gibt es eine weitere einfache anerkannte Methode, die auch ohne Klarträume gut funktioniert.

Schreib 2-3-mal pro Tag deinen wiederkehrenden Albtraum auf, bis zu dem Punkt, an dem der Schrecken beginnt, z. B. das Monster auftaucht. Das, was normalerweise danach passiert, schreibst du jedoch so um, dass der Traum ein gutes Ende hat.
Dieses Auf- und Umschreiben machst du so lange, bis der Albtraum Geschichte ist, was schon nach wenigen Tagen der Fall sein kann.

Wiederkehrende Albträume sind sicherlich kein Vergnügen. Sie können jedoch hilfreich sein, da sie nicht selten ein Symptom für verdrängte und/oder ungelöste Probleme im Wachleben sind. Diese und deren Ursachen zu identifizieren ist mit dem Klarträumen möglich.
Gerade, wenn es um Ursachenforschung geht, sollte man jedoch vorsichtig sein. Liegt zum Beispiel der Verdacht auf Missbrauch vor, so gehört die Aufarbeitung in die Hände eines erfahrenen Therapeuten. Das Gleiche gilt für traumatische Erfahrungen. Wiederkehrende Albträume sind bei einer PTBS (Posttraumatischen Belastungsstörung) nicht selten, sondern eher die Regel.

Solltest du unter wiederkehrenden Albträumen leiden, so ist sicherlich das Buch *Albträume: Was sie uns sagen und wie wir sie verändern können* von Dr. Brigitte Holzinger eine empfehlenswerte Lektüre. Dr. Holzinger ist eine der führenden Expertinnen in den Bereichen Träumen und Klarträumen im deutschsprachigen Raum.

Kreatives Schaffen – Lernen – Trainieren

Kann man im Klartraum etwas NEUES lernen?
Hab ich im Klartraum Zugang zum Wissen von anderen Menschen?
Hab ich im Klartraum Zugang zu Informationen aus der Vergangenheit oder Zukunft?

In der Klartraum-Gemeinde gibt es nicht wenige, die diese drei Fragen verneinen würden. Nach deren Auffassung hat man lediglich Zugang zu den Informationen, die im eigenen Unterbewusstsein gespeichert sind.
Das ist ja schon mal nicht schlecht, denn dadurch steht uns eine riesige Datenbank zur Verfügung, mit allem, was wir jemals gelernt, gesehen, gehört oder erfahren haben.
Doch schränke ich mich damit nicht ein?
Gibt es nicht eventuell so etwas wie das »Kollektive Unterbewusstsein«, das »Akasha-Feld« und das »Netz der Indra«?
Ist die Zeit wirklich linear oder existieren Vergangenheit, Gegenwart und Zukunft nebeneinander oder in einem Punkt?

Man muss nicht daran glauben, dass es dieses gigantische Informationsfeld außerhalb von Zeit und Raum gibt und ebenfalls nicht, dass wir alle unterbewusst miteinander verbunden sind. Man sollte es jedoch nicht ausschließen. Die Möglichkeit besteht und mit dieser Einstellung kann man die drei Anfangsfragen mit »Vielleicht« beantworten.

Wenn ich mich recht erinnere, gibt es einen Musiker, der Melodien für seine Kompositionen aus einem Radio im Klartraum erhält.
Sportler trainieren Bewegungsabläufe im Klartraum, ohne die Gefahr von Verletzungen und verbessern dadurch ihre Leistungen im Wachleben.
Das Wiederlernen von etwas bereits Gelerntem für Schule, Uni oder Beruf ist sicherlich ebenfalls kein großes Problem im Klartraum. Die wenigstens werden jedoch damit ihre Zeit verschwenden.

Wie könnte man nun vorgehen, wenn man etwas ganz Neues lernen möchte, sagen wir mal eine andere Sprache (z. B. Japanisch)?
Warum nicht einen Japanisch-Lehrer erscheinen lassen, der einem die grundlegenden Vokabeln lehrt?
Vielleicht geht es ja noch einfacher. Warum nicht einen Zugang zum Kollektiven Unterbewusstsein einrichten und die Sprache downloaden? Mir fällt da gerade eine Folge der Serie *Stargate* ein, in der Jack O'Neill das Wissen der Antiker eingepflanzt wurde, nachdem so eine Art Rüssel sich seinen Kopf geschnappt hatte. Bei *Stargate* gibt es übrigens auch Sarkophage, die alle Krankheiten und Verletzungen in minutenschnelle heilen.

Ob Kreatives Schaffen, Lernen oder Trainieren im Klartraum – schränk dich nicht ein. Sei kreativ und denk daran, dass ein gut gewähltes Hilfsmittel vieles erleichtern kann. Sei offen für das Unmögliche.

Behinderungen

Menschen mit Behinderungen können von Klarträumen profitieren, indem sie in diesen die Aktivitäten ausführen können, die ihnen im Wachleben nicht (mehr) möglich sind.

Beispiel: Querschnittslähmung

Der Betroffene könnte im Klartraum gehen, laufen, rennen, Sex haben, schwimmen, Rad fahren usw. Bei einer anstrengenden Tätigkeit würde er zusätzlich sein Herz-Kreislauf-System in Schwung bringen, womöglich sogar den Muskelabbau verlangsamen.
Vor schon längerer Zeit sah ich in einer Dokumentation, wie ein Sportler nach einem Armbruch seine Armmuskulatur allein durch das Visualisieren einer Armbewegung »trainiert« hat. Der Muskelabbau soll sich dadurch verlangsamt haben.
Ich könnte mir gut vorstellen, dass Ähnliches bei einem Querschnittsgelähmten durch ein Trainieren der Beine im Klartraum möglich ist, selbst bei unterbrochener neuronaler Verbindung zum Gehirn.
Selbst bei diagnostizierter Querschnittslähmung bis zum Lebensende gibt es immer mal wieder das Wunder der Heilung. Könnte nicht das bewusste Bewegen des ganzen Körpers im Klartraum ein solches Wunder begünstigen oder gar erst möglich machen?

Beispiel: Schlaganfall

Ein Schlaganfall kann sich vielfältig auf Körper und Geist auswirken. Lähmungen auf einer Körperseite, insbesondere des diesbezüglichen Arms und/oder Beins sind nicht selten.

In der Behandlung wird nicht selten die sogenannte Spiegeltherapie angewendet. Nehmen wir mal an, es handelt sich um die Lähmung des linken Arms inklusive Hand.

Der Patient sitzt auf einem Stuhl vor einem Tisch, worauf er seine Arme legt. Zwischen dem linken und rechten Arm wird ein Spiegel platziert, parallel zu den Armen.

Der Patient führt nun mit dem rechten gesunden Arm, den Händen und den Fingern Bewegungen aus und beobachtet diese im Spiegel. In diesem sieht es so aus, als ob er diese Bewegungen mit dem linken (gelähmten) Arm und der linken (gelähmten) Hand ausführen würde. Das Gehirn wird getäuscht und glaubt, dass der linke Arm funktioniert. Bei wiederholter Anwendung wird dadurch die neuronale Verbindung zwischen Gehirn, Arm und Hand gestärkt und die Lähmungserscheinungen verringern sich.

Im Klartraum braucht es keinen Spiegel. Um dem Gehirn zu suggerieren, dass alles OK ist, könnte der Betroffene den im Wachleben gelähmten Arm, plus Hand und Finger bewusst bewegen und darauf seine volle Aufmerksamkeit richten. Ich könnte mir gut vorstellen, dass diese Vorgehensweise, zusätzlich zur Spiegeltherapie, den Heilungsverlauf beschleunigen würde.

Sprechprobleme treten ebenfalls oft nach Schlaganfällen auf. Bewusstes deutliches Sprechen im Klartraum könnte diesbezüglich ein interessanter Ansatz zusätzlich zum Sprechtraining (Logopädie) im Wachleben sein.

Beispiel: Impotenz

Sex im Klartraum ist im Fall von Impotenz ein guter Ersatz für Sex im Wachleben. Nicht jeder verträgt die diesbezüglichen Medikamente oder will sie überhaupt einnehmen.
Oft ist Impotenz auch ein rein psychisches Problem und wenn man im Klartraum dem Gehirn zeigt, dass »da unten« alles in Ordnung ist, kann dies eventuell die emotionale Blockade beseitigen.

Ich könnte hier noch viele Seiten mit dem Thema Behinderungen und Klarträumen füllen. Ich denke jedoch, dass die bisherigen Beispiele dir schon einen guten Überblick über die Einsatzmöglichkeiten gegeben haben.
Natürlich gibt es keine Garantie für eine Verbesserung der Symptomatik, bei welcher Art von Behinderung auch immer. Eine Erhöhung der Lebensqualität ist auf jeden Fall möglich. Denk nur mal an die Menschen, die monate- oder jahrelang ans Bett »gefesselt« sind.

Trauerarbeit

Es ist vollkommen in Ordnung und für die emotionale Gesundheit wichtig, nach dem Tod eines geliebten Menschen zu trauern.
Problematisch wird es, wenn das Trauern überhandnimmt und sich noch nach Monaten negativ auf das soziale und berufliche Leben auswirkt. Auf eine der Hauptursachen hierfür werde ich im Folgenden eingehen.

Abschied nehmen

Wenn ein geliebter Mensch unvermittelt stirbt, »beraubt« uns dies der Möglichkeit Abschied zu nehmen. Vielleicht fühlt man sich deswegen sogar schuldig oder macht Gott und die Welt dafür verantwortlich. Beides kann sich negativ auf die Dauer des Trauerns auswirken. Es ist wie bei einem offenen Ende – das Kapitel ist noch nicht abgeschlossen.
Selbst wenn man Abschied nehmen konnte, so fallen einem später oft noch Dinge ein, die man gerne gesagt hätte.

Natürlich könnte man ein letztes »Gespräch« und/ oder einen Abschied in der Vorstellung vollziehen oder am Grab des Verstorbenen, doch mit dem Klarträumen hat man eine dritte, effektivere Möglichkeit.
Man lässt die verstorbene Person im Klartraum vor sich erscheinen, sagt ihr, was man noch zu sagen hat und verabschiedet sich Auge in Auge. Danach lässt man sie gehen, ins

Licht, zu Gott oder zu den Menschen, die sie geliebt hat und die vor ihr gegangen sind.

Natürlich ist die Versuchung groß, den Abschied immer wieder hinauszuzögern, um mehr Zeit mit dem Verstorbenen verbringen zu können. Dies sollte man jedoch vermeiden. Ein schneller Schnitt ist am besten für die emotionale Gesundheit.

Unterhalte ich mich dann wirklich mit meinem Freund, Partner oder Verwandten?
Diese Frage wird sehr oft bei diesem Thema gestellt.
Ich denke: Das ist nicht wichtig, wenn es sich real anfühlt. Ich persönlich glaube, dass das Bewusstsein über den Tod hinaus erhalten bleibt. Deshalb schließe ich eine Kommunikation mit einem Verstorbenen mithilfe eines Klartraums nicht aus.

Abschließen möchte ich dieses Thema mit einem Klartraumbericht einer natürlichen Klarträumerin:

In letzter Zeit habe ich mein Klartraum-Talent einzig dazu benutzt, mit meinem verstorbenen Freund in Kontakt zu bleiben. Mir war dabei selbst schon bewusst, dass das eher keine gute Idee ist, denn es ist nun mal nicht dasselbe, mit ihm im Traum zu sprechen und dies nicht mehr in der Realität zu können. Ich sollte ihn besser loslassen. Zunächst führte das dazu, dass mir das Klarträumen immer schwerer gefallen ist. Sobald ich im Traum die Szene ummodeln wollte, um ihn zu sehen, fing mich der Traum wieder ein und es hat nicht mehr so gut oder so oft geklappt. Manchmal habe ich das eingesehen und habe stattdessen den Klartraum für etwas anderes genutzt, z. B. fliegen. Aber so ganz wollte ich ihn dann doch nicht ziehen lassen. Letzte Nacht hatte ich mir vorgenommen, noch mal ein Gespräch mit ihm zu führen. Ich wollte noch ein paar Sachen klären. *Als mein Traum klar wurde, habe ich mir also wieder bewusst ein Café gewünscht, in dem ich ihn treffe. Als ich durch die Tür ging, wartete er bereits an einem Tisch auf mich. Als ich ihn angesprochen habe, antwortete er aber mit einer fremden Stimme. Ich habe gedacht, dass das nicht richtig ist und mich auf seine richtige Stimme konzentriert, was dazu führte, dass er sich auch körperlich veränderte und ein furchtbar hässlicher Mensch vor mir saß, der kaum noch was mit … (Name des Freundes) zu tun hatte. Ich habe eingesehen, dass das nichts bringt und bewusst den Raum verlassen. Draußen wollte ich zur Entspannung eine Runde fliegen, aber in dem Moment, als ich abhob, ergriff mich plötzlich eine fremde Macht. Ich weiß nicht, wie ich es sonst beschreiben soll. Ich wurde von den Füßen gerissen und extrem schnell von dem Ort weggezogen, an dem ich mich gerade noch befunden hatte. Die Szene war sehr beängstigend. Ich konnte nichts dagegen tun und nur immer wieder rufen: »Ich habe es kapiert!« Dann wurde ich in mein Bett katapultiert.*

Das war ziemlich spooky. Ich denke, es war ein eindeutiger Wink meines Unterbewusstseins.

Ängste überwinden

Bei spezifischen Ängsten (Phobien) ist die Konfrontation mit dem angstauslösenden Reiz ein wesentlicher Bestandteil der Verhaltenstherapie. Man begibt sich in die angstauslösende Situation und bleibt in ihr, bis man sich wieder gut fühlt. Wiederholt man dies immer wieder, so verringert sich die Angst Schritt für Schritt, bis sie schlussendlich nicht mehr auftaucht.
Meist lernt man in der Therapie noch eine Entspannungstechnik, die helfen kann, das Angstniveau während der Konfrontation zu verringern.
Bei starken Ängsten begibt sich der Patient erst mehrere Male in der Vorstellung in die Angstsituation. Kommt die Angst hoch, versucht er diese mithilfe der gelernten Entspannungstechnik zu reduzieren. Danach ist er mehr oder weniger bereit für die reale Konfrontation.

Eine Verhaltenstherapie bei Ängsten ist selbst bei guter Vorbereitung kein Zuckerschlecken. Der Prozess kann jedoch durch ein zusätzliches Training im Klartraum erleichtert werden.
Ein Beispiel:
Nehmen wir einmal an, du hast Höhenangst. In einem Klartraum könntest du dir vorstellen an der Kante einer hohen Klippe zu stehen oder dich auf eine solche zu teleportieren. Da es ein Traum ist, hast du keine Angst minutenlang hinunter aufs Meer oder auf den Strand zu schauen. Du meisterst die Höhensituation ohne einen Anflug von Angst. Die-

se Erfahrung wird in deinem Unterbewusstsein gespeichert. Wiederholst du dieses Vorgehen immer wieder in den folgenden Klarträumen, kann dies das Muster »Höhe > Angst« aufweichen oder sogar durchbrechen. Die Konfrontation im realen Leben wird dir anschließend wesentlich leichter fallen.

Ich bin mir sicher, du hast das Prinzip verstanden. Dieses lässt sich nahezu auf alle spezifischen Ängste anwenden.
Wovor hast du Angst?
Schränkt dies dein Leben ein?
Wenn ja, glaubst du, dass ein Konfrontations-Training im Klartraum dir bei der Überwindung dieser Angst helfen könnte?
Wenn ja, willst du es versuchen?
Wenn ja, dann schreib es auf deine Klartraum-To-Do-Liste.

Eine Verhaltenstherapie kann man sehr wohl bei einer kleinen Phobie in Eigenregie und -verantwortung durchführen. Das Klarträumen kann dabei eine große Hilfe sein.

Entspannung

Viele psychische und psychosomatische Beschwerden und Erkrankungen sind die Folge von Stress.
In Kapitel 4 (Stress auflösen) gab ich dir schon zwei Techniken an die Hand, mit deren Hilfe du das Stressniveau senken kannst. Natürlich gibt es noch weitere hilfreiche diesbezügliche Methoden, wie beispielsweise das Autogene Training oder die Progressive Muskelentspannung.

So richtig entspannen und den Akku wieder aufladen können wir jedoch meist nur im Urlaub, am besten weit weg vom Heimatort. Für die Kurzentspannung gibt es zusätzlich noch das ein oder andere Wochenende in einem Wellnesshotel. Ein täglicher Spaziergang wäre eine kostengünstige Alternative, doch dafür fehlt uns in der Regel die Zeit oder das Wetter spielt nicht mit.

Wäre es nicht schön, einen ähnlichen Entspannungseffekt wie in einem (Kurz-) Urlaub erzielen zu können, ohne dafür Geld und Zeit investieren zu müssen?

In der Einleitung dieses Buchs nahm ich kurz Bezug auf einen Klartraum, in dem ich durch einen Pool, gefüllt mit purer Energie, schwamm. Der Effekt war, dass ich danach noch eine Woche lang voller Energie war. Diese eine Minute im Pool hatte meinen »Akku« ganz schön aufgeladen. Ich hatte schon Urlaube von 3 oder 4 Wochen, nach denen schon nach wenigen Tagen der Urlaubseffekt verpufft war.

Deine Wellness-Oase

Vielleicht erinnerst du dich an den Abschnitt »Klartraum-Vorlagen« im 9. Kapitel (Klartraum-Vorbereitung)?
Wie wäre es, deine ganz persönliche «Wellness-Oase« in einem Klartraum oder in deiner Vorstellung zu kreieren und abzuspeichern? Du könntest diesen Ort immer wieder schnell aufsuchen, wenn dir danach ist.

An diesem Ort, vielleicht direkt am Meer, befindet sich alles, was du für eine Kurzerholung (Entspannung und Energie tanken) brauchst:
Das Wetter ist genau so, wie du es liebst.
Eine Hängematte ist zwischen zwei Schatten spendenden Palmen gespannt.
Unter einer großen Plane auf einer Wiese direkt am Strand gibt es Angebote für Massage und Heilung. Masseur(in) und Heiler(in) sind die besten ihres Fachs bezüglich deiner persönlichen emotionalen und körperlichen Beschwerden.
In unmittelbarer Nähe befindet sich auch noch ein Teich, in den sich ein Wasserfall ergießt. Es ist jedoch nicht Wasser, sondern reinigende und vitalisierende Energie, auch farblich abgestimmt auf deine gegenwärtigen Bedürfnisse.
Unter dem »Energiefall« befindet sich auch noch ein Weg aus Steinen mit einer großen Steinplatte in der Mitte.
Auf der Wiese gibt es zudem noch einen Brunnen, in den sich das Wasser einer Heilquelle ergießt. Dieses Wasser ist berühmt für seine verjüngenden, heilenden und belebenden Eigenschaften.

Dies sind natürlich alles nur Vorschläge für eine Wellness-Oase. Vielleicht hast du ja eine ganz andere Vorstellung von

deinem ganz persönlichen Ort der Entspannung und Erholung.
Festlegen solltest du auch, in welcher Reihenfolge du die einzelnen »Stationen« aufsuchst.
Wie wäre es mit:
Masseur(in) > Heiler(in) > Energie-Dusche > schwimmen oder baden in Energie > Heilwasser trinken > entspannen in der Hängematte.

Zeitwahrnehmung im Klartraum

Je mehr du in einem Klartraum tust, je länger fühlt sich dieser an. Ich selbst hatte schon Klarträume, die gefühlt zwei Stunden lang waren, jedoch in Wirklichkeit nur etwa 30 Minuten dauerten. Es gibt sogar Klarträumer, die behaupten, nach ihrem Zeitgefühl Tage in einem Klartraum verbracht zu haben.
Wäre es nicht schön, wenn dies quasi auf Knopfdruck möglich wäre? Für alle Aktivitäten (z. B. Kurzerholung) hätte man dann viele Stunden oder Tage Zeit.

Dazu müsste man es schaffen, dass die Zeit im Klartraum schneller vergeht als im Wachleben. Es wäre auch schön, wenn man den diesbezüglichen Faktor je nach Lust und Laune einstellen könnte. Beispiel: 10 min Wachzeit = 100 min Klartraumzeit. Der Faktor wäre hier: 10.

Wie könnte man nun dies bewerkstelligen?
Ich gebe dir mal ein paar Möglichkeiten an die Hand, mit denen du experimentieren kannst. Diese sind mir gerade

erst eingefallen und deshalb noch nicht von mir getestet worden.

- Teleportier dich im Klartraum auf einen Planeten, der sich außerhalb der natürlichen Raumzeit befindet – auf dem die Zeit schneller (wähle den gewünschten Faktor) vergeht.
  Diese Idee stammt aus einer *Raumschiff Voyager* Folge.
- Stell dir vor, es gäbe ein Zeiterweiterungsgerät, mit dem du ein Feld erschaffen kannst, in dem die Zeit schneller vergeht. Eine Einstellfunktion für den gewünschten Faktor und die Größe des Felds hat dieses Gerät natürlich ebenfalls. Wie könnte dieses aussehen?
  Sobald du dich im Klartraum am Ort deiner Wahl befindest, lass dieses Zeiterweiterungsgerät erscheinen, gib die gewünschten Werte ein und drück den Aktivierungsknopf.
  Idee aus einer *Stargate SG 1* Folge.
- Stell dir im Klartraum vor, dein Wunschort befindet sich in einem Tal, welches komplett von Bergen umrandet ist. Das ganze Tal befindet sich in einem Zeiterweiterungsfeld (ähnlich einer Kuppel oder Glocke), in dem die Zeit schneller vergeht als im Wachleben. Es gibt nur eine Möglichkeit ins Tal zu gelangen, und zwar durch eine Höhle, vor der du gerade stehst. Die Sicht in die Höhle wird durch eine undurchsichtige Energiebarriere (Rand des Zeiterweiterungsfelds) verhindert. Gleich neben dem Eingang auf Augenhöhe gibt es eine Möglichkeit, den Zeitfaktor einzustellen. Ist dies geschehen, gehst du durch die Energiebarriere. Schon nach wenigen Metern Höhle befindest du dich an deinem Wunschort.

Idee aus einer *Stargate Atlantis* Folge.
- Du kannst dir im Klartraum vorstellen, dass hinter einer Tür oder einem Spiegel sich dein Wunschort oder Ausgangsort (Kapitel 9) befindet, an dem die Zeit schneller vergeht.

Die größte Herausforderung ist es sicherlich zu begreifen, dass, wenn an einem Ort die Zeit schneller vergeht, mehr Aktivitäten ausgeführt werden können, als dies im gleichen Zeitraum in der Normalzeit möglich wäre. Ich bin ganz ehrlich. Mir raucht gerade ganz schön der Kopf. Wie kann ich es am besten erklären?

Ich gehe mal von einem Ort mit Normalzeit und einem Normal-Zeitraum von 10 min aus. Ich befinde mich an diesem Ort mit einem Freund. Wir beide haben eine Stoppuhr. Mein Freund geht nun durch eine Tür, hinter der die Zeit 10-mal schneller verläuft. Er lässt die Tür offen und sobald er sich in der »Schnell-Zeit« befindet, starten wir gleichzeitig unsere Stoppuhr.

Nach genau 10 min (auf meiner Stoppuhr) winke ich ihm zu und er kommt zurück in die Normalzeit. Seine Stoppuhr wird nicht 10 min anzeigen, sondern ca. 100 min. Für ihn ist demnach 10-mal mehr Zeit vergangen als für mich. Anstatt einer Zigarette hätte er im gleichen Normal-Zeitraum 10 Zigaretten rauchen können.

Hätte er sich in der schnelleren Zeit bewegt, hätte dies für mich ausgesehen, wie bei einem Vorspulen mit 10-facher Geschwindigkeit. Meine Bewegungen wären ihm wie in Zeitlupe vorgekommen.

In 10 min Normalzeit hätten ihm auf seiner Seite der Tür 100 min Zeit für Aktivitäten zur Verfügung gestanden. Und es wäre ihm alles normal vorgekommen.
Ein Beispiel aus Stargate Atlantis:
John Sheppard, der Anführer des Atlantis-Teams, geriet in der bereits erwähnten Folge in ein Zeiterweiterungsfeld, in dem die Zeit wesentlich schneller verlief als normal.
Als ihn seine Teammitglieder nach etwa einem Tag »befreiten«, waren für ihn einige Monate vergangen. Da alles für ihn ganz normal war (er wusste nichts von der schneller laufenden Zeit), ist er auch um diese Monate gealtert.
Diese Gefahr besteht in einem Klartraum natürlich nicht, da sich dein Körper in der Normalzeit befindet. Nur das Bewusstsein wird getäuscht.

So, das war doch bestimmt ein interessanter Abschluss dieses letzten Kapitels? Ob das mit der Zeitmanipulation im Klartraum so funktioniert, wie ich es mir vorstelle?
Es gibt nur einen Weg es herauszufinden!
Wenn du glaubst, dass es möglich ist, gibt es keinen Grund, es nicht zu versuchen.
Fast unbegrenzte Zeit im Klartraum zur Verfügung zu haben – wäre das nicht fantastisch?

Nachwort

Ich hoffe, ich konnte dich mithilfe dieses Buches für das Klarträumen begeistern? Wenn ja, dann war meine Mission erfolgreich.
Es war ebenfalls ein Ziel, ein möglichst komplettes Praxisbuch zu schreiben, das die erfolgversprechendsten Strategien und Techniken zur Erzeugung von Klarträumen beinhaltet, die meisten Was-, Wie- und Wieso-Fragen beantwortet und zudem noch up to date ist.
Mein therapeutischer Background und meine manchmal überschäumende Kreativität sind sicherlich nicht in geringem Maß in dieses Buch mit eingeflossen. Wahrscheinlich sind es nicht zuletzt diese beiden Faktoren, die es zu einem etwas anderen Klartraumbuch machen.

Ich hoffe, du hast beim Umsetzen des Erlernten genau so viel Spaß, wie ich beim Schreiben dieses Buches.
Entwerfe eine für dich passende Strategie und: »Hau rein!«

Das Klarträumen wird sich weiterentwickeln. Vielleicht schon in wenigen Jahren wird es Geräte oder Pillen geben, die das Versprechen: »Jede Nacht klarträumen!«, vielleicht sogar einhalten.
Ich persönlich, und da bin ich sicherlich nicht allein, würde ein solches Hilfsmittel begrüßen, wenn die Anwendung unbedenklich ist.

Noch mehr würde ich mich jedoch über eine einfache Klartraum-Technik freuen, die bei JEDEM zuverlässig bei JEDER Anwendung einen Klartraum hervorruft.
Diese Technik zu entwickeln sollte unser aller Ziel sein.
Bist du dabei?

»Fast« beenden möchte ich dieses Buch mit einem Zitat von meinem guten Freund Goran Kikic:
»Alle sagten: Es geht nicht. Da kam einer, der das nicht wusste und der es einfach tat.«

Ich wünsche Dir Alles Gute und viele fantastische Klartraum-Abenteuer!

Christian

Anhang

Literaturempfehlungen

Rausch, Simon:
Oneironaut: Das Klartraum-Praxishandbuch, CreateSpace Independent Publishing Platform, 2014

Schwarz, Andreas:
Luzides Träumen: Die Kunst des Klarträumens effektiv erlernen, epubli, 2016

Thiemann, Jens:
Klartraum: Wie Sie Ihre Träume bewusst steuern können, Rowohlt Taschenbuch, 2013

Kieslich, Uli:
Garantiert Klarträumen, CreateSpace Independent Publishing Platform, 2014

Waggoner, Robert:
Klarträume – Wege ins Unterbewusstsein: So aktivieren Sie Ihr verborgenes Potenzial im Schlaf, Heyne Verlag, 2016

Rheingold, Howard und LaBerge, Stephen:
Träume, was du träumen willst: Die Kunst des luziden Träumens, mvg Verlag, 2014

Love, Daniel:
Are You Dreaming?: Exploring Lucid Dreams: A Comprehensive Guide, Enchanted Loom Publishing, 2013

YouTube-Kanäle

Christian Reiland (YouTube-Kanal des Autors)

School of Oneironautics (Simon)

HigherMind (Andi)

LebeDeinenTraumTV (Jens)

TriLuzid (Felix)

Kylonas (Kylonas)

Die Winschwestern (Roman)

Der Autor

Christian Reiland, Jahrgang 1961 ist Heilpraktiker für den Bereich der Psychotherapie, Youtuber und Autor von bisher fünf Büchern.
Seit mehr als 30 Jahren beschäftigt er sich mit dem Thema Klarträumen und vermittelt sein Wissen und seine Erfahrungen über seinen YouTube-Kanal.
Ab Herbst 2019 bietet er dort wieder Klartraum-Livestreams an, in denen er auf Fragen zu diesem Buch und zum Thema Klarträumen im Allgemeinen eingehen wird.
Seit einigen Jahren ist er außerdem im Bereich Grafik-, Video- und Animation-Design tätig.

In Kontakt treten kannst du mit Christian Reiland per E-Mail (info@christianreiland.de) und über seine Facebook-Profil-Seite (https://www.facebook.com/christianreiland).

Impressum

Angaben gemäß § 5 TMG:

Christian Reiland
Max Magic Media
Eisenbahnstraße 26
66862 Kindsbach

Kontakt:
Telefon: 06371-9792462
E-Mail: info@christianreiland.de

Umsatzsteuer-ID:
Umsatzsteuer-Identifikationsnummer gemäß § 27 a Umsatzsteuergesetz: DE 301251846

Printed in Poland
by Amazon Fulfillment
Poland Sp. z o.o., Wrocław

70397995R10172